中医药海外发展国别研究

亚洲卷

主 编 —— 宋欣阳 李 俊
副主编 —— 郑林赟 陈丽云
主 审 —— 王笑频

上海科学技术出版社

图书在版编目(CIP)数据

中医药海外发展国别研究.亚洲卷/宋欣阳,李俊主编.—上海:上海科学技术出版社,2019.10
ISBN 978-7-5478-4502-8

Ⅰ.①中⋯　Ⅱ.①宋⋯　②李⋯　Ⅲ.①中国医药学-产业发展-报告-亚洲　Ⅳ.①F426.77

中国版本图书馆 CIP 数据核字(2019)第 132403 号

本书受国家中医药管理局国际合作专项、上海文化发展基金会图书出版专项基金资助出版

中医药海外发展国别研究·亚洲卷
主编　宋欣阳　李　俊

上海世纪出版(集团)有限公司
上海科学技术出版社　出版、发行
(上海钦州南路71号　邮政编码200235　www.sstp.cn)
浙江新华印刷技术有限公司印刷
开本787×1092　1/16　印张17.5
字数300千字
2019年10月第1版　2019年10月第1次印刷
ISBN 978-7-5478-4502-8/R·1869
定价:158.00元

本书如有缺页、错装或坏损等严重质量问题,请向工厂联系调换

中医药海外发展,包括中医药法律与政策环境、中医药服务贸易市场机遇与风险等方面。加强中医药海外发展,不仅有利于传播中医药文化,提高中国的国际影响力和号召力,还可以促进中医药产业的优化,解决国内就业问题,从而带动经济的增长。

本书对蒙古国、越南社会主义共和国、柬埔寨王国、新加坡共和国等10个亚洲国家的中医药创新发展方式进行了多角度分析。了解他国传统医学概况,熟悉他国传统医学国际化的途径,借鉴他国传统医学布局与管理模式,可以为我所用,有利于中医药国际化发展。本书国别研究选取了既具有良好的服务贸易基础,又有一定中医药接受程度的亚洲国家,研究内容主要包括:该国家基本国情、医疗健康保障体系现状、传统医药的法律与政策环境、中医药服务贸易双边合作现状、市场机遇与潜力、风险提示、案例分析、结论与建议,以期为我国中医药服务贸易打开窗口。

本书可供中医药政策研究者、政府工作人员、中医临床与科研工作者、中医院校师生参考阅读。

编委会名单

顾问

严世芸　徐建光　王　键　施建蓉

主审

王笑频

主编

宋欣阳　李　俊

副主编

郑林赟　陈丽云

编委(按姓氏笔画排序)

万嘉瑶　王　硕　卞跃峰　尹相宜　杨　妍　杨洁如

李绵绵　何艺韵　郑　芬　思璎桀　姚晓兵　黄祎晨

鲍超群

丛书前言

当前中医药振兴发展迎来了天时、地利、人和的历史性机遇，中医药对外交流与合作已成为我国外交、经贸、科教、文化特别是中国卫生事业发展中富有特色、不可或缺的重要组成部分。中医药海外发展，包括中医药文化输出、政府或非营利组织主导的海外合作项目、开办海外中医诊所与教育机构等方面。加强中医药海外发展，不仅可以调整国内中医药行业的产业结构，促进中医药产业的优化，解决国内就业问题，从而带动经济的增长，还有利于传播中医药文化，提高中国的国际影响力和号召力。

2016年12月，国家中医药管理局、国家发展改革委员会《中医药"一带一路"发展规划（2016—2020）》（以下简称《规划》）提出了中医药海外发展"政策沟通、资源互通、民心相通、科技联通、贸易畅通"的五大任务。为进一步落实《规划》内容，破解长期制约中医药海外发展实施中遇到的理论和实践问题，本套丛书作者受国家中医药管理局国际合作司委托，根据工作实际和专项研究成果编撰整理，总结成书。本套丛书亦是商务部课题"'一带一路'中医药服务贸易重点国别指南"、国家中医药管理局中医药国际合作专项"中医药海外发展战略研究"以及国家社会科学基金青年项目"'中医外交'研究"的重要研究成果。

本套丛书分为四卷，分别为亚洲卷、欧洲卷、美洲卷、非洲卷，编写注重数据收集与整理分析。丛书从八个方面对中医药的国别发展进行研究：一是所在国基本国情，从国家概况、政治环境和经济环境方面进行论述；二是所在国医疗健康保障体系现状，从医疗体系的基本情况、医疗管理机构、医疗机构和医疗社会保障情况方面介绍；三是所在国传统医药的法律与政策环境，从医师执业、药品准入、传统医药教育、保险覆盖和医药投资方面进行释读；四是中医药服务贸易双边合作现状，从传统医药交流历程，以及中医药服务贸易的四种形式（境外消费、跨境交付、商业存在和自然人流动），大事记叙述中医药在所在国的发展情况；五是中医药在所在国的市场机遇与潜力；六是中医药在所在国发展的风险提示；七是案例分析；八是中医药在所在国发展的结论与建议。在部分章节后，有所在国的法律法规原文作为附件。

本套丛书对中医药在不同国家的海外发展进行了全面分析。在中医药海外发展过程中，服务业走出去是重点，也是未来的增长点。中医药服务贸易的创新发展是国际服务贸易与海外投资的有机结合，是推进供给侧结构性改革和培育新功能的重要抓手，也是大众创业、万众创新的重要载体。本套丛书研究侧重于剖析不同国家的政治与经济环境、医疗健康保障体系现状、中医药的法律与政策环境、中医药服务贸易双边合作现状、市场机遇与潜力、针对企业的风险提示等方面，意在探索中医药海外发展模式，对中医药服务贸易推动出口、带动就业、实现外贸，从"大进大出"向"优进优出"转变提供一定参考路径方法。

本套丛书重点研究以下几个方面：① 境外消费。一是与中医药相关的教育服务，如外国居民到中国中医药院校，或者其他中医药教育机构学习与中医药相关的知识及技能；二是与中医药相关的旅游及其服务，如到中国进行康复保健休闲旅游和就医；三是与中医药相关的文化、娱乐、影视及体育服务等。② 跨境交付：与中医药相关的商务服务，远程教育，远程诊疗服务和养生保健国际咨询服务等。③ 商业存在。与中医药相关的中国医疗机构或个人到境外设立中医诊所，开办中医医疗中心或建立中医医院等。④ 自然人流动。如中国的中医师或教师到国外，受聘于海外医疗机构从事临床美容、保健，或教育机构从事教育、科研等服务。

中医药海外发展正面临着日益复杂的国际形势和其他传统医药的激烈竞争。逆水行舟，不进则退。本套丛书积极探索创新型的中医药海外发展模式，对中医药产业发展商业模式提出建议，即优化中医药商业模式、丰富中医药业态、因地制宜优化合作模式。力求中医药海外发展不囿于单一的医疗体验，而是更加的多元、复合，并且具有更好的环境适应性和发展潜力，助力中医药海外发展。

本套丛书的适用对象是与中医药海外发展相关的管理、医疗、卫生、科研、产业等领域的从业者，希望能为他们提供有益的参考和帮助。当然，本书尚存在一些不甚成熟之处，欢迎批评指正。

编　者

2019 年 4 月

目录

第一章 蒙古国 — 1

一、基本国情 — 2
(一) 国家概况 — 2
(二) 政治环境 — 2
(三) 经济环境 — 3

二、医疗健康保障体系现状 — 4
(一) 基本情况 — 4
(二) 医疗管理机构 — 5
(三) 医疗机构 — 5
(四) 医疗社会保障情况 — 5

三、传统医药的法律与政策环境 — 6
(一) 医师执业 — 6
(二) 药品准入 — 6
(三) 传统医药教育 — 6
(四) 保险覆盖 — 7
(五) 医药投资 — 7

四、中医药服务贸易双边合作现状 — 8
(一) 传统医药交流历程 — 8
(二) 境外消费 — 8
(三) 跨境交付 — 9
(四) 商业存在 — 9

（五）自然人流动 —— 9
　　（六）大事记 —— 10

　五、市场机遇与潜力 —— 10
　　（一）传统医药在蒙古价格优势明显 —— 10
　　（二）蒙医药为医药投资最佳切入点 —— 10
　　（三）双边互通优势突出 —— 11
　　（四）中蒙自贸协定前景广阔 —— 11

　六、风险提示 —— 11
　　（一）中医药医疗服务在蒙古发展欠佳 —— 11
　　（二）投资环境不稳 —— 12
　　（三）缺少行业规范 —— 12

　七、案例分析 —— 12
　　（一）内蒙古国际蒙医医院 —— 12
　　（二）黑龙江北奇神药业有限公司 —— 13
　　（三）山东结晶集团 —— 14

　八、结论与建议 —— 14
　　（一）以蒙医药为突破口发展服务贸易 —— 14
　　（二）注重高层对接沟通，争取政策扶持 —— 15
　　（三）企业投资建设中蒙医中心(中医药中心) —— 15
　　（四）严格企业管理，领跑行业规范 —— 15

　附 —— 16
　　附一：《蒙古国卫生法》(摘要) —— 16
　　附二：《蒙古国医药与医疗机构法》(包含传统医药) —— 17

第二章　越南社会主义共和国 —— 39

　一、基本国情 —— 40
　　（一）国家概况 —— 40
　　（二）政治环境 —— 40
　　（三）经济环境 —— 41

二、医疗健康保障体系现状 —— 43
（一）基本情况 —— 43
（二）医疗管理机构 —— 43
（三）医疗机构 —— 44
（四）医疗社会保障情况 —— 44

三、传统医药的法律与政策环境 —— 45
（一）医师执业 —— 46
（二）药品准入 —— 46
（三）传统医药教育 —— 47
（四）保险覆盖 —— 47
（五）医药投资 —— 47

四、中医药服务贸易双边合作现状 —— 48
（一）传统医药交流历程 —— 48
（二）境外消费 —— 49
（三）跨境交付 —— 49
（四）商业存在 —— 50
（五）自然人流动 —— 50
（六）大事记 —— 50

五、市场机遇与潜力 —— 51
（一）近年来越南政府大力发展传统医药 —— 51
（二）越南民众对中医药认可度高 —— 52
（三）资源互补 —— 52
（四）越南市场对于传统医药需求量大 —— 52
（五）越南传统医药市场尚不稳定 —— 53
（六）互通优势 —— 53
（七）中越进出口政策优惠 —— 53
（八）一带一路、两廊一圈背景下投资前景广阔 —— 53

六、风险提示 —— 54
（一）中医药医疗服务在越南发展不佳 —— 54
（二）投资环境稳定性弱 —— 54
（三）缺少行业规范 —— 54

七、案例分析 —— 55
（一）天士力国际(越南)有限公司 —— 55
（二）越南北京同仁堂诊所药店 —— 55
（三）云南白药有限公司 —— 56

八、结论与建议 —— 56
（一）以政府间合作项目为切入点，开拓探索与越方合作潜力 —— 56
（二）依托中国商会，加强行业合作 —— 57
（三）严格质量管控，领跑行业规范 —— 57

附 —— 58
《传统医药2020年发展计划项目》 —— 58

第三章 柬埔寨王国 —— 67

一、基本国情 —— 68
（一）国家概况 —— 68
（二）政治环境 —— 68
（三）经济环境 —— 70

二、医疗健康保障体系现状 —— 72
（一）基本情况 —— 72
（二）医疗管理机构 —— 72
（三）医疗机构 —— 73
（四）医疗社会保障情况 —— 73

三、传统医药的法律与政策环境 —— 74
（一）医师执业 —— 74
（二）药品准入 —— 74
（三）传统医药教育 —— 75
（四）保险覆盖 —— 75
（五）医药投资 —— 75

四、中医药服务贸易双边合作现状 —— 76
（一）传统医药交流历程 —— 76

(二) 境外消费 —— 77
(三) 跨境交付 —— 77
(四) 商业存在 —— 78
(五) 自然人流动 —— 78
(六) 大事记 —— 78

五、市场机遇与潜力 —— 79
(一) 柬埔寨民众对中医药接受度高 —— 79
(二) 两国药用植物资源、研究等可互惠 —— 80
(三) 两国政府重视传统医药发展 —— 80
(四) 两国经贸合作方面互补性强 —— 80

六、风险提示 —— 81
(一) 中医药在柬埔寨尚未合法化 —— 81
(二) 语言障碍 —— 81
(三) 投资环境欠佳 —— 81

七、案例分析 —— 82
(一) 暹粒吴哥国际医院 —— 82
(二) 北京同仁堂(泰文隆)有限公司 —— 83
(三) 重庆太极实业(集团)股份有限公司 —— 83

八、结论与建议 —— 84
(一) 重视中医药疗效，引出需求，推动立法 —— 84
(二) 重视药用植物资源开发 —— 85
(三) 搭建网络平台开展传统医药教育 —— 85
(四) 积极培养国际化中医药人才 —— 85

附 —— 86
《卫生部发布的关于现代医药、传统医药、化妆品、婴幼儿食品、烟草、私人医疗、辅助医疗和医疗救助服务的联合法令》 —— 86

第四章 新加坡共和国 —— 91

一、基本国情 —— 92
(一) 国家概况 —— 92

（二）政治环境 —— 92
　　（三）经济环境 —— 94

二、医疗健康保障体系现状 —— 97
　　（一）基本情况 —— 97
　　（二）医疗管理机构 —— 98
　　（三）医疗机构 —— 98
　　（四）医疗社会保障情况 —— 99

三、传统医药的法律与政策环境 —— 100
　　（一）医师执业 —— 100
　　（二）药品准入 —— 101
　　（三）传统医药教育 —— 101
　　（四）保险覆盖 —— 102
　　（五）医药投资 —— 102

四、中医药服务贸易双边合作现状 —— 103
　　（一）传统医药交流历程 —— 103
　　（二）境外消费 —— 103
　　（三）跨境交付 —— 104
　　（四）商业存在 —— 104
　　（五）自然人流动 —— 104
　　（六）大事记 —— 105

五、市场机遇与潜力 —— 105
　　（一）中医治疗湿热病症 —— 105
　　（二）中医治疗老年病症 —— 106
　　（三）中医医疗旅游 —— 107
　　（四）新加坡政府鼓励支持 —— 109
　　（五）新加坡的枢纽优势 —— 109

六、风险提示 —— 109
　　（一）市场成熟竞争激烈 —— 109
　　（二）慈善中医的双刃剑效应 —— 110
　　（三）政府标准设定高 —— 111

（四）语言文化沟通障碍 —— 112

七、案例分析 —— 112
　　（一）同济医院 —— 112
　　（二）宝中堂中医药中心 —— 113
　　（三）同仁堂科艺合资公司 —— 114

八、结论与建议 —— 115
　　（一）与新加坡同行合作，达到优势互补 —— 115
　　（二）重视当地易发疾病 —— 115
　　（三）注重产品研发，发展特色产品 —— 116
　　（四）移动支付新切口 —— 116
　　（五）文化先行推动贸易 —— 116

附 —— 117
　　附一：《中医注册法令》（英文原件） —— 117
　　附二：卫生科学局有关中成药定义及管理架构简介
　　　　（中文版本） —— 130

第五章　印度尼西亚共和国 —— 133

一、基本国情 —— 134
　　（一）国家概况 —— 134
　　（二）政治环境 —— 134
　　（三）经济环境 —— 135

二、医疗健康保障体系现状 —— 136
　　（一）基本情况 —— 136
　　（二）医疗管理机构 —— 136
　　（三）医疗机构 —— 137
　　（四）医疗社会保障情况 —— 137

三、传统医药的法律与政策环境 —— 137
　　（一）医师执业 —— 138
　　（二）药品准入 —— 138

（三）传统医药教育 —— 138
（四）保险覆盖 —— 139
（五）医药投资 —— 139

四、中医药服务贸易双边合作现状 —— 140
（一）传统医药交流历程 —— 140
（二）境外消费 —— 140
（三）跨境交付 —— 141
（四）商业存在 —— 141
（五）自然人流动 —— 141
（六）大事记 —— 142

五、市场机遇与潜力 —— 142
（一）政策保障，合作共赢 —— 142
（二）组织众多，活动频繁 —— 143
（三）观念更新，前景乐观 —— 143
（四）草药不足，依赖进口 —— 144

六、风险提示 —— 144
（一）废医存药问题严重 —— 144
（二）中药走私影响声誉 —— 144
（三）面临各方竞争压力 —— 145

七、案例分析 —— 145
（一）广药集团 —— 145
（二）南昌济生制药 —— 146

八、结论与建议 —— 146
（一）加大实质性的宣传，打破误解 —— 146
（二）药品互补，扩大中药进出口 —— 147
（三）加强学术交流与合作 —— 147

附 —— 149
《印度尼西亚卫生法》（关于传统医疗部分）—— 149

第六章　菲律宾共和国 —— 153

一、基本国情 —— 154
(一) 国家概况 —— 154
(二) 政治环境 —— 154
(三) 经济环境 —— 155

二、医疗健康保障体系现状 —— 157
(一) 基本情况 —— 157
(二) 医疗管理机构 —— 158
(三) 医疗机构 —— 158
(四) 医疗社会保障情况 —— 159

三、传统医药的法律与政策环境 —— 159
(一) 医师执业 —— 160
(二) 药品准入 —— 160
(三) 传统医药教育 —— 160
(四) 保险覆盖 —— 161
(五) 医药投资 —— 161

四、中医药服务贸易双边合作现状 —— 162
(一) 传统医药交流历程 —— 162
(二) 境外消费 —— 162
(三) 跨境交付 —— 162
(四) 商业存在 —— 163
(五) 自然人流动 —— 163
(六) 大事记 —— 163

五、市场机遇与潜力 —— 164
(一) 中医药医疗服务在菲律宾有较大市场空缺 —— 164
(二) 菲律宾中医科室及中药种类齐全 —— 164

六、风险提示 —— 164
(一) 菲律宾中医人才培养系统薄弱 —— 164

(二) 菲律宾中医立法存在障碍 —— 165
(三) 中菲中医药学术交流缺乏 —— 165

七、案例分析 —— 165
(一) 李医生中国针灸诊所 —— 165
(二) 思恩中医学院 —— 166

八、结论与建议 —— 166
(一) 积极开展义诊以及宣传活动,提升中医在当地的影响力 —— 166
(二) 发展中医药教育,培养相关人才 —— 167
(三) 推动中医药立法 —— 167

第七章 斯里兰卡民主社会主义共和国 —— 169

一、基本国情 —— 170
(一) 国家概况 —— 170
(二) 政治环境 —— 170
(三) 经济环境 —— 171

二、医疗健康保障体系现状 —— 173
(一) 基本情况 —— 173
(二) 医疗管理机构 —— 173
(三) 医疗机构 —— 174
(四) 医疗社会保障情况 —— 174

三、传统医药的法律与政策环境 —— 175
(一) 医师执业 —— 175
(二) 药品准入 —— 175
(三) 传统医药教育 —— 175
(四) 保险覆盖 —— 176
(五) 医药投资 —— 176

四、中医药服务贸易双边合作现状 —— 176
(一) 传统医药交流历程 —— 176
(二) 境外消费 —— 177

（三）跨境交付 —— 177
　　（四）商业存在 —— 177
　　（五）自然人流动 —— 177
　　（六）大事记 —— 178

　五、市场机遇与潜力 —— 178
　　（一）宗教文化认同感强，重走海上"丝绸之路" —— 178
　　（二）借力自由贸易协定谈判，互利共赢 —— 179
　　（三）投资合作有保障，经济特区待遇优厚 —— 179
　　（四）斯里兰卡旅游业前景广阔 —— 180
　　（五）兰医医院的诊疗手段比较局限 —— 180

　六、风险提示 —— 180
　　（一）地缘政治考虑和安全忧虑 —— 180
　　（二）"安保钻石"构想带来不确定因素 —— 181
　　（三）缺少行业规范 —— 181
　　（四）印度传统医学的影响先入为主，不接受中医理论 —— 181

　七、案例分析 —— 182

　八、结论与建议 —— 182
　　（一）抓住自由贸易区谈判和援建机遇，推进中医药准入 —— 182
　　（二）传播途径因地制宜，中医中心携手孔子学院 —— 183
　　（三）填补当地医疗的空白 —— 183
　　（四）探讨中、斯、印三方合作可能，医旅结合 —— 184

　附 —— 185
　斯里兰卡与传统医药相关应用法规 —— 185

第八章　哈萨克斯坦共和国 —— 191

　一、基本国情 —— 192
　　（一）国家概况 —— 192
　　（二）政治环境 —— 192
　　（三）经济环境 —— 193

二、医疗健康保障体系现状 —— 195
（一）基本情况 —— 195
（二）医疗管理机构 —— 196
（三）医疗机构 —— 196
（四）医疗社会保障情况 —— 197

三、传统医药的法律与政策环境 —— 197
（一）医师执业 —— 198
（二）药品准入 —— 198
（三）传统医药教育 —— 198
（四）保险覆盖 —— 198
（五）医药投资 —— 198

四、中医药服务贸易双边合作现状 —— 199
（一）传统医药交流历程 —— 199
（二）境外消费 —— 200
（三）跨境交付 —— 200
（四）商业存在 —— 201
（五）自然人流动 —— 201
（六）大事记 —— 202

五、市场机遇与潜力 —— 203
（一）哈萨克斯坦国内投资环境良好 —— 203
（二）"一带一路"对接"光明之路" —— 203

六、风险提示 —— 204
（一）经济风险 —— 204
（二）警惕恐怖主义蔓延 —— 204

七、案例分析 —— 205
（一）新疆乌鲁木齐国际医院 —— 205
（二）同仁堂在哈萨克斯坦建立中医中心 —— 206

八、结论与建议 —— 207

附 —— 209
《哈萨克斯坦共和国人民卫生体系条例》
（传统医学部分节选）—— 209

第九章 吉尔吉斯共和国 —— 213

一、基本国情 —— 214
（一）国家概况 —— 214
（二）政治环境 —— 214
（三）经济环境 —— 215

二、医疗健康保障体系现状 —— 218
（一）医疗基本情况 —— 218
（二）医疗社会保障情况 —— 219

三、传统医药的法律与政策环境 —— 219
（一）医师执业 —— 219
（二）相关准入标准体系 —— 220
（三）中医药教育 —— 220

四、中医药服务贸易双边合作现状 —— 221
（一）医疗服务贸易 —— 221
（二）医疗产业 —— 222

五、市场机遇与潜力 —— 223
（一）中医药在吉尔吉斯斯坦市场广阔 —— 223
（二）互联互通优势突出 —— 223
（三）中吉贸易前景广阔 —— 224
（四）吉尔吉斯斯坦对中医药发展愿望强烈 —— 224
（五）中国—吉尔吉斯斯坦岐黄中医药中心平台 —— 225

六、风险提示 —— 225
（一）吉尔吉斯斯坦社会问题较严峻 —— 225
（二）中医药服务在吉尔吉斯斯坦发展步履维艰 —— 226

七、案例分析 —— 226
（一）中国—吉尔吉斯斯坦中医药中心 —— 226
（二）吉尔吉斯斯坦岐黄中医学院 —— 227

八、结论与建议 —— 228
（一）扩大吉尔吉斯斯坦中医医疗市场 —— 228
（二）创新中医药教育合作 —— 229
（三）扩展中医药服务贸易 —— 229
（四）加强政策支持 —— 229

第十章 阿拉伯联合酋长国 —— 233

一、基本国情 —— 234
（一）国家概况 —— 234
（二）政治环境 —— 234
（三）经济环境 —— 236

二、医疗健康保障体系现状 —— 238
（一）基本情况 —— 238
（二）医疗管理机构 —— 238
（三）医疗机构 —— 239
（四）社会保障情况 —— 239

三、传统医药的法律与政策环境 —— 240
（一）医师执业 —— 240
（二）药品准入 —— 240
（三）传统医学教育 —— 241
（四）保险覆盖 —— 241
（五）医疗投资门槛 —— 242

四、中医药服务贸易双边合作现状 —— 242
（一）传统医药交流 —— 242
（二）境外消费 —— 243
（三）跨境交付 —— 243
（四）商业存在 —— 243

（五）自然人流动 —— 244
　　（六）大事记 —— 244

五、市场机遇与潜力 —— 245
　　（一）阿联酋是海湾地区的辐射中心 —— 245
　　（二）依托迪拜健康城大有可为 —— 246
　　（三）替代医学、预防医学发展前景可观 —— 246

六、风险提示 —— 247
　　（一）市场规范化问题 —— 247
　　（二）法律体系复杂 —— 247
　　（三）宗教习俗问题 —— 248

七、案例分析 —— 248
　　（一）北京同仁堂海湾有限公司中医药综合诊疗中心 —— 248
　　（二）迪拜协和医院 —— 249

八、结论与建议 —— 249
　　（一）以远程技术助力中医药快速发展 —— 250
　　（二）以中医药医疗旅游刺激境外消费 —— 250
　　（三）加强文化科研交流，拓宽人才出口渠道 —— 251
　　（四）开设指导部门，以投资补充建设 —— 251

附 —— 252
　　附一：《医院准入政策》（摘要）—— 252
　　附二：《门诊医疗设施管制》（摘要）—— 253

亚·洲·卷

中医药海外发展国别研究

第一章 蒙古国

一、基本国情

(一) 国家概况

蒙古国(Mongolia,以下简称蒙古),原国名为蒙古人民共和国,于1992年通过现行宪法,并将原国名改为现名。目前人口约324万[1],人口密度约为2人/平方千米,是世界上人口密度最小的国家。其位于东北亚内陆,北接俄罗斯,南壤中国,国土面积156.6万平方千米,世界国土面积排名第十九,为仅次于哈萨克斯坦的世界第二大内陆国家,也是东亚及东北亚唯一的内陆国家。行政区划按照省(直辖市)、苏木、巴嘎三级划分,全国辖1个直辖市、21个省。首都乌兰巴托为最大城市,市辖人口134万人,约占全国总人口的1/3。蒙古主要民族为喀尔喀蒙古族,另有哈萨克族等民族;官方语言为喀尔喀蒙古语,使用斯拉夫字母为文字载体;多数蒙古人将俄语作为第二外语[2],目前亦有部分年轻一代开始学习英语、汉语与韩语等。藏传佛教在蒙古盛行,全国53%的人口为佛教徒,藏传佛教文化及学术发展底蕴深厚。

(二) 政治环境

1. 政治制度 蒙古为设有总统的一院制国家。总统为国家元首和武装力量最高统帅,由国民直选选出,任期4年,可连任两届。现任总统为哈勒特马·巴特图勒嘎。国家大呼拉尔(议会)是国家最高权力机关,行使立法权,内外政策的任何问题由大呼拉尔讨论通过方可实施,现任主席为米耶贡布·恩赫包勒德。国家总理由大呼拉尔直接任命,领导蒙古政府,任期4年,现任总理为乌赫那·呼日勒苏赫。政府成员亦由大呼拉尔任命。蒙古最高法院为最高审判机关,其大法官由总统任命,总检察长由总统与大呼拉尔磋商任命,均任期6年,现任最高法院大法官为卓里格,总检察长为达比多加。蒙古实行多党制,目前有20多个注册政党,以蒙古人民党与民主党为主要政党。

2. 外交特点 蒙古目前与188个国家建立了外交关系,实行"和平、开放、独立、多支点"的外交政策。周边关系方面,蒙古受苏联影响较深,外交与俄罗斯关系最密切。另外,由于相扑交流的兴盛,蒙日维持了紧密的友好关系,日本同时也对蒙古提供了高额的经济援助。韩国与蒙古经济合作频繁,是蒙古最大的外出劳务国,在韩蒙古劳工占蒙古总劳动人口的2%;韩国企业大量进入蒙古,拉动了蒙古经济。中国是蒙古最大的贸易伙伴国,两国目前官方外交关系较好,经济政治合作稳步发展。

3. **中蒙关系** 中国与蒙古于1949年建交,后在中苏关系紧张时期一度疏远,20世纪80年代后期,双边关系逐渐改善。2000年来,中蒙贸易及经济往来逐渐密切。2014年中蒙正式确立全面战略伙伴关系,两国合作迈上新台阶。目前中国已成为蒙古最大贸易伙伴国。

(三) 经济环境

1. **经济概况** 蒙古属于发展中国家,采用资本主义市场经济体制。其流通货币为图格里克(MNT),对美元汇率约为2 627∶1。蒙古经济相对落后,2018年GDP约合130亿美元,人均4 014美元,世界排名第一百三十位。石油等能源产品主要依靠从俄罗斯进口。在蒙古投资与建设的主要国家为:中国、日本、韩国、俄罗斯。

近年来,蒙古面临着通胀偏高、财政赤字进一步扩大、图格里克汇率贬值、对外贸易大幅萎缩等问题,导致蒙古经济状况出现"断崖式"下滑,但在过去三年稍有缓解。2018年蒙古财政总收入为9.29万亿图格里克(34.39亿美元),同比增长9.0%;财政总支出亦为9.2万亿图格里克(34.06亿美元),同比上升3.37%;政府净债务21万亿图格里克。由于经济紧缩,蒙古对外来投资需求较为迫切。2018年蒙古与156个国家开展贸易,对外贸易总额达129亿美元,同比增长22.3%。其中,出口额70亿美元,同比增长12.9%,增长13亿美元;进口额59亿美元,同比增长35.5%,增长9.4亿美元。

2. **主要产业** 蒙古以农牧业和矿业为主要产业,工业基础薄弱,服务业处于次要地位。基础产业为牧业,占GDP的20%,主要依靠肉类出口和羊绒出口。据统计,蒙古是世界第二大羊绒出产国。矿业则为蒙古国民经济的主导产业,铜、钼矿储量居亚洲首位。国家财政收入和出口外汇的76.9%来自矿产出口,占工业总产值的一半以上。

3. **对华贸易** 中国是蒙古最主要进出口伙伴国。蒙古目前是中国制造业重要的原料供给基地,其产出的矿物半数以上输入中国,出产的羊绒原毛也大量输往中国。2018年,中蒙双边贸易一改前几年的低迷,贸易总额为79.9亿美元,同比增长24.7%。其中,对蒙出口16.5亿美元,自蒙进口63.4亿美元,同比增长33.1%和

22.7%。由于国民经济压力较大,蒙古的传统医药经济贸易和发展一直处于次要状态(表1-1、图1-1)。

表1-1 2009—2018年中蒙贸易总额(单位:亿美元)

项目＼年份	2009	2010	2011	2012	2013	2014	2015	2016	2017	2018
总额	24.29	40.01	64.32	66.01	59.59	73.18	53.66	46.11	64.02	79.90
出口	10.67	14.49	27.31	26.53	24.49	22.16	15.70	9.88	12.35	16.50
进口	13.61	25.52	37.01	39.47	35.09	51.02	37.95	36.22	51.67	63.40

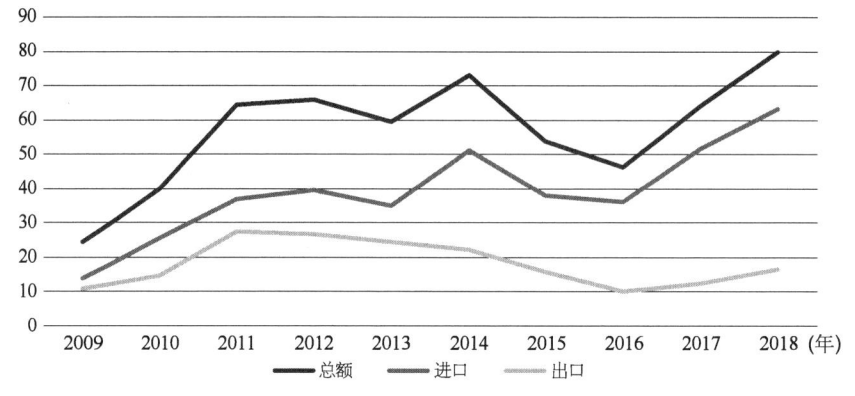

图1-1 2009—2018中蒙贸易数据(单位:亿美元)

注:以上图表根据"中国国家统计局国家数据网"数据整理

二、医疗健康保障体系现状

(一) 基本情况

蒙古的医疗卫生服务体制根据国家行政管理体制建立,分为二级(城镇)医疗与基层医疗两个层次。蒙古约有65%的人口依靠城镇医疗,35%的人口依靠基层医疗。二级卫生人员为执业医师,基层卫生人员为助理医师或初级医师。每省、市医院拥有200~500张床位,主要为居民提供二级医疗卫生服务。在旗级区划设置小型旗医院,病床为10~20张，提供基层医疗服务。2016年约有1 400名乡初级医生在全国的300多家旗(县)医院承担对当地游牧民与农村居民的初级和基本的卫生保健服务[3]。另有私人医院、诊所、药店等私营医疗形式。

(二) 医疗管理机构

蒙古的国家一级医疗法律由国家大呼拉尔讨论制定，下级政策由卫生部(Ministry of Health)制定。卫生部统管省市与地方医疗机构(包括传统医药)，负责卫生政策的制定、规划、管理和监督，制定医疗标准并监管各卫生机构依标准从业。医药投资者由其下设制药部进行监管，医疗从业者由其医务科进行监管。

(三) 医疗机构

1. 公立医疗机构　蒙古国内公立医疗机构主要为二级医院以及基层医院(旗、县级)。2012年，蒙古每千人平均拥有7张病床，3名内科医师，医疗保健支出占国内生产总值(GDP)的3.5%，政府在公立医疗上的支出占卫生支出的56.7%，人均公立医疗保健政府支出为80美元。

2. 私立医疗机构　蒙古医疗法规缺乏对医院、治疗中心等医疗服务提供者的统一规划与准入管理，没有统一的行业标准。因此私立医疗卫生机构常常自立门户，形式多样。至2013年止，蒙古共有1 321所私立医疗卫生机构，占住院服务的38%。但私立医疗卫生机构的医疗质量问题频发，对目前蒙古医疗体系而言是一个严峻的挑战。

(四) 医疗社会保障情况

1. 国民社区医疗保险　根据2002年蒙古政府修改并沿用至今的《医疗保险法》，参加蒙古国民医疗保险的蒙古公民，在二级医院就诊时，5%~15%的住院费、75%的门诊费用由社会医疗保险支付；在省、区级医院就诊时，门诊费用的90%由政府承担。保险金以患者住院前预付的方式拨款医院[4]。目前蒙古国家社会医疗保险已覆盖95%的公民，是蒙古最基础的医疗保险。

2. 商业保险　蒙古保险法在基础社会医疗保险之外，允许公民自主投保多重商业医疗保险，商业保险条款由保险公司依据蒙古保险法制定。目前蒙古拥有15个非寿险公司,1个寿险公司。以上公司发布的健康保险均可供蒙古公民选择。

三、传统医药的法律与政策环境

蒙古在中医药发展中尤其重视蒙医药的应用,目前无专门针对中医药的法律法规,但自1999年起,蒙医药的政策已逐步制定,并作为传统医学/补充和替代医学(TM/CAM)法规包含在《蒙古医药与医疗机构法》中。

(一)医师执业

蒙古具有整脊、针灸和蒙医药医师执照与考核规章,以此规章为底本的法律正由国家大呼拉尔讨论中。TM/CAM从业人员可在公共和私人的诊所或医院从业。从业人员需接受蒙古国内相关专业考核,合格后,由国家或地方政府颁发执照或认证方可从业。目前蒙古未有中医师执照与规章。

(二)药品准入

蒙古法律中,草药被视为处方药、非处方药和草药三类受到监管。由于蒙古国家药典不完整,2005年版《中华人民共和国药典》和最新版本的《俄罗斯药典》在蒙古具有法律效力。药品制造商监管主要通过当局对生产企业和实验室药品样本的定期检查,主要执行单位为1994年成立的药品上市后监管系统和1998年成立的草药上市后监管系统[5]。草药被作为处方药在药店或注册的从业人员处销售。虽然法规完善度不足,但传统医药市场仍然较大,据生产企业估计,蒙古每年的植物药市场大于100万美元[6]。中医药进入蒙古按照以上药典与法规执行。

(三)传统医药教育

蒙古目前拥有学士、硕士、博士及临床专业博士学位的TM/CAM教育,拥有传统医学学校5所。官方认可的TM/CAM专业培训计划中,本科教育为6年制,硕士2年,博士4年。经过培训从业人员可获得执照或认证。蒙古医学已被纳入国家社会医疗保险。另外,蒙古承认中国境内蒙医药相关大学的蒙医药教育,其在华留学生大部分学习汉语专业和蒙医药专业(所占比例均超过30%)。截至2017年,内蒙古医科大学与内蒙古民族大学蒙医药学院培养出的蒙古留学生总数已经超过500人(据中国新闻网)。

(四)保险覆盖

疗法方面,蒙医药疗法已被纳入蒙古国家社会医疗保险。中医、蒙医由于其价格优势以及区域便利优势受到患者欢迎。

药物方面,目前蒙古已注册的约30种草药、载入药典的20多种蒙药[7](剂型主要为丸剂和散剂)可纳入保险范围。草药应用规章尚处于评估阶段,针对草药生产的生产质量管理规范和草药国家药典正在制定过程中,预计日后出台相关药典后保险覆盖面将拓宽。另外,各医院制作的院内制剂由于不受市场流通监管,可作为治疗费纳入保险,在蒙古国内较为流行。

(五)医药投资

蒙古对于外商医药投资是开放的,医药投资单项数据目前尚不全面,但中国在蒙古投资稳步上升。由于蒙古政府对相关法律进行了修改,中国在蒙古投资至2011年达到顶峰,主要集中在矿产、能源、基础设施建设方面(图1-2)。医疗合作和传统医药合作处于次要地位,此现状与蒙古经济发展中心仍在矿业和牧业出口有关。

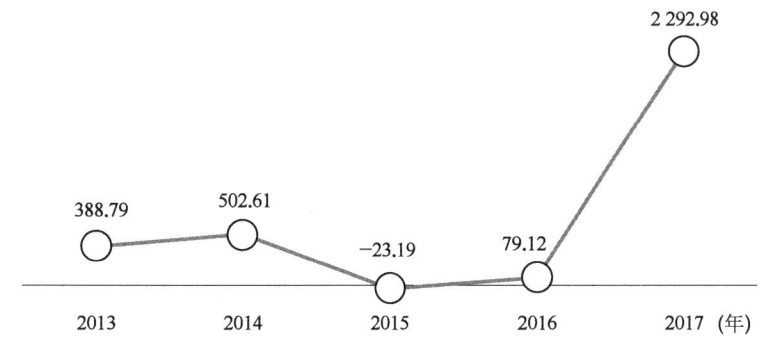

图1-2 2013—2017年中国对蒙古直接经济投资流量(单位:百万美元)

蒙古境内医药投资需要提供符合相应法规的标准化证据。目前蒙古仍采用ISO框架下制定的国际标准作为中医药行业药品的监管依据。

四、中医药服务贸易双边合作现状

(一) 传统医药交流历程

中蒙传统医药交流源远流长,中国古代传统医药是催生蒙医药的重要因素之一。元代时,蒙医学尚未形成体系,但蒙古族传统药物及疗法已与中医逐渐融合。元代危亦林便融合蒙医药编撰了治疗专著《世医得效方》。17世纪,蒙医学家通过学习中原汉族地区传统医药、藏医以及印度医学的理论,并与蒙古族传统医药相结合,奠定了蒙医药的发展基础。近3个世纪来,蒙医药与汉族地区传统医药交流频繁。中华人民共和国成立后,中国政府致力于对各地少数民族传统医药的保护和发展,蒙医药遗产也得到光大弘扬。蒙古于1992年重新重视传统医药后,为了重新发展蒙医药,与中国签订了《中蒙传统医药合作协定》,并将中蒙传统医药交流推向了前所未有的高峰。如今,蒙古前往中国的留学生中,学习蒙医药的占到40%。中蒙传统医药交流在近年来绽放了花朵。

(二) 境外消费

以蒙古民众前来我国寻求中医、蒙医诊疗为主。仅蒙古公民每年前来我国就医者就有6万人左右,其中有90%人(次)寻求中、蒙医药服务[8]。在2015—2017年的三年中,仅在内蒙古国际蒙医医院,蒙古民众蒙医药境外消费额便达500余万元,另我国每年减免蒙古籍患者医疗费用30余万元。目前蒙古来华医疗消费以蒙医传统火针、五疗疗法、传统制剂与中医针灸、火罐为主要诉求,兼有西医最新仪器诊疗诉求。由于两国存在语言隔阂,目前蒙古境外医疗消费主要发生于内蒙古自治区。除了传统诊疗方式,目前来自蒙古的传统医药互联网消费较少。由于蒙古以牧业为主,人口分散,聚居地少,电力设备落后,互联网建设不完善,故"云贸易"发展较缓。

（三）跨境交付

2016年,中国企业签订蒙古跨境服务外包合同金额427.4万美元。但由于蒙古国内互联网普及程度有限,未能形成"云诊断""云治疗"的平台体系。互联网跨境交付主要集中于医疗旅游和商品买卖方面。目前,我国国家蒙医药(民族医药)健康服务示范中心计划正在构建中,主要联合内蒙古等地蒙医医疗机构、蒙药种植生产和经营基地、蒙医药文化基地、蒙医药养生保健机构等。融合医疗、康复、治病,实行互联网健康管理、蒙医药科普、健康旅游咨询服务,借助互联网模式辐射蒙古国。另外,我国电商平台凭借快速发展的物流网络延伸到蒙古境内。目前在蒙古的调查显示,阿里巴巴旗下的淘宝电商平台已成为蒙古民众最欢迎的电商购物平台之一。但由于蒙古国内网络环境有限,电商平台的应用仍集中在乌兰巴托等大城市。中草药类商品交易中以蒙古黄芪、黄精等药材销往我国,而我国以蒙药保健品销往蒙古为主要内容。

（四）商业存在

目前蒙古国内未有专门的中医医院和中医中心,跨境中医医疗机构如2016年成立的医馆中医院暨国际蒙医联合体医院正逐步作为专业中医院开展跨境中医医疗服务。但中医门诊较多,主要形式有两种：一是中国公民投资在蒙古建立中医诊所并提供医疗服务；二是双边蒙医药龙头机构合作在蒙古设立门诊,中方派出蒙医药专业人才前往执业。其中代表是2009年乌兰巴托安康医院设立的中医门诊,提供各种传统的中医治疗方法,包括针灸、草药、推拿以及拔火罐等。目前,我国内蒙古医科大学、黑龙江中医药大学、内蒙古国际蒙医医院等传统医药研究龙头已与蒙古国传统医学研究院、巴音朱日和医院、苏赫尔巴托区医院、蒙古国医学科技大学、蒙古国第三医院、达尔汗省综合医院等10余家机构签订医疗服务互通协议,相关中医、蒙医合作治疗或研究机构正在建设中。

（五）自然人流动

目前主要形式为我国培养的蒙医师前往蒙古提供中医医疗服务,蒙古亦有前往中国学习蒙医药后回国服务的医师。为确保自然人流动,内蒙古自治区通过蒙古卫生部部长会议,对33种蒙药、19种西药、10多种医疗器械在蒙古进行注册备案,并促进国内蒙医师在蒙获取执业资格,提供了自然人赴蒙服务的便利。自2011年起,包括医疗服务在内,中方每年进入蒙古从事服务贸易往来的人数均在5 000人以上,为中医药服贸打下了基础。由于中医诊疗机构多以中医诊所的形式存在,自然人流动从业空间仍需拓宽。

(六) 大事记

中蒙服务贸易大事记见表1-2。

表1-2 中蒙服务贸易大事记

时 间	事 件	意 义
2014年10月	蒙古扎门乌德自由贸易区完工(毗邻我国二连浩特)	第一个蒙古境内中蒙合作自由贸易交流区
2016年6月24日	中蒙俄三国签署《建设中蒙俄经济走廊规划纲要》	中蒙俄经济走廊十大区域贸易合作(包括医疗服务贸易合作)正式启动
2017年5月12日	中蒙签署《中华人民共和国商务部和蒙古对外关系部关于启动中国—蒙古自由贸易协定联合可行性研究的谅解备忘录》	中蒙自贸协定联合可行性研究启动

五、市场机遇与潜力

(一) 传统医药在蒙古价格优势明显

蒙古药品、物资及医学仪器大部分从国外进口,卫生服务费用总体较高,年人均医疗费用在244美元以上[9]。蒙古国民众迫于经济压力,对蒙医药等传统医药的欢迎度较西医疗法高。另外,蒙古对外商投资的容纳性仍然较大,因此国内中医药龙头企业产业入蒙古投资市场广阔。

(二) 蒙医药为医药投资最佳切入点

20世纪30年代由于政治原因,致使由喇嘛为主的蒙医队伍连同蒙医学术理论几乎丧失。20世纪80年代,蒙医药在蒙古才开始有所恢复。蒙医药恢复后,面对国内对蒙医药的需求和蒙医药学术水平不佳的矛盾,蒙古多次向中国派遣留学生,与中国签署蒙医药合作发展协议。蒙古每年大约有6万公民前往中国寻求医疗服务,90%寻求蒙医药服务。蒙古方多次提出,希望中国在蒙古援建一所具有蒙医特色的传统医院。另外,蒙古国内传统医药资源丰富,蒙医药投资在蒙古具有天然的土壤。

(三)双边互通优势突出

蒙古国人民与我国内蒙古自治区人民血脉相连,具有民生互通优势。吉林"两山铁路"连接着中蒙两国,具有资源互通优势。因此,吉林、辽宁、内蒙古三省区中医药龙头企业在蒙发展交通便利。在"中蒙俄"经济走廊打通后,中国物流业进入蒙古、俄罗斯,将为入蒙古投资中医药服务贸易的企业提供更大互通优势。

(四)中蒙自贸协定前景广阔

2017年5月中国商务部部长钟山与蒙古对外关系部部长蒙赫奥尔吉勒共同签署《中华人民共和国商务部和蒙古国对外关系部关于启动中国—蒙古自由贸易协定联合可行性研究的谅解备忘录》,标志着中蒙自贸区协定的研究开始起步。在未来的谈判中,中医药将纳入发展重点,也将为中医药服务贸易提供机遇。

六、风险提示

(一)中医药医疗服务在蒙古发展欠佳

由于缺乏国际标准,蒙医药之外的中医医疗服务在蒙古开展不全面;外籍患者与中国医师间随访困难,纠纷较多。虽然在蒙古的中医诊所数量较多,但质量参差不齐,缺乏行业规范。蒙古国民众对除蒙医以外的中医疗法的接受度较差。蒙古境内缺少大型的中医药医疗实体,在某种程度上也阻碍了优秀中医医师在蒙古提供中医医疗保健服务。此外，与蒙方合办的蒙医研究机构、医疗机构中，中方掌握控制权和话语权不多，对中医药企业业务发展有所阻碍。

(二) 投资环境不稳

(1) 蒙古政府投资政策的连续性和稳定性较差：每隔4年，新政府上任，对上届未实施的决议都要从头、重新审议，导致一些政策或审批历经数届政府仍未获准实施。这为中资企业赴蒙投资增加了较大时间成本。另外，蒙古国内政治环境不稳，对政府的弹劾案时有发生。2017年10月蒙古政府刚经历了总理弹劾案后的重组，对于企业争取审批较为不利。

(2) 蒙古境内基础设施较差：涉及道路、水电、通信等问题均需投资者自行解决，这意味着传统医药服务贸易在蒙古需要形成从采集到加工的产业链，增加了投资者的投资成本。

(3) 中蒙服务贸易仍存在一些非经济的人为阻力，如个别政府官员腐败问题、效率低下问题等。

(4) 蒙古国不单纯出口原材料，企业需在蒙古投资附加值高的产品，为此，需要中医药龙头企业的技术支持。

(三) 缺少行业规范

蒙古监管机制不全，蒙古国内的中方企业存在无规则操作、竞争无序的情况。有的中国企业依法经营意识较差，对蒙古投资法规、政策和市场状况不熟悉，前期可行性研究不充分，风险的认识不明确，导致企业在蒙古发展时运营和管理出现问题。总体来说，中蒙中医药服务贸易机遇和挑战并存，但机遇大于挑战。

七、案 例 分 析

(一) 内蒙古国际蒙医医院

【所在地区】 中国，内蒙古自治区呼和浩特市。

【案例定义】 中蒙医药医疗保健服务基地。

【案例概况】 内蒙古国际蒙医医院是目前国际规模最大的三级甲等蒙医综合医院,以蒙医药医疗为主,囊括科研、医疗、教学、预防保健、制剂功能。每年组织蒙医药专家赴蒙古义诊2~3次,每年接待蒙古往来就医患者8 000余人。作为内蒙古自治区与蒙古合作的卫生医护人员培训基地,每年接收来自蒙古的30名卫生医护人员来院进行半年或一年的医疗培训。2016年9月内蒙古国际蒙医医院申报为国家中医药(民族医药)健康旅游示范基地;院内12名医师通过蒙古执业资格注册。医院专家团队赴蒙古乌兰巴托市、后杭爱省、肯特省、东方省等省市及基层牧区开展义诊和学术交流14次。医院接待蒙古友好交流团队500余人次,还成功举办规模较大的800人参加的国际蒙医药学术论坛及国际蒙医药成果展。

【案例总结】 本案例为医疗事业单位依托中医、蒙医治疗价格优势以及区域便利优势开展民生互通,效果显著。其蒙医药服务贸易的成功尝试表明了重视国际义诊和国际宣传、积极发展两国中医和蒙医药教育、积极承办国际会议的重要性。以上举措不仅有利于获得中医药在蒙古发展话语权,也为其在蒙古打开市场夯实了基础。但其蒙医药产品体系开发不足,虽有医疗旅游试点,但在试剂标准化、人才培训方面都尚未形成服务贸易合作,服务贸易覆盖面有待完善。

(二)黑龙江北奇神药业有限公司

【所在地区】 中国,黑龙江省大兴安岭地区加格达奇区。

【案例定义】 商务部注册在蒙古中资企业。

【案例概况】 黑龙江北奇神药业有限公司始建于1985年,在原有"北芪神茶"的基础上,与美国、日本及中国北京、黑龙江等地16所大学和科研单位结成战略联盟,目前研发出"三大系列"(传统药、保健食品及功能性食品)共58个产品。其中依托已获得国药准字号的3个药品、12个保健食品、11个俄罗斯保健食品批号打开蒙古药品市场。产品以补阳、强骨的药物为主,配合蒙医药疗法,在蒙古得到了广泛应用。

【案例总结】 此案例为在蒙古中资企业,从科研出发,以获取蒙古承认的中国、俄罗斯食品药品批号为切入点,获取蒙古国内药品销售准入以打开市场,并且自2006年进入蒙古,至今获得较好发展。提示药品生产企业在进入蒙古发展时,应重视与相关研究机构合作,获取蒙古法规承认的药品标准。

(三) 山东结晶集团

【所在地区】 中国,山东省日照市。

【案例定义】 商务部注册在蒙古中资企业。

【案例概况】 山东结晶集团始建于1968年,现为集海洋生物、食品、进出口贸易、对外投资和科研开发为一体的企业集团,以海带、巨藻等海洋藻类为原料,生产海洋化工类、海洋药物类、海洋食品类纯天然、绿色、环保型高科技产品。产品有褐藻酸、海藻酸丙二醇酯等。该集团针对蒙古处于内陆缺乏海产品的特点,生产海产品传统医药制剂,通过了ISO 9001质量管理体系认证、国家药品GMP认证等八大类管理体系认证。但其在蒙古宣传力度较弱,仅在商务部名录中登记中医事业,与蒙古本国机构合作较少。

【案例总结】 此案例为利用地缘优势和中蒙两国交通互通优势开拓蒙古国内市场的典型。其生产的产品在蒙古为刚性需求产品。但由于宣传和与相关机构合作不足,未能扩展其在蒙古产业,其药物产品与本土传统医学的契合程度亦不高。此案例说明在蒙古开展医药服务贸易需结合本土传统医学以及学术科研,方能更好发展。

八、结论与建议

经济方面,目前蒙古经济处于下降期,外汇储备逐渐减少,财政赤字较高。中蒙间贸易也处于下降趋势,可能对中蒙中医药服务贸易造成不利影响。目前,中国仍是蒙古最大的对外贸易伙伴,两国自贸协定洽谈亦于2017年起步,服务贸易前景尚好。传统医药方面,蒙古人民对传统医药接受率高,但国家传统医药法规仍不完善,发展停留在蒙医药交流上。中蒙间在蒙医药标准化、医疗服务贸易方面存在较大市场空白,展开相关领域自由贸易合作对双方经济都有积极影响。具体实施建议如下。

(一) 以蒙医药为突破口发展服务贸易

由于仍有部分蒙古人对华抱有不信任态度,而且蒙古国人民对蒙医药的接受度仍高于中医药,故应将蒙医药的服务贸易合作作为中医药在蒙古服务贸易的突破口。吸取在蒙中医药企业成功经验,以技术带动蒙医学、带动蒙医文化,为蒙医药行业生产、诊疗、研究设立行业典范,建立行业标准。

(二)注重高层对接沟通,争取政策扶持

与蒙古接壤省区或中蒙俄经济走廊物流通道上的大型医药龙头企业在赴蒙建设研究、提高蒙医药和中医药在蒙古的研究水平以及制药水平的研究中,应注重与国家相关部门高层沟通,争取入蒙古政策扶持。2016年,内蒙古自治区商务厅设立对外经贸专项资金41万元、中国和平发展基金会设立专项资金50万元,着重发展中蒙蒙医药服务贸易试点。另有国家中医药管理局每年设立的中医药海外发展合作专项。各企事业单位应抓住机遇,加强高层申报和政策沟通,为企业深入开展蒙古中医药服务贸易获取国家支持。

(三)企业投资建设中蒙医中心(中医药中心)

蒙古国内目前尚无合作建立的中医中心或蒙医中心,建议以企业投资、政府主导的形式,在乌兰巴托探索建立中蒙两国合作的蒙医医疗机构"中蒙医中心(中医药中心)"。一方面,可向蒙古输送医药研究技术人员,拓宽服务贸易范围;另一方面,以中心为依托,易于突破医师执业认证、药品准入等政策瓶颈,进行高层次研究发展。企业与政府合作建设可以提高建设效率、缩短建设成本,把握在蒙中医中心建设中的主动权,推动更多的蒙医药、中医药产品走向世界。

(四)严格企业管理,领跑行业规范

蒙古国内投资环境不稳,不良竞争时常出现。面对中医药服务贸易这块丰厚的土壤,在蒙古从事中医药服务贸易发展的单位应秉承"严格管理,严格规范"的自我要求,为中医药赴蒙服务贸易做出典范,争取行业话语权。总而言之,就是争取政府合作,携手专业机构,领跑行业规范。

(思璎桀)

附

附一：《蒙古国卫生法》（摘要）

14 дүгээр зүйл. Импортлох бүтээгдэхүүн, бодис, бэлдмэл, материал, техник, технологид тавих шаардлага

14.1 Импортлох бүтээгдэхүүн, бодис, бэлдмэл, материал, техник, технологи нь хүн амын эрүүл мэнд, байгаль орчинд хор аюулгүй, Монгол Улс, олон улсын болон бүс нутгийн хэмжээнд хүлээн зөвшөөрөгдсөн стандартын шаардлага хангасан, чанарын баталгаатай байна.

进口产品,物质,制剂,材料和技术应对人类健康与环境安全可靠,并以蒙古的质量标准、国际和区域接受的标准确保质量。

注：中医药进入蒙古亦需要遵守本条,提供相关标准。

14.2 Иргэн, аж ахуйн нэгж, байгууллага нь бүтээгдэхүүн, бодис, бэлдмэл, материал, техник, технологи импортлохдоо энэ хуулийн 14.1 - д заасан шаардлагыг гэрээ, хэлэлцээрт урьдчилан тусгаж, хуульд заасан тохиолдолд гадаад худалдааны асуудал эрхэлсэн төрийн захиргааны төв байгууллагаас зөвшөөрөл авч, улсын хилээр нэвтрүүлэхдээ уг гэрээ, хэлэлцээр болон тухайн бүтээгдэхүүн импортлох зөвшөөрөл, чанарын баталгааг хилийн мэргэжлийн хяналтын байгууллагад шалгуулна.

/Энэ хэсэгт 2001 оны 11 дүгээр сарын 30 - ны өдрийн хуулиар нэмэлт орсон/

个人,从授权产品,化学品,产品和材料,公司和组织外事导入的设备和技术,以先前的协议第14.1条规定的要求,由边防专业检验机构依照国家的管理和部署、国家边境产品的协议以及进口许可和质量保证进行检查。

14.3 Импортолсон бүтээгдэхүүн, бодис, бэлдмэл, материал, техник, технологийг үйлдвэрлэлд нэвтрүүлж, хэрэглээнд гаргахдаа мэргэжлийн хяналтын байгууллагаар дүгнэлт гаргуулсан байна.

产品,物质,制剂,材料,技术进入生产和销售应由专业检验机构进行。

14.4 Эрх бүхий байгууллагаас улсын хилээр нэвтрүүлэхийг зөвшөөрсөн онц хортой бодис, бэлдмэлийг тээвэрлэх, хадгалах, худалдах, ашиглах аюулгүй ажиллагааны шаардлагыг импортлогч байгууллага, аж ахуйн нэгж, иргэн хариуцна.

安全要求：当局允许的剧毒化学品,运输,储存和销售,实行进口组织或实体负责制。

14.5 Хуульд өөрөөр заагаагүй бол хүнсний түүхий эд, бүтээгдэхүүнийг импортлоход энэ хуулийн 14.2, 14.3 дахь хэсгийн заалт хамаарахгүй.

/Энэ хэсгийг 2012 оны 12 дугаар сарын 20 - ны өдрийн хуулиар нэмсэн/

本法第14.2条和第14.3条的规定不得适用于进口原材料和产品,除非法律另有规定。为中医药提供了无标准情况下作为药材原材料进口的可能。

附二：《蒙古国医药与医疗机构法》(包含传统医药)

LAW OF MONGOLIA
ON MEDICINES AND MEDICAL DEVICES
(Revised Version)
10 June 2010　Ulaanbaatar city
CHAPTER ONE GENERAL PROVISIONS

Article 1　Purpose of the Law

1.1　The purpose of the present law is to regulate relations in regard to processes of manufacturing, importing, exporting, storing, selling, distributing, using and monitoring medicines, including traditional medicines, biosubstance and diagnosis agents (hereinafter referred to as "medicines"), medical devices and bioactive products for humans and veterinary purposes.

Article 2　Legislation on medicines and medical devices

2.1　Legislation on medicines and medical devices shall consist of the Constitution, Law on Health, Law on Protection of Livestock Generation and Health, the present Law and other relevant legislative acts, enacted in conformity with these Laws.

2.2　The provisions of the international treaties, to which Mongolia is a party, shall prevail, if such treaties stipulate otherwise than this Law.

Article 3 Legal terms and definitions

3.1 Below terms used in the present law shall be interpreted as follows:

3.1.1 The term "medicines" means substances, which are originated from synthesis or animals, plants or minerals, shaped in certain form and used in a specific dose for prevention of humans, livestock or animals from diseases, for diagnosis and treatment of diseases and immunization, the effect of which is proven by pharmaceutical and clinical experiment.

3.1.2 The term "biosubstance" means a product, made of living organisms and their organs or cells and/or produced through laboratory methods for the purpose of treating diseases of people, livestock and animals, diagnosing and preventing them from diseases.

3.1.3 The term "traditional medicine" means a natural product produced through traditional methods and/or under specific production conditions, in accordance with traditional prescription of medicine, containing plant, animal and minerals originated agents and valuable treasure, and used in a specific dose for prevention of humans, livestock or animals from diseases and for diagnosis and treatment of diseases.

3.1.4 The term "diagnosis agents" means a product with specific dosage, size, composition, peculiarities and activity that is used for testing conducted on humans, livestock and animals and samples of environment, in order to prevent humans, livestock and animals from diseases, to diagnose and control process of such diseases.

3.1.5 The term "medical device" means an assistant tool that is used for preventing humans, livestock and animals from diseases, diagnosing and treating diseases, nursing and supporting structure and functions of organisms.

3.1.6 The term "hallucinogen" means drugs specified in the list of the United Convention on "Hallucinogen" of 1961, which have addictive effects.

3.1.7 The term "psychoactive drug" means a substance specified in the list of the Convention on "Psychoactive substances" of 1971, which have psychologically strong effects.

3.1.8 The term "orphan drug" means drugs, which are either seldom used nationally or used in treating a rare disease.

3.1.9 The term "medicinal raw materials" means pure elements that contain active treatment agents, synthesis and components originated from plants, animals or minerals.

3.1.10 The term "supplementary drug substance" means additional components necessary for manufacturing and compounding medicines.

3.1.11 The term "batch" means a lot number of medicinal products manufactured through one-off production line.

3.1.12 The term "drug evaluation" means an indication to the quality, safety and effects of a medicine, carefully determined through pharmacological and pharmaceutical analysis and clinical experiment.

3.1.13 The term "drug registry" means operations of permitting medicines, which have been certified to be eligible for the usage in prevention, diagnosis and treatment, on the basis of chemical, biological, pharmacological analysis and drug evaluation, to be consumed within the territory of Mongolia.

3.1.14 The term "list of essential drugs and medical devices" means names of medicines and medical devices approved by the central state administrative bodies in charge of health and agriculture, to be used in first priority for medical care provided to humans, livestock and animals.

3.1.15 The term "dispensing drugs" means the same as specified in provision 3.1.17 of the Law on Health.

3.1.16 The term "drug prescription" means a document, in which methods to prepare and dispense medicines for particular patients and instructions of how to use the medicines are prescribed by doctors, addressing to pharmacists and pharmaceutical chemists.

3.1.17 The term "proper drug use" means correct use of medicines, in accordance with instructions and recommendations of doctors and pharmacists, if necessary.

3.1.18 The term "drug side-effect" means an adverse or negative impact that may or actually occur on organisms upon taking drugs in an appropriate dose, for preventing humans, livestock and animals from diseases, and diagnosing and treating diseases.

3.1.19 The term "pharmacopoeia monograph" means a collection of standards to be strictly adhered, and which specifies the requirements to be met on medicines, quality indicators and methods of verification of the quality.

3.1.20 The term "pharmacopoeia" means a book containing pharmacopoeia monographs.

3.1.21 The term "counterfeit drug" means medicinal products manufactured in imitation, using a fake label named after the drug manufacturer for the purpose of illegal gains.

3.1.22 The term "medicine and medical device manufacturer" means a legal entity licensed to manufacture final products using medicinal raw materials and supplementary drug substance and in accordance with pharmaceutical technology.

3.1.23 The term "agency for procurement of medicines and medical devices" means a legal entity licensed to carry out activities of supplying pharmacies, health institutions and veterinary hospitals with medicines and medical devices at wholesale prices.

3.1.24 The term "pharmacy" means a legal entity licensed to conduct activities of supplying health institutions, veterinary hospitals and population with medicines and medical devices.

3.1.25 The term "bioactive product" means what is specified in provision 3.1.21 of the Law on Health.

CHAPTER TWO
STATE POLICY AND REGULATIONS ON MEDICINES, SUPPLY SYSTEM AND DISPENSING PROCESS

Article 4 National policy on medicines

4.1 National policy on medicines shall be an inseparable part of the comprehensive policy on Mongolian national security.

4.2 National policy on medicines shall be directed towards providing health organizations, veterinary hospitals and population with highly effective, quality guaranteed, nationally registered drugs on a continuous basis, ensuring availability and equal accessibility, and promoting proper use of medicines.

4.3 The State shall hold a policy to support national manufacturing of medicines and medical devices to substitute import products.

4.4 National policy on medicines shall be reflected in policies of the Government, central state administrative bodies and local self governments and be implemented through their activities.

4.5 Lists of essential drugs and medical devices and orphan drugs shall be approved by relevant central state administrative body.

4.6 The Government shall determine upper limits of prices of medicines included in the list specified in provision 4.5 of this Law.

Article 5 Council of Medicines

5.1 The central state administrative bodies in charge of health and agricultural matters shall have a council (hereinafter referred to as "council of medicines"), which is responsible for medicines for humans and livestock, next to them.

5.2 Council of medicines shall be a non-staff, professional and consultative body to support implementation of the national policy on medicines, and its composition, internal rules and procedures of its members reporting on conflict of interest shall be approved by the Government members in charge of health and agriculture.

5.3 Council of medicines may have a professional branch council.

5.4 In the event of making amendment to the national policy on medicines and/or regulating supplies of medicines and medical devices, in the state of emergency or disaster, human and veterinary medicine councils shall have a joint meeting to settle the issue.

5.5 The Council of medicines shall exercise the following power:

5.5.1 To develop proposals and recommendations in regard to national policy on medicines and submit them to respective central state administrative body.

5.5.2 To develop proposals and recommendations on selection of medicines and medical devices to be used in diagnosis and treatment.

5.5.3 To settle issues of registering and amending medicines and bioactive products, within the scope of the national policy of medicines.

5.5.4 To draw conclusions and give recommendations on issues in regard to manufacturing and importing medicines, medical devices and bioactive products.

5.5.5 To provide technical recommendations toward making amendment to the list of the hallucinogen and psychoactive drugs and controlling over use of such drugs.

5.5.6 To discuss on findings of pharmacological research and pre-clinical survey conducted on medicines newly developed in Mongolia and draw conclusions on whether the medicines shall be launched to public usage.

5.5.7 To make a decision on whether to give permission for conducting a pharmaceutical and clinical analysis on the newly imported medicines, which are registered in Mongolia for the first time.

Article 6 State regulations on manufacturing, imports, exports, trading, distribution and control of medicines, medical devices and bioactive products

6.1 The State shall provide comprehensive and integrated regulations on activities related to manufacturing, imports, exports, trading, distribution and control of medicines, medical devices and bioactive products.

6.2 The state regulations specified in provision 6.1 of this Law shall be implemented through the following activities:

6.2.1 Registration and market research and surveillance on quality and safety of medicines and bioactive products.

6.2.2 Special license to manufacture, import and sell.

6.2.3 Imports and exports license, monitoring and regulations.

6.2.4 Quality assurance.

6.2.5 Certificate of satisfying the pharmaceutical industry standards of GMP.

6.2.6 Specialized inspection on pharmacological activities.

6.2.7 Control over side-effects of drugs.

6.2.8 Permission and control on publicity of medicines and bioactive products.

6.2.9 Regulations and control over prices of essential drugs.

6.2.10 Independent and accurate information about medicines for medical officers and general public.

6.3 The regulations specified in provision 6.2 of this Law shall be executed by the state administrative body responsible for pharmaceutical aspects that operates under the central state administrative body in charge of health matters.

Article 7 Special license

7.1 The state administrative body responsible for pharmaceutical aspects shall issue the special license for manufacturing, importing and selling human medicines, medical devices, hallucinogen and psychoactive drugs and their precursors, and bioactive products.

7.2 The state administrative body responsible for agricultural aspects shall issue the special license for manufacturing, importing and selling medicines and medical devices for livestock.

Article 8　Dispensing medicines

8.1　Medical officers who hold a special license specified in provision 22.3 of the Law on Health shall carry out activities of dispensing medicines.

8.2　Accredited veterinarians who have graduated from an authorized school providing veterinary education shall dispense medicines for animal use.

Article 9　Agencies for procurement of medicines

9.1　The following bodies shall be included in the agencies for procurement of medicines.

9.1.1　Medicine and medical device manufacturers.

9.1.2　Medicine and medical device suppliers.

9.1.3　Pharmacies.

9.2　Relations with regard to the agencies for procurement of medicines mentioned in provision 9.1 of this Law, except obtaining a license to manufacture, sell and import medicines and medical devices, shall be regulated by the Law on Health.

9.3　The central state administrative body in charge of health matters may have a reserve storehouse suitable for storing medicines and medical devices to be used in emergency and public health care and services.

Article 10　Principles and common duties of the agency for procurement of medicines

10.1　The agency for procurement of medicines shall adhere to the principle of regular supply of health organizations, veterinary hospitals and population with nationally registered and quality warranted medicines and medical devices.

10.2　The agency for procurement of medicines shall undertake duties specified in Article 15 of the Law on Health.

10.3　The agency for procurement of medicines shall carry out operations of manufacturing, storing and selling medicines and medical devices in conditions that meet pharmacological technology requirements.

10.4　Structure and operations of the agency for procurement of medicines shall satisfy the national standard requirements.

Article 11　Activities prohibited in the agency for procurement of medicines

11.1　Following activities shall be prohibited in the agency for procurement of medicines:

11.1.1 To manufacture, import or sell medicines and medical devices without obtaining the special license specified in Article 7 of this Law.

11.1.2 To provide with medicines and medical devices, which are not registered in drug registry of Mongolia, of which the quality is not assured and validity expired.

11.1.3 To get medicines and medical devices from sources other than medicine supply organizations.

11.1.4 To involve any person who's not licensed to dispense medicine in the process of formulating, preparing, verifying, handing out and selling medicines.

11.1.5 To sell medicines and medical devices to suppliers of medicines and medical devices and citizens.

11.1.6 To involve health professionals in selling medicines and medical devices and offer premiums to them for selling medicines and medical devices for the purpose of increasing revenues and to participate in activities similar thereto.

11.1.7 To manufacture, import and sell counterfeit drugs.

11.2 Following activities shall be prohibited in hospitals:

11.2.1 To let an unauthorized professional dispense medicines.

11.2.2 To violate medicine storage and safety rules.

11.3 It shall be prohibited to store and sell medicines and medical devices in inappropriate places.

CHAPTER THREE
MANUFACTURING MEDICINES AND MEDICAL DEVICES

Article 12 Requirements imposed on manufacturing medicines and medical devices

12.1 Following requirements shall be met, in order to manufacture medicines and medical devices:

12.1.1 To have technologies, which qualify national and international standard requirements for manufacturing medicines and medical devices.

12.1.2 To have premises and equipment that meet hygiene and sanitation standard requirements to suit for storing and manufacturing medicines and medical devices.

12.1.3 To have medicinal raw materials registered in the drug registry.

12.1.4 To have medicinal raw materials and supplementary substances sent to an accredited laboratory for testing prior to start of producing a particular product.

12.1.5 To have professional work force skilled to manage and supervise production process as per technology standards.

12.1.6 To ensure conditions for organization of quality control over the production process and final products, and for ensuring the quality at every production batch.

12.1.7 To ensure that produced medicines and medical devices, their bundles, boxes, packages and labels meet the required standards.

12.2 Medicine manufacturers shall be responsible for the quality of their products.

12.3 The state administrative body responsible for pharmaceutical aspects shall issue a quality certificate, which assures the medicine factory qualifies the standard requirements.

12.4 Followings shall be prohibited in production of medicines and medical devices:

12.4.1 To produce hallucinogens and psychoactive drugs without obtaining a special license.

12.4.2 To produce medicines for humans through the same production lines and conveyers of the medicines for livestock and animals.

12.4.3 To use raw materials without quality assurance in production of medicines and medical devices.

Article 13 Compounding medicines in pharmacies

13.1 Medicines may be compounded in pharmacies, in accordance with doctor's prescription, using primary raw materials registered in the drug registry and supplementary raw materials, which satisfy quality requirements.

13.2 Authorized pharmaceutical chemist shall compound medicines, through pharmaceutical technology, in a pharmacy that qualifies standard requirements of compounding medicines.

CHAPTER FOUR
BRINGING MEDICINES AND MEDICAL DEVICES ACROSS THE BORDERS

Article 14 Bringing medicines and medical devices across the borders

14.1 The Government shall determine the border points for bringing medicines and medical devices across.

14.2 Matter of bringing medicines by travelers for personal use across the border shall be regulated under Article 227 of the Customs Law.

Article 15 Importing and exporting medicines and medical devices

15.1 The agency for procurement of medicines shall get the license for importing and exporting medicines and medical devices from the state administrative bodies responsible for pharmaceutical and agricultural aspects.

15.2 The Government members in charge of health and agricultural matters shall approve the procedures of issuing the license specified in provision 15.1 of this Law.

15.3 The import and export license documents shall specify names, types, doses and quantities of medicines and medical devices, names of manufacturers, frontier crossing-point and the date.

15.4 The state administrative bodies responsible for pharmaceutical and agricultural aspects shall issue the import license for the medicines specified in provisions 22.7.1 - 22.7.9 of this Law.

15.5 In case if it's inevitable to procure non-registered medicines and / or emergency medicines and medical devices from abroad, under the circumstances of disaster or emergency, the license for importing such medicines shall be issued by the decision of the Government members in charge of health and agricultural matters, on the basis of conclusions of the Council of medicines specified in Article 5 of this Law.

15.6 Medicine and medical device importer shall be required to have a contract with the foreign medicine enterprise or its contracted distributor. For an exporter, it shall be required to have a contract with the purchasing entity.

15.7 Organizations or individuals, receiving medicines and medical devices in the form of foreign aid or donation, shall have a prior consultation with the central state administrative bodies in charge of health and agricultural matters and have a solution on storage, usage and distribution of the medicines and the medical devices.

15.8 Procedures to be followed on the process of receiving and using medicines and medical devices via foreign aid and donation shall be approved by the Government members in charge of health and agricultural matters.

15.9 Followings shall be prohibited in the processes of importing and exporting medicines and medical devices:

15.9.1   Bringing medicines and medical devices across other border points except the established ones.

15.9.2   Importing medicines and medical devices with a label "Made in Mongolia" and a standard number.

15.9.3   Importing medicines, medical devices and bioactive products by legal entities and individuals who don't have the special license.

15.9.4   Bringing medicines and medical devices with more numbers or varying specifications other than the names, types, doses and quantities of the import and export license documents, specified in provision 15.3 of this Law, across the border.

15.10   In accordance with the list approved by the Government, the central state administrative body in charge of health matters may concede a right to directly supply immunization products, medicines and medical devices through imports, on the basis of making a direct contract with internationally recognized medicine manufacturers and suppliers.

CHAPTER FIVE
DISTRIBUTION OF MEDICINES

Article 16   Process of selling medicines, medical devices and bioactive products

16.1   Local administrative body shall be responsible for determining location and scope of service of pharmacies, to suit for the local peculiarities, and coordinating the services to provide medicines and medical devices.

16.2   Pharmacies may sell medicines, medical tools and devices, bioactive products, health, cosmetic and sanitary products.

16.3   Soum and bagh doctors may provide service to the population of a catchment area by medicines and medical devices bought from local pharmacies of the jurisdiction.

16.4   Veterinarians may provide service to the people with animals by medicines for animal use and veterinary devices bought from pharmacies.

16.5   Following activities shall be prohibited in pharmacies:

16.5.1   To hand out prescription medicines without or with invalid prescription.

16.5.2   To give out medicines of animal use and veterinary devices for human use.

16.5.3 To sell compulsory vaccination, medicines prescribed to use exclusively in hospitals, and medicines and medical devices received as grant and designed to distribute free of charge.

16.5.4 To dispense medicines, except traditional ones, in places other than pharmacies or branch pharmacies.

16.6 Bioactive products shall be sold at pharmacies and food stores, which qualify to standard requirements.

Article 17　Proper use of medicines

17.1 Hospitals shall have a medicine therapy coordination committee, which is responsible for proper use of medicines.

17.2 Doctors shall prescribe medicines by international names and in accordance with standards, and explain to clients the instructions and duration of the use of medicine and potential side-effects etc.

17.3 When dispensing medicines, the pharmacist shall give advice to clients on usage and storing conditions and proper use of the medicines.

Article 18　Medicine labeling and marking

18.1 Labeling and marking on the boxes and packages of medicines shall contain the following information:

18.1.1　trade and international name and type of the medicine;

18.1.2　dosage, size and quantity;

18.1.3　name of manufacturer;

18.1.4　batch number;

18.1.5　instructions of usage;

18.1.6　day, month and year of production and expiration;

18.1.7　dispense conditions;

18.1.8　storage conditions;

18.1.9　state drug registration number of Mongolia.

18.2 On the package of medicines registered as for livestock and animals there shall be a statement saying "for livestock and animal use".

18.3 On the package of blood, blood products, human organs and tissues there shall be a statement saying "Doesn't contain any antibody of HIV".

18.4 On the package of blood serum, it shall specify what animal's blood, organ or tissues it was originated from, and on the package of immunization substances the nutrient medium for bacteriological research shall be specified.

18.5 Instructions of how to use the medicine shall be written in Mongolian language and contain the following information:

18.5.1 name and official address of the manufacturer;

18.5.2 trade and international name of the medicine;

18.5.3 composition, dosage and size of medicine;

18.5.4 instructions of usage;

18.5.5 contraindications;

18.5.6 side-effects;

18.5.7 interactions with other drugs;

18.5.8 methods of use;

18.5.9 date of expiration;

18.5.10 storage conditions and warnings;

18.5.11 dispense conditions.

CHAPTER SIX
CREATION OF NEW MEDICINE

Article 19 Introducing new medicines for public usage

19.1 New medicines manufactured in country shall be introduced for usage upon completion of pre-clinical research and clinical experiment, and registration in the drug registry.

19.2 Issuance of a patent for new medicines shall be regulated under the relevant legislation.

Article 20 Pre-clinical survey

20.1 Pre-clinical survey shall be carried out on pharmaceutics, toxicology and pharmacology or kinetic and dynamic directions of medicine.

20.2 Pharmaceutical analysis shall determine and verify the following indicators:

20.2.1 quality and purification of serving agent;

20.2.2 special reaction to recognize drug substance and amount of quantitative component;

20.2.3 amount of serving agent estimated by biological method, in case if necessary;

20.2.4 stability and solubility of medicine;

20.2.5 biodigestivity;

20.2.6 relevant trial results.

20.3 Toxicology analysis shall provide the findings below:

20.3.1 should it contain pure chemical substance, results of analysis that verify the substance doesn't have a nature of showing negative impact on fetus in womb and genealogy or causing tumor, and findings of pathology and physiology analysis shall be provided;

20.3.2 results of experiments carried out on animals and dose and amount of chronic or startling toxicity.

20.4 Kinetic analysis of medicine shall have measured assimilation and secretion time and biodigestivity of the medicine.

20.5 Dynamic analysis of medicine shall have measured the following indicators:

20.5.1 basic instructions of how to use the medicine and its dosage;

20.5.2 effects to other organs and system;

20.5.3 drug interactions;

20.5.4 summary of identified effects.

20.6 Findings of the pre-clinical survey of new medicines shall be discussed amongst research institutes, which carry out surveys in the medical field, and academic council of medical universities and colleges, and have conclusions drawn.

Article 21 Clinical experiment

21.1 In the process of conducting clinical experiment, principles of obeying laws, respecting human rights and effective proceeding shall be adhered.

21.2 In case if a medicine is determined to be safe and to have high clinical activity through the pre-clinical survey, a clinical experiment shall be conducted with scientifically acceptable and proven methodologies, and such experiment methodologies shall be approved by the academic council specified in provision 20.6 of this Law.

21.3 Within the methodologies specified in provision 21.2 of this Law, it shall reflect methods of clinical experiment, time, coordinator, implementer and partner organizations, number of respondents of the survey, justifications, sampling methods and external auditing.

21.4 Permission to conduct the clinical experiment shall be issued by the Ethics committee next to the central state administrative body in charge of health matters, based on conclusions of the academic council.

21.5 The clinical experimenter shall sensitize respondents to be involved in the experiment on goal, methods and potential positive and negative impact of the experiment and make a contract with them. Template of the contract shall be approved by the Government member in charge of health matters.

21.6 The contract specified in provision 21.5 of this Law shall be approved by the parties involved in the clinical experiment and be verified by independent witnesses.

21.7 The clinical experimenter shall have a special form designed for informing about side-effects that may occur during the experiment and in the event of appearance of serious side-effects he/she shall inform relevant organizations and take necessary actions.

21.8 Unless it is performed differently for the purpose of preventing from risks of potential damages to health of the person to be involved in the experiment, the clinical experiment shall not be conducted by any methodology other than the approved one.

21.9 Costs occurred in relation to the clinical experiment shall be borne by the experimenter.

21.10 Completion of the clinical experiment or termination of the experiment prior to its completion shall be informed to the Ethics committee specified in provision 21.4 of this Law and the academic council specified in provision 20.6 of this Law respectively.

21.11 Findings of the clinical experiment shall be submitted to the same academic council, which has approved the methodology of the experiment, for discussion and conclusion.

CHAPTER SEVEN
QUALITY AND SAFETY OF MEDICINES
AND MEDICAL DEVICES

Article 22   Drug registry

22.1 Medicines, medical devices and bioactive products to be manufactured, imported and sold in Mongolia shall be registered in the national drug registry under all circumstances, except those specified in provision 22.7 of this Law.

22.2 In the event of registering medicines, medical devices and bioactive products in the drug registry, it shall base on request of the manufacturer, results of the analysis, relevant documents and conclusions drawn by the expert on those documents.

22.3 Medicines, medical devices and bioactive products shall be registered in the drug registry by each of their country of origin, manufacturer, type and dosage.

22.4 While registering medicines in the drug registry, it shall determine whether the medicine is to be available exclusively at hospitals and to be dispensed with or without prescription, and verify the instructions of usage.

22.5 Registration of medicines, which have been registered at the internationally recognized drug control institution, shall be processed on a rapid basis.

22.6 Regulations on registration of medicines, medical devices and bioactive products in the national drug registry both on a regular or rapid basis, processing time, estimation of registration fee and its spending shall be approved by the Government members in charge of health and agricultural matters.

22.7 Under the following circumstances the medicines, raw materials and bioactive products shall not be registered in the national drug registry:

22.7.1 samples of medicines and bioactive products for registration;

22.7.2 donation and aid medicines;

22.7.3 medicines procured through international organizations, in accordance with Government agreement;

22.7.4 medicines, for which a trade contract could be made with only one entity, under the reason of protecting an intellectual right, and there is no body to replace the contracted entity;

22.7.5 orphan drugs;

22.7.6 medicines to be used in research and pharmacological and clinical experiments and analysis;

22.7.7 samples of medicines, medical devices and bioactive products to be launched at exhibitions and fairs;

22.7.8 supplementary medicinal substance;

22.7.9 raw materials of traditional medicine;

22.7.10   medicines to be used in emergency and the state of disaster;

22.7.11   medicines compounded in pharmacies as per doctor's prescription;

22.7.12   medicines for personal use of travelers.

Article 23   Quality assurance and control of medicines and medical devices

23.1   The quality of medicines for human and animal use and of medical devices shall be assured in Mongolia under the relevant laws and regulations.

23.2   The quality assurance of medicines and medical devices shall be based on the pharmacopoeia and other equivalent documents.

23.3   National pharmacopoeia of Mongolia and procedures of developing, approving and numbering it, forming, structure and internal operational rules of the pharmacopoeia committee shall be approved by the Government members in charge of health and agricultural matters respectively.

23.4   The central state administrative bodies in charge of health and agricultural matters shall have a non-staff pharmacopoeia committee, which is responsible for discussing draft pharmacopoeia monographs and drawing conclusions. Secretary of the pharmacopoeia committee shall be a fulltime employee.

Article 24   Control on hallucinogens and psychoactive drugs

24.1   Relations with regard to issuance, suspension and termination of a license for manufacturing, importing and selling hallucinogens and psychoactive drugs and their precursors shall be regulated by relevant laws.

24.2   List of hallucinogens and psychoactive drugs to be used in Mongolia and regulations on manufacturing, importing, storing and selling those drugs shall be approved by the Government member in charge of health matters.

Article 25   Registration and information of drug side-effects

25.1   The Government member in charge of health matters shall approve the procedure of registration and information of drug side-effects.

CHAPTER EIGHT
MEDICINE INFORMATION AND PUBLICITY

Article 26   Information on medicines

26.1   Information on medicines, which are dispensed with prescription or are available exclusively at hospitals, shall be delivered to medical officers only.

26.2 Information on medicines shall be aimed at promoting proper, correct and effective usage of medicines and protecting rights and interests of consumers.

26.3 Information on medicines shall be accurate, realistic and independent from manufacturers and suppliers.

Article 27 Publicity of medicine

27.1 Medicines and bioactive products dispensed without prescription may be publicized through professional newspapers and public media.

27.2 Content of publicity of medicines and bioactive products shall be reviewed by the state administrative bodies in charge of health and agricultural matters.

27.3 Medicine publicity information shall be based on pharmaceutical specifications and results of clinical experiment, despite the form of the medicine.

27.4 Followings shall be prohibited in publicity of medicine, in addition to those specified in Article 13 of the Law on Advertisement:

27.4.1 publicize medicines through mass media for the purpose of importing and selling;

27.4.2 broadcast publicity of medicine targeting children;

27.4.3 publicize medicines available on presentation of a prescription;

27.4.4 disseminate information, which in nature gives an idea to deny doctor's advice, therapy and surgery;

27.4.5 delude the consumers that a particular medicine is rare or important, or the only one, highly active or more effective, compared to other medicines, or safe and free of side-effects and/or new and patented medicine.

27.4.6 publicize incentives for buying medicines and medical devices, or price discounts thereof.

CHAPTER NINE
MISCELLANEOUS

Article 28 Involvement of non-governmental organizations in the process of supply of medicine

28.1 Specialized and non-governmental organizations shall undertake the following responsibilities in coordinating the processes of manufacturing, importing, exporting, storing, selling, using and controlling medicines and medical devices:

28.1.1 to perform public monitoring on implementation of the Law on medicines and medical devices and relevant rules and regulations and instructions enacted in conformity with the law, to demand for solution to any violation investigated and to address the issue to an authorized body for settlement;

28.1.2 to give its opinion on issues of expressing interests of agency for procurement of medicine and pharmacists to relevant state administrative body and local government and authorities of administrative units;

28.1.3 to perform some duties of government organizations on a contractual basis;

28.1.4 to organize trainings and advocacy events on professional skills and ethics of pharmacists, jointly with relevant organizations;

28.1.5 to conduct research and analysis on issues related to medicine manufacturing, supply and service and to implement projects.

Article 29 Liabilities imposed on violators of the Law on Medicines and Medical Devices

29.1 Enforcement of this Law shall be monitored by relevant organization and/or official authorized under the legislation.

29.2 In case of violations of the Law on medicines and medical devices not related to manufacturing, importing, exporting, distributing and selling hallucinogens and psychoactive drugs and counterfeit drugs, and in the absence of liability for criminal charges, the offender shall be imposed the following administrative penalties by an authorized state inspector or a judge:

29.2.1 in case of violations of articles 8 and 10 of this Law, an official shall be punished by a fine of MNT 100 000 - 200 000, a pharmacy by a fine of MNT 200 000 - 300 000, and a medicine manufacturer and an agency for procurement of medicine and medical device by a fine of MNT 300 000 - 500 000, and the license shall be terminated in case of repeated violations;

29.2.2 in case of violation of article 11 of this Law, medicines, medical devices and illegally earned income shall be confiscated, and a citizen shall be punished by a fine of MNT 150 000 - 250 000, an official by a fine of MNT 200 000 - 300 000, a legal entity by a fine of MNT 300 000 - 500 000, and the license for dispensing medicines and carrying out professional activities shall be terminated in case of repeated violations;

29.2.3 in case of violation of provision 12.4.1 of this Law, medicines and illegally earned income shall be confiscated, and a citizen shall be punished by a fine of MNT 200 000 – 300 000, an official by a fine of MNT 400 000 – 500 000, a legal entity by a fine of MNT 1 500 000 – 3 000 000, the license for dispensing medicines and carrying out professional activities shall be terminated for a period of up to 5 years;

29.2.4 in case of violations of provisions 12.1, 12.2, 12.4.2, 12.4.3 and 19.1 of this Law, the manufactured products shall be confiscated for transforming into state own or abolished, if sold, the illegally earned income shall be confiscated and transformed into state revenue, and an offending official shall be punished by a fine of MNT 200 000 – 300 000 and a legal entity punished by a fine of MNT 500 000 – 700 000 and/or its license to manufacture medicines and medical devices shall be suspended for a period of 6 months to 1.5 years;

29.2.5 in case of violations of article 13 and provisions 16.2 – 16.6 of this Law, a citizen shall be punished by a fine of MNT 100 000 – 150 000, an official by a fine of MNT 150 000 – 200 000 and a legal entity punished by a fine of MNT 200 000 – 250 000;

29.2.6 in case of violations of provisions 15.1, 15.6, 15.7 and 15.9 of this Law, a citizen and an official shall be punished by a fine of MNT 150 000 – 250 000 and a legal entity punished by a fine of MNT 250 000 – 300 000 and medicines, medical devices shall be confiscated for transforming into state own or abolished, if sold, the illegally earned income shall be confiscated and transformed into state revenue;

29.2.7 in case of violation of provision 16.1 of this Law, an official shall be punished by a fine of MNT 150 000 – 200 000;

29.2.8 citizens who violate provisions 17.2 and 17.3 of this Law shall be punished by a fine of MNT 50 000 – 100 000, an official by a fine of MNT 100 000 – 150 000 and a legal entity punished by a fine of MNT 150 000 – 200 000;

29.2.9 in case of violations of article 18 and provisions 22.1 and 23.1, an official shall be punished by a fine of MNT 200 000 – 300 000 and a legal entity punished by a fine of MNT 300 000 – 500 000;

29.2.10 in case of violations of articles 20 and 21, a citizen shall be punished by a fine of MNT 100 000 – 150 000, an official by a fine of MNT 150 000 – 200 000 and a legal entity punished by a fine of MNT 250 000 – 500 000;

29.2.11 in case of violations of articles 26 and 27, a citizen shall be punished by a fine of MNT 200 000 – 300 000, an official by a fine of MNT 300 000 – 500 000 and a legal entity punished by a fine of MNT 1 000 000 –1 500 000.

29.3 If violations determined in relation to publicizing and using hallucinogens and psychoactive drugs are considered to be a criminal case by nature, the case shall be submitted to an authorized body for further investigation.

Article 30 Entry of the Law into force

30.1 Article 6 of this Law shall enter into force and be conformed starting from the date of 01 July 2011.

CHAIRMAN OF THE MONGOLIAN STATE IKH KHURAL

D. DEMBEREL

LAW OF MONGOLIA

Date: 10 June 2010 Ulaanbaatar City

REPEAL OF THE LAW
ON MEDICINES AND MEDICAL DEVICES

Provision 1. The Law on Medicines and Medical Devices, which was endorsed on the date of 7 May 1998, shall be considered as repealed.

Provision 2. The present Law shall be conformed starting from the effective date of the Law on Medicines and Medical Devices / Revised version/ .

CHAIRMAN OF THE MONGOLIAN STATE IKH KHURAL

D. DEMBEREL

参考文献

[1] NATIONAL STATISTICAL OFFICE OF MONGOLIA. ubseg.gov.mn.

[2] 郝时远,杜世伟.列国志:蒙古[M].北京:社会科学文献出版社,2007.

[3] DAVAABAYAR NOMINCHIMEG(诺明).蒙古社会医疗保障政策的供给、评价及优化[D].杭州:浙江大学,2016.

[4] 图布信.蒙古国医疗卫生体制[J].商,2015(4):51.

[5] 乌兰.蓬勃发展的内蒙古蒙医药事业[J].中国民族医药杂志,2010,16(7):1-6.

[6] 苏芮,陈岩,孙鹏,等.西太平洋地区TC249的4个P成员国传统医药立法现状[J].中国中医药信息杂志,2014,21(11):4-7.

[7] 思琪.蒙古传统医学与中医药发展史及教育研究[D].济南:山东大学,2016.

[8] 王启颖.内蒙古参与"中蒙俄经济走廊"建设的SWOT分析[J].财经理论研究,2016(2):18-23.

[9] WORLD BANK. Health expenditure per capita(current US＄)Data Table[D/OL].World Health Organization Global Health Expenditure Database.

第二章 越南社会主义共和国

一、基本国情

(一) 国家概况

越南社会主义共和国(Socialist Republic of Vietnam,以下简称越南)在968年成为一个独立的封建国家,但在1884年后的半个多世纪里沦为法国殖民地,直到1945年才宣布正式独立并成立了越南民主共和国。之后的30年间,经过不断的反侵略战争,越南的北部和南部相继解放,最终在1975年统一,次年改名为越南社会主义共和国,并一直延续使用至今。

越南地处中南半岛的东部,地形狭长,与中国、老挝、柬埔寨相交界,领土面积约为329 556平方千米,包含58个省级行政区域和5个直辖市,全国按地域划分为八个大区。越南目前人口约9 743万,截至2018年1月,越南的就业人数约为5 400万[1]。国内最大城市河内人口约738万,不仅是国家首都所在地,更是政治与文化交流的中心。越南是一个多民族国家,以京族为主体,占总人口比例的87%,其余少数民族主要有泰族、岱依族、芒族等。

越南官方语言为越南语,法定文字为国语字(一种以罗马字为基础记录越南语的文字),外语以英语流行最广。这里宗教盛行,佛教是当地最具影响力的宗教,拥有信徒近1 000万人。

(二) 政治环境

1. **政治制度** 越南宪法2013年明确重申越南共产党是领导国家及社会的主要力量,阮富仲是现任越南共产党中央委员会总书记,也是现任国家主席和国家元首。越南最高行政机关是中央政府,目前阮春福担任总理一职,而最高权力机关为国会,一般情况下一年召开两次会议,目前阮氏金银担任主席一职,任期5年。该国的司法机构由中央以及地方法院、检察院和军事法院三部分共同组成,且任期均为5年。

2. **外交特点** 截至目前,越南已经与180个国家建立外交关系,其外交路线一直坚持开放、全方位、多样化,不断巩固和维系与各邻国建立的友好邦交关系,如今越南开始加大与东南亚国家联盟(以下简称东盟)各国之间的交流与合作,并逐渐加强了与中、美、日、俄、印以及欧盟等经济强国、国际组织的密切联系。特别是最近几年与美国的经贸合作越发紧密。2012年越南与俄罗斯联邦建立全面战略合作伙伴关系,2015年5月29日越南与欧亚经济联盟签订双边自贸协议。欧盟一直以来都是越南最主要的经贸合作伙伴,并给予越南很多援助,尤其是近些年来,欧盟已经成为其第二大出口地。1995年越南加入东盟,东盟成为越南第三大出口市场、第二大经贸伙伴。

3. **中越关系** 中国与越南于1950年1月18日正式建立外交关系,一直以来都保持着互助互帮的友好伙伴关系,且合作领域与范围不断延伸,两国关系正朝着更加良好的趋势发展。中越领导人为两国关系确立了"四好精神"和"十六字方针",并以此为基础,不断深化中越两国在各个领域的合作关系。中国与越南在政治以及经济领域的合作正以稳健的步伐向前发展,而在国防、安全以及外交等方面的合作也在逐渐加深,如今更是加强了青少年的交往与理论交流,并取得了可喜成效。2009年末两国进行的陆地边界勘定工作顺利完成,2015年4月,越南共产党总书记阮富仲进行了为期4日的访华活动,而同年11月,习近平以总书记和国家主席身份赴越南进行了国事访问。在中越《联合公报》中,两国表达了共同推进各领域友好合作向前发展的愿景,同时就我国的"一带一路"与越南的"两廊一圈"实现顺利对接和合作达成重要共识。

(三)经济环境

1. **经济概况** 越南是一个发展中国家,采用市场经济体制。其流通货币为越南盾(VND)。近年来,越南经济发展迅速,据统计,2018年其GDP约为2 396亿美元,增长率达7%,人均GDP约2 580美元[2,3]。越南最大贸易伙伴是中国,最大出口国际组织是欧盟,在越南参与投资合作与建设的主要组织和国家为:东盟、欧盟、韩国、中国等。

近两年越南的经济增长幅度稳定在6%~7%,是全球经济增长速度最快的国家之一。虽然美国宣布从跨太平洋伙伴关系协定(TPP)中退出的决定对越南造成了一定的冲击,但各项自贸协定的签署以及对体制、政策改革的承诺都将为其经济增长营造良好环境。越南的国际贸易环境排名在世界经济论坛有所提升。据越南统计局统计,2018年,其进出口贸易总额达到4 828亿美元,其中,出口贸易总额为2 450亿美元,进口贸易总额为2 378亿美元,实现贸易顺差72亿美元。

2. 主要产业　2018年越南农林水产行业增幅为3.76%,工业与建筑行业增幅为8.85%,服务业增幅为7.03%。从经济结构角度来看,越南以服务业(45.9%)和工业与建筑业(37.6%)为其主要产业,而农林渔业所占比例只有16.5%。该国第一产业依然是以农业占主导地位,第二产业逐渐从资源开发业转变为加工制造业,是世界第五大水泥生产国;第三产业产值最高,其中以外国游客接待,尤其中国游客接待收入增幅为最大[2,3]。

3. 对华贸易　据统计,13年来中国一直都是越南最大的贸易合作伙伴。矿产资源和农产品是越南对中国进口的主要商品,出口商品以机电、纺织、碱金属、化工及矿产品为主,在中越贸易总量中所占比例接近80%。2018年,越南对华贸易总额为1 478.58亿美元,比上年增长了约21.20%。其中,对华出口贸易总额为839.00亿美元;自华进口贸易总额为639.58亿美元(表2-1、图2-1)。2017年中国对越南签署的投资协议达21.7亿美元,是有史以来的最高水平。据越南国家统计局统计,截至2018年6月,中国在越南投资建设的项目数量达到1 995个,总价值接近125亿美元。越南对华贸易的态势良好[2,4]。

表2-1　2008—2018年中越进出口贸易数据(单位:亿美元)

年份 项目	2008	2009	2010	2011	2012	2013	2014	2015	2016	2017	2018
总额	194.58	210.45	300.86	402.0	504.39	654.78	836.36	958.49	982.76	1 219.92	1 478.58
出口	151.22	162.98	231.01	290.90	342.08	485.86	637.30	660.17	611.04	716.17	839.00
进口	43.36	47.47	69.85	111.18	162.31	168.92	199.06	298.32	371.72	503.75	639.58

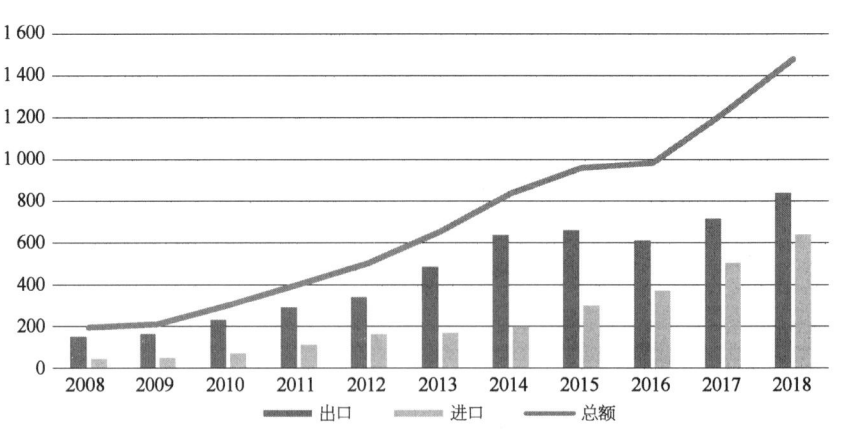

图2-1　2008—2018年中越进出口贸易数据(单位:亿美元)

注:以上图表根据"中华人民共和国国家统计局""中华人民共和国海关总署"数据整理

二、医疗健康保障体系现状

（一）基本情况

截至 2015 年,越南共有公立医院 1 183 所,床位 232 902 张,其中综合医院 870 所,专科医院 188 所,传统医学专门医院 59 所;各类乡镇医疗站 11 793 所,床位 49 544 张;私立医院 182 所,床位 11 717 张。该国取得执业资格的医师 73 567 名,高级护士 10 786 名,药师 22 230 名;每万人拥有 24 张医院病床、8 名医生以及 1.76 名药剂师[5]。越南另有私立诊所、药店等私人医疗形式。

目前,越南虽然在医院数量总值方面有一定突破,但在医疗资源配置均衡度层面面临严峻挑战。公立医院常年门庭若市,医疗设备和资源紧张,而私立医院却出现相反的现象,大量的床位出现空置。据 2015 年调查显示,参与调查的 106 家私立医院,能够实现床位使用率 100% 的医院只有 5 家,而使用率在 20%～60% 的医院多达 60 家。后经深入调研发现,导致这一现象的最直接原因在于私立医院收取的医疗费用普遍偏高,另外也与患者对私立医院诊疗水平的不信任等存在一定关系[6]。

（二）医疗管理机构

越南设立四个级别,依次为中央、省(直辖市)、县(县级市)、社。各行政级别有相应的医疗行政管理机构,从最高级别开始分别对应卫生部、省卫生厅、县卫生厅等各级卫生管理机构。其医疗卫生行政单位从高到低同样依次为国家、省、县及社四个等级,且统一由共产党和人民委员会进行管理。国家的卫生法律以及相关政策均由卫生部制定,而省或地方的医疗机构必须受国家以及卫生部的直接管理。越南医疗机构自上而下依次为国家级(卫生部与之并列)、省级、县级和乡镇级(社区服务中心),并在各村均配有医护人员。近几年,越南对其卫生体制实行了改革,在一些地区采取分权制度,地方政府的权限获得了适当增加。

(三) 医疗机构

1. **公立医疗机构** 几乎所有的卫生医疗机构都隶属于政府部门进行管辖。其中,越南国家中心医院主要从事医学方面的研究和教育工作,并由医学院直接管理,在这里有专科医生以及最先进的医疗和研发设备;省级医院主要对从县级和社区医院转来的患者进行治疗,并与中心医院共同负责药品生产以及医学培训等事宜;县级医院以接受并治疗普通患者为主,或从事儿童免疫防范工作等,属于二级服务部门;社区医院负责门诊患者,或从事简单的预防护理工作。除上述主要医疗机构外,另外还设立了具有针对性的儿科、妇产科、结核病等专门医院。

2. **私立医疗机构** 越南政府从1988年开始放开了对医疗机构建立的限制,允许个人开设诊所。2003年国会通过了《私人经营医药行业法令》,其内容包含了六个章节,共55项条款,并于同年6月开始执行。法令中对各个方面都进行了详细规定,比如医药业机构建立应该具备哪些条件、如何进行申请、审查和批准程序有哪些,从事相关业务的工作人员应该满足哪些要求和条件,国家在具体管理中应该履行哪些职责等。另外法令中还指出,无论是越南人还是外国人,无论是个人还是组织,只要满足法令规定的条件,都可建立私人医药机构或从事相关经营活动,但是从事此行业经营活动的外国人及组织必须遵守该国相关法律(如《外国投资法》等)规定,且从事此行业的外国人还需经越南卫生部门审批。在私人诊所从事工作的医护人员必须具备专业的知识和丰富的实践经验,同时还要获得政府批准。截至2016年3月,越南已有超过3万家私人诊所,9 000个私人药房。截至2017年12月底,越南已有212所私立医院,涉及43个省和直辖市[7]。

(四) 医疗社会保障情况

1. **国民社会医疗保险** 越南医保法律由国会统一制定,下级政策由越南卫生部管理实施。各地方省市由各省市人民委员会下属卫生厅实施管理权限,另外,关于医保费用缴纳、医保卡管理方面由越南社会保险局负责。

在越南医院看病可凭越南社会保险局发放的医保卡报销一定比例费用,具体比例和方式是根据2015年11月16日越南社会保险局颁发的第1351/Q-D-BHXH号文件。根据规定,医保卡规定的人群包括企业人员、合作社员工、公职人员等共15

类,并在医保卡上编号 DN、HX、HC 等,之后上述 15 类归总划分为 1、2、3、4、5 共 5 大类,同样在医保卡上予以标注,报销比例也有所不同。例如,标注"1"号的人在医保规定范围内治病可以享受全额报销,还可以报销紧急情况下自县级医院转上级医院所需费用,使用人群包括"CC""TE";标注"3"号在同等情况下享受 95%的报销比例,"4"号享受 80%等。

据越南社保部门表示,截至 2018 年 6 月,全国有 8 160 万人参加医保,达到总人口的约 84%,在全部的 63 个省(直辖市)中,超过 90%的当地人口在 23 个省投保;1 380 万以上民众参加了强制社保,还有 24 万民众参加了自愿社保,另有 1 160 万以上民众参加了失业保险。而从调查数据发现,贫困人群参加医保的比重最大,这得益于当地政府补贴其中 30%的费用,而以家庭方式入保以及艾滋病人群的保费则由其他组织给予辅助。

2. **商业保险** 截至 2017 年 6 月,越南市场共有保险代理 52.5 万个,同比增长 20%。其中,代理数量最多的公司分别是保诚集团(Prudential)(16.4 万个)、保越人寿(14.3 万个)以及第一生命(Dai-ichi)(6.7 万个)等。

占据越南人寿保险市场的前五大公司分别是保越人寿(占比 20.82%)、保诚集团(18.48%)、第一生命(15.07%)、宏利(Manulife)(13.85%)、友邦保险(AIA)(11.44%)。

三、传统医药的法律与政策环境

越南的传统医药东医和南药在发展过程中受到中医一定程度的影响,越南已正式承认中医的合法地位和中医学生的学历。目前传统医药的管理法案为《疾病诊断治疗法》[8]。越南传统医药由越南卫生部负责,设有越南卫生部传统医药管理局。根据《越南卫生部职责、权力、机构组织法》(188/2007/ND-CP)规定,卫生部负责制定传统医药继承发展及现代化相关政策,从而推动两者的快速有效结合;制定传统医药行业规则及相关技术规范;指导、监管传统医药与现代医药的政策及法规;颁发、撤销相关执业证书、资格证书等[9]。与传统医药有关的卫生部下属机构主要包括药品管理局、传统医药司、法规司等。对古方药、天然药及原料的管理则由药品管理局直接管理。保健品的管理及审批主要由食品安全与卫生局负责。药品管理局负责接收药品注册申请、药品评价、组织召开药品注册批准咨询委员会会议,做出是否颁发注册登记号的决定及其他与上市注册相关的工作。

(一) 医师执业

越南设有传统医学行医资格证书,越南卫生部医疗诊治管理局为审核颁发医学执业证书的主管机关。从事医疗卫生事业的人员可以在公立医院、私立医院或诊所从业。

越南对从事传统医药类的人员进行了严格规定,他们必须要满足下列几个条件:① 拥有专业相关证书。② 拥有实习时间证明。③ 有体检报告。④ 相关医疗领域没有受到法律限制。其中专业相关证书分为三种类别:有越南承认的医学文凭;"良医"(即传统医学医生)证明;有祖传秘方或祖传治疗方法证明。

根据越南医学检验及治疗法规定,越南人欲取得中医医学执业资格证照,必须具备中医证书;外国人欲取得越南中医医学执业资格证照,除需具备中医证书外,还应符合第二十三条有关语言能力的需求;第二十三条另规定,外国人以越南语或通过翻译进行医疗检验及治疗时,该外国人或翻译必须经过卫生部指定专业医学训练机构考试及承认。此外,对于我国卫生部审核颁发的中医药行医资格证,越方给予认可,在越南持证者可从事相关医疗工作或经营活动,留学生参加为期12个月的定向规培并取得传统医学定向规培证书后即可正式工作,之后在规定单位工作满18个月就可以申请行医执照独立行医[10]。

(二) 药品准入

越南传统药物主要是天然药和古方药,两者的管理和注册主要由药品管理局负责。卫生部负责制定相关政策法规、技术规范,颁发和撤销相关药企的执业证书、资格证书等。

2016年7月,越南政府在第102/2016/ND-CP号政府令(102号令)中颁布了有关药品经管的最新规定:从事中医药进口或出口的经销商、批发商、零售商、保管商首先都要获得从事经营药品业务的证书,且企业经营法人或管理人员必须具备药品从业的相关凭证。除此之外,企业还需配备与业务相关的工作人员、设备以及各种设施,另外也要达到世界卫生组织(WHO)规定的各项规范要求。

有关药品准入的相关法律中,2017年修订的《越南药典》最具权威性和法律效力。

另外,越南政府承认《中国药典》中的一部分内容,凡是这部著述中记载,且已在我国市场上销售至少5年,经我国药品生产质量管理规范(GMP)体系认证且受到法律保护的中成药产品,只需要在越南卫生部门进行注册登记,便能以正常渠道进入越南药品市场进行销售和竞争。

(三) 传统医药教育

如今,越南更加重视传统医药教育,其中有6所医学院设立了专业课程以供学习。除此之外,在一些国家直属或省市直属的相关教育机构设立了长期的东医药课程。从现阶段了解到的数据显示,获得越南政府认可的传统医药技术人员超过20 000人,另外通过短期培训或者进修等途径掌握传统医药技术的医生、护士及相关人员也有10 000人左右,已逐步形成覆盖全越南的传统东医医疗网络。

目前,越南传统医学教育体系已相对完善,主要设立了学士、硕士、博士和临床专科四个学位,其中本科6年,硕士2年,博士3年。经过国家认证的医科大学本科教育后的学生,可报考住院医师资格培训(3年),3年后颁发住院医师证、硕士学位以及专科Ⅰ学位,亦可报考继续专科医生(临床型研究生)或报考科研型研究生。若继续攻读博士学位,则毕业后将授予专科Ⅱ学位。传统医学专业或全科专业毕业后均可报考传统医学住院医师培训,但传统医学专业毕业不可报考西医学住院医师培训。

传统医药理论教学开始在医药专业开展,越南承认中国境内中医药相关大学的中医药教育。截至2011年,越南传统医药学院已同天津中医药大学、成都中医药大学、广州中医药大学签署了合作协议,共同开展教育科研活动[10]。

(四) 保险覆盖

越南政府早已认识到传统医学对于本国人民健康保障的重要性,因此对传统医学实行了一系列的立法活动,从而确保其能够得到充分的传承和发展,并使广大民众能够接受卫生保健体系(尤其是传统医学)的服务。传统医药疗法和中药茶品均被纳入当地医疗保险,为中医药产品服务深入越南千家万户提供了良好的契机。

(五) 医药投资

从目前来看,越南医药行业的发展还存在较大的提升空间,由于国内医疗设备不足,所以政府对来自境外的医药方面的资本投入给予政策上的优惠。越南国内医疗设施及技术条件有限,所以民众对国外医疗资源的依赖度高。越南政府从2014年开始到2020年投资25亿美元对国内1 300家医院的基础设施进行改善,并将床位增加到250 000张以缓解床位紧张的现状。

越南政府不仅重视传统医药,而且还给予很多政策扶持。同时鼓励外商将资金投入到这个领域,通过合作或者合资的形式建立具有传统医药项目的医院或诊所。越南境内医药投资虽为鼓励投资项目,但属于有条件投资,需要提供符合相应法规的标准化证据。

四、中医药服务贸易双边合作现状

(一) 传统医药交流历程

中国与越南文化都源自儒家文化,所以从本质上还是有很多相似之处的。在古代,直到968年之前,安南郡本是隶属于我国南部的一个郡县。后来越南王朝一直与我国中原王朝维持着宗藩关系,维持着政治、经济与文化等的密切交流。

越南地理位置上与广西、云南接壤,历史上广西人曾多次因为不同原因移民越南。越南人大多信奉自己是神农氏的子孙,所以对中药的认同感非常强烈。越南传统医药的发展就一直受中医学思想的影响。根据越南史书所载,早在公元前257年我国医生崔伟在越南结合其诊疗经验,编写了医书《公余集论》,时至今日依然盛行。秦汉时期,当时中医作为刚传入越南的"北方学派"与越南本土的"越南派"在形成初期是不融洽的,但两派在经过几度争辩后调和了。隋唐时期,奠定中医基础理论的著作《黄帝内经》以及西晋王叔和所编写的脉学专著《脉经》等重要医书传入越南,同时很多民间医生也迁往越南[11]。而到了南宋时期,中药成了当时中越两国往来的主要商品,上至宫廷下到普通百姓都认可并接受了中医药。到了清代初年,越来越多的华人迁往越南,他们在越南建医院、开药店、办药行,帮助中医药在越南的传统医药市场获得了快速发展。步入20世纪,两国关系日益密切,不少移民到越南的华人开办医院,进一步将中医融入越南本土。

随着中医的传入,越南本土医学开始和中医融合,越南医家也开始学习中医理论知识。比如后黎朝代的医家黎有卓(1720—1791)对《伤寒论》《黄帝内经》《难经》《金匮要略》都有独到的研究,并结合自己的行医经验,著成《海上医宗心领全帙》一书。这本书的理论部分主要以《黄帝内经》的思维角度来进行分析,而在具体诊断的过程中则结合《锦囊秘录》的方法进行,此种方法源于清代中医医家冯兆之,其药方采取一半为南药成分,而另一半为中药成分。

中医药被引入到越南之后,还与越南本地的情况进行结合,并借鉴当地在用药过程中的相关方法来进行改进,于是促使当地传统医学得到快速发展,并形成越南传统医药——东医药体系[12]。

越南人对于医疗保健用品十分关注,且需求量在不断增加。但是市场上流通的10 000多种医疗设备中,只有不到10%是本国生产,其余都要从中、日、美、德和新加坡进口。2017年,中国对越南中药材出口数量达1.39万吨,为东盟国家中出口数额最多。

(二) 境外消费

近年来,广西壮族自治区东兴市人民医院不断加强与越南芒街的医疗合作,2016年8月17日,东兴市人民医院与当地海关、边检站、出入境检验检疫局共同推出我国第一个跨国医疗救助品牌——"1369生命直通车"。其地点位于广西东兴口岸,其宗旨是针对急切需要医疗救助的出入境旅客以及中越的边民提供快速有效的救助服务。据统计,越南边民通过此项目过境来华就医人数从2012年的3 000多人增加到2016年的10 600多人[13]。

另外,中越两国也很注重教育,不断扩大教育培训领域,随着两国宏伟规划的推出和对接,双方都加大了对两国语言人才的需求。除越南卫生部每年派出赴中国著名中医药大学学习的研究生外,每年另有20～30名自费本科生到中国读取学士学位。越南方面还经常组织学生赴中国短期学习。2019年1月6日至15日,越南卫生部直属越南针灸中央医院22名学员到云南中医药大学参加了中医针灸适宜技术培训。

(三) 跨境交付

越南已经有部分买家采用国际网购形式购买中药制品,使用信用卡货到付款,但网购中药制品品类仍然较少,"互联网+"模式有待普及和开发利用。

随着科技的进步,中越两国间的远程诊疗服务陆续开展。2017年12月,"海外江苏之友中医惠侨基地"落户江苏省中医院,自此,越南华侨华人可与江苏省中医院联系,进行远程就诊。除了开展远程医疗,基地还创新性地推出了远程教学。

(四) 商业存在

近年来,国内一批中医诊所进入越南,但普遍为个体经营。由于行业标准匮乏,诊所医生诊疗能力不一,服务水平比较低下。同时,我国也有不少具备一定规模的中资、中越合资医院进驻越南,如广东博爱医疗集团在越南设立河内分院,设中医科并且配有翻译。我国中成药企业也纷纷在越南设立代理公司,如三九集团、天士力集团、云南白药集团等。

(五) 自然人流动

经越南卫生部批准,有许多地方特别是广东、广西的中医医生到越南行医。不少中国医院也逐渐开拓至越南。广州现代医院2008年进入越南,目前在越南有两个办事处,分别位于首都河内和南部胡志明市。尤其在胡志明市,华人聚集,中医诊所数量众多。综合越南本土深厚的传统文化优势及低廉的劳动成本等因素,近年更有不少中国人选择在越南开办药厂,成立办事处、分销部。2007年2月,东骏药业在越南设立办事处,中国云南云河药业股份有限公司也于2009年开始在越南开拓市场。

(六) 大事记

中越服务贸易大事记见表2-2。

表2-2 中越服务贸易大事记

时 间	事 件	意 义
1992年12月	双方签署《关于鼓励和相互保护投资协定》	中越两国关系正常化后开始在经贸领域密切交往
2000年12月	签署《中华人民共和国和越南社会主义共和国关于新世纪全面合作的联合声明》	确定新世纪两国发展双边友好合作的关系框架并作出了具体规划
2010年1月	中国—东盟自由贸易区正式建立	大幅提升中越贸易和投资自由化便利化水平

(续表)

时间	事件	意义
2013年9月	越南广宁与中国天虹集团签订投资合作协议	越南对华招商积极投入,将在城市和工业园区基础设施投资、商贸旅游、娱乐产业等领域达成长期合作
2015年1月	中越建交65周年	深化双边经贸合作
2017年4月	越南在华设立第二个贸易促进办公室	为继重庆贸易促进办公室后越南在华设立的第二个贸易促进办公室,将助推越南企业通过正贸渠道扩大对中国华东地区的贸易出口
2017年11月	越南国家结算股份公司(NAPAS)与中国结算服务管理公司——支付宝(Alipay)在河内正式签署战略合作协议	支付宝正式登陆越南,进一步推动两国电子商务合作与发展
2018年11月	中国国际进口博览会成功举行	越南展区涵盖了256平方米的国家展位、209平方米的农产区和36平方米的服务贸易区,作为主宾国充分展示自身经济社会发展成就
2019年3月	中国—越南双向商贸投资合作洽谈会召开	通过在中国主要经济发达地区举办投资商贸交流、推介活动,深化中越两国在经贸领域进一步的交流合作

五、市场机遇与潜力

(一) 近年来越南政府大力发展传统医药

自越南独立以后,其政府针对卫生、保健等问题采取积极的措施。比如,把传统医学与现代医学结合,同时在越南《宪法》中加入医学的有关内容,并构建了东医研究机构。基于此,极大促进了越南传统医药的正规化进程。自2000年以来,越南政府先后颁布了《医学检查与传统医药治疗领域合作及外资投资指南》《批准传统医药发展的国家政策》《建立越南传统医药研究所》《促进传统医药在军队的发展》《批准越南传统医药研究院培养传统医学硕士》《药品注册管理法》等,对传统医药在越南的发展进行了立法管理[10]。传统医药理论教学开始在越南的医药专业开展,采用传统医药治疗的患者数量也逐渐上升,药用植物的种植和炮制行业也逐渐发展起来。与此同时,越南为当地开设的中医药诊所制定了很多优惠政策,也为从事医疗行业的人员提供较多便利,比如越方认可我国卫生部门核发的合法行医证,明确这一证明在越南具有相同的效力,可从事医疗工作或经营活动。

(二) 越南民众对中医药认可度高

越南与我国为邻邦,越南民众很早便受到了中医药文化的熏陶,认同了我国的中医理念,并进行了大量实践。在这种环境下,越南民众信任中医药。

近几年,越南的经济高速发展,人们对生活品质的要求随之提高,对健康也日益重视,相对于西药而言传统医药作为更加安全的医疗手段常被应用于越南民众的日常保健中。在诊治普通病症以及各种慢性病方面,传统医药所发挥出的良好效果获得了人们的肯定,以针灸推拿为主的传统外治疗法也受到越南人民推崇。众所周知,与西药相比,传统医药的费用偏低,性价比高,能缓解山区或农村这些经济条件相对落后地区人们的经济压力,因此受到人们的欢迎。

(三) 资源互补

越南传统医药吸收了中医药的精华,中国医药对其影响非常大。但越南传统医药的使用多靠经验而缺乏理论作为指导,且其在临床研究方面不如中国,故需引进中国中医药技术人才。此外,由于地理环境的差异,许多种植药物在越南无法生长,只能依赖从中国进口或移植。因此在越南中医药的发展空间依然比较大。

此外,越南所处地理位置和气候环境十分适合金银花、板蓝根和益母草等药材的生长,所以这些药材的产量非常高,品质也非常好,正好满足了我国企业生产相关药品的需求。而且像我国比较稀少的黄藤,在越南却生长得十分旺盛,完全填补了我国部分药物原材料的不足。据中药行业的专业人士估计,仅2004年一年的时间,我国药企从越南购进的黄藤及提取物所涉金额高达1 000万元,也让我国相关企业从中获取较大的收益。

目前,越南依然有90%左右的中药材资源没有被充分挖掘,亟待人们开发。

(四) 越南市场对于传统医药需求量大

目前在全球中药市场上,越南的影响力不容小觑,尤其是对我国的供给量一直都非常大。根据数据显示,越南有200余家具有一定规模的中药店,而中小药店更是随处可见,每年销往世界各地的药材多达5万吨。作为越南的经济中心,胡志明市已经形成了具有较大规模、品种丰富的中药材集散地。

(五)越南传统医药市场尚不稳定

当前,越南传统医药市场尚不成熟,无论是专业方面还是经营理念都比较落后,且缺少强劲的竞争力。越南从未研制出国际上比较畅销的药用植物提取物,药材资源依然未被充分挖掘。而存在这些的不足为我国打开越南中药市场提供了不可多得的良好契机。

(六)互通优势

中越两国一衣带水,民心相亲,两国的文化传统和风俗习惯都十分相似,具有良好的民生互通优势。此外,越南的地理位置十分优越,拥有漫长的海岸线,且配有便利的交通网,使得两国区位优势得以最大程度地发挥出来。在"两廊一圈"合作建成后,可满足两国贸易运输需要,这为入越南投资中医药服务贸易的企业提供更大互通优势。

(七)中越进出口政策优惠

越南对中国的一贯政策是尊重与中国的全面合作,推动和维护两国之间的发展和贸易关系。越南政府放开了对传统医药贸易的限制,并提供了很多政策上的优惠,其中税率只有3%左右。另外,中越边境进行的医药贸易可以直接使用人民币进行交易,如此便省去了很多繁杂手续,为从事传统医药的贸易双方带来了很大便利。

中国对越南则一方面注重通过越南市场"补充"中国西南地区,一方面用各种政策对贸易进行限制,使国内企业在各项经济活动中得到更多自主权。同时中国主张全面开放各边境地区,推动了各项进出口活动的发展[14]。

(八)一带一路、两廊一圈背景下投资前景广阔

2015年11月,习近平主席赴越南进行了为期2日的国事访问活动。这是习主席上任以来第一次访问越南,此行两国表达了共同推进各领域友好合作向前发展的愿

景,同时就我国"一带一路"与越南"两廊一圈"实现顺利对接和合作达成重要共识。

六、风险提示

(一)中医药医疗服务在越南发展不佳

10年前国内一批中医诊所进入越南,但因缺乏国际标准,中医师服务质量低下,使越南人民对中国中医企业的信任度降低。如今,在越南设立的中医诊所通常都是由个体经营,规模不大,医疗水平参差不齐,缺乏大型中医药医疗实体的领导作用,在某种程度上也阻碍了优秀中医医师在越南开展中医医疗保健服务。

(二)投资环境稳定性弱

一是越南境内基础设施条件较差。相较于发达国家以及马来西亚、泰国等工业化起步较早的邻近国家,越南人口多、底子薄,生产力较为薄弱,基础设施建设尚不完善,而且一些地区的水电、通讯及道路等基础设施都需要投资者自己解决,大大增加了投资者的资金压力。

二是中越服务贸易仍存在一些非经济的人为阻力。如政府行政效率问题、个别政府官员腐败问题、部分越南人民对中国看法不客观以及中国企业在越南当地信誉度面临挑战等。另外,越南国内舆论较为开放,越南国民易受"反华"势力煽动影响,中国企业更须严格管理,维护自身形象。

(三)缺少行业规范

越南对进出口市场及边贸口岸的监管尚不完善,中药材走私问题严重。越南卫生部传统医学管理局局长范武庆介绍说,越南每年使用的约60 000吨药材,其中80%是进口的,进口的部分只有约1 400吨能查到来源出处。越南中央药检院副院长阮登林也指出,2015年,药检院配合传统医药局抽检了全国药材进出口公司的药材,

109个样品里有56个质量不符,竟然占到了51%,其中有24个还是假药材。

部分中国企业依法经营意识较差,也缺乏对越南市场的提前研究,对投资政策、法规不熟悉,对风险的认识不明确,导致在越南发展时运营和管理出现问题。

从整体来看,中越两国在中医药服务方面的合作既存在机遇,也面临较大挑战,但我们要抓住每一次机遇,合理对待各种挑战。

七、案例分析

(一) 天士力国际(越南)有限公司

【所在地区】 越南,河内市。

【案例定义】 商务部注册在越南中资企业。

【案例概况】 天士力控股集团始建于1994年,旗下天士力国际(越南)有限公司于2012年获发营业批准证书,是获得越南进口药品资格的首家外商投资企业。该公司即将把丹参多酚酸注射剂、尿激酶原等引入越南市场。其产品天使护心丸在越南获得良好销量。

【案例总结】 此案例为在越南中资企业,从研发中成药开始,首先获取越南营业批准证书,药品获得较好反馈后再获取进口药品资质,自2012年来获得较好发展。此案例提示药品生产企业在进入越南发展时,应重视疗效,遵循越南法规承认的药品标准,打开市场。

(二) 越南北京同仁堂诊所药店

【所在地区】 越南,胡志明市。

【案例定义】 商务部注册在越南中资企业。

【案例概况】 越南北京同仁堂诊所药店开业于2007年,由北京同仁堂国际有限公司和越南同安堂股份公司共同投资建立。它的主要业务是为患者号脉看病并开具中药药物,特地聘请两名中国老中医坐堂,并设有针灸推拿科,可有效治疗越南当地普遍的风湿疾病。但是开业2年后诊所经营状况未达到预期。

【案例总结】 此案例为中国传统中医模式下的诊所药店引入越南市场的典型投资。企业为中国老字号知名企业。但在越南影响力较为薄弱,且越南人民较为接受越南或中国制造的中成药,对传统中医诊疗方式的接受度较低。此案例说明在越南开设中医诊所药店需契合当地情况,使民众更易于接受。

(三) 云南白药有限公司

【所在地区】 中国,云南。

【案例定义】 商品出口越南的中国公司。

【案例概况】 2016年,云南白药集团股份有限公司与MEDI药品有限公司以及越南长寿药业签署贸易合同,共计对越南出口91种、28.73吨,价值28.9亿美元的中药材。此次贸易合作品种多、规模大,成功打响了云南地区中药材进入越南市场的第一枪。如今,云南白药集团股份有限公司加强了对国外市场的拓展,让云南中药材走出国门,加入国际市场的竞争中。

【案例总结】 此案例为中国国有企业与越南药品公司进行中药材贸易合作,云南白药集团股份有限公司利用了云南与越南毗邻的地缘优势和中国丰富多样的药材优势,并且弥补了中越药材贸易检验检疫不规范的弱点,不仅更加规范,而且具有一定规模。

八、结论与建议

越南政治局面稳定,且陆续出台了一系列优惠政策,所以近几年经济获得了高速发展。传统医药方面,越南人民对传统医药接受度高,中越在医疗服务贸易方面存在较大市场空白,自由贸易合作对双方经济都有积极影响。具体实施建议如下。

(一) 以政府间合作项目为切入点,开拓探索与越方合作潜力

(1) 对接中国援越建设医院项目。

(2) 对接中国援越建设传统医学院项目：建立传统医学教育共同体，采用"中医院校＋传统医学学校"模式，向越南输送中国优秀中医药技术人才，加强合作交流。

(3) 企业投资建设中越友谊东医中心：以企业投资、政府主导的形式探索建立中越友谊东医中心，一方面向越南输送中医药技术人才，发展服务贸易；另一方面，以此为阵地推动更多中医药产品走向越南。

(二) 依托中国商会，加强行业合作

中医药在越南的发展应当通过商会、行业协会的引领作用和具有话语权的优势，探索因地制宜的发展模式。如成立于2001年的越南中国商会目前已有近700个会员单位，以中国在越南的独资、合资合作企业以及驻越南代表处为主体[15]，是中医药企业在越南寻求发展的理想合作组织。中医药在越南的发展需要依托国家"一带一路"倡议，跨界各大现有产业，充分融合、深入合作来实现，也需利用商会在海外的话语权争夺、产业融合度等优势，进一步促进中医药在越南生根发芽，实现规模化、市场化、特色化、多元化。

此外，中医药在越南的发展中，也应当坚持在当地使用者个性化诊断治疗的过程中，注重医药服务和产品的相互融合与促进：首先，要重视把握中药产品和原材料的质量，以提高中药服务效果；其次，以中医药服务为途径，提升中医药产品的附加价值与市场依赖度，进一步提高中医药在越南民众中的良好信誉，进而增强中医药竞争力。

(三) 严格质量管控，领跑行业规范

越南在制定药品相关法律时，表现出对发达国家相关标准的偏爱，如在《药品注册管理法》里明确指出采用部分国际通行标准或区域标准，提出国外药品生产企业制药操作规范不得低于WHO的GMP、东盟关于药品稳定性研究的指南（ASEAN Quality Guidelines）亦可适用等。中国企业应在越南注册优质中成药产品，通过在越南开发这些产品，开拓东南亚医药市场，使中药走向国际化[10]。

（杨洁如）

附

《传统医药 2020 年发展计划项目》

Về việc ban hành Kế hoạch hành động của Chính phủ về phát triển y, dược cổ truyền Việt Nam đến năm 2020

THỦ TƯỚNG CHÍNH PHỦ	CỘNG HÒA XÃ HỘI CHỦ NGHĨA VIỆT NAM
———	Độc lập – Tự do – Hạnh phúc
Số: **2166**/QĐ-TTg	———
	Hà Nội, ngày 30 tháng 11 năm 2010

QUYẾT ĐỊNH

Về việc ban hành Kế hoạch hành động của Chính phủ

về phát triển y, dược cổ truyền Việt Nam đến năm 2020

———

THỦ TƯỚNG CHÍNH PHỦ

Căn cứ Luật Tổ chức Chính phủ ngày 25 tháng 12 năm 2001;

Căn cứ Luật Bảo vệ sức khỏe nhân dân ngày 30 tháng 6 năm 1989;

Xét đề nghị của Bộ trưởng Bộ Y tế,

QUYẾT ĐỊNH:

Điều 1. Ban hành Kế hoạch hành động của Chính phủ về phát triển y, dược cổ truyền Việt Nam đến năm 2020, với những nội dung chủ yếu sau:

1. Mục tiêu chung:

Hiện đại hóa và phát triển mạnh y, dược cổ truyền trong bảo vệ, chăm sóc và nâng cao sức khỏe nhân dân; củng cố và phát triển tổ chức, mạng lưới y, dược cổ truyền.

2. Mục tiêu cụ thể:

a) Kiện toàn tổ chức bộ máy quản lý y, dược cổ truyền ở Trung ương và địa phương.

b) Cơ sở khám chữa bệnh: đến năm 2015, 100% tỉnh, thành phố trực thuộc Trung ương xây dựng và kiện toàn bệnh viện y dược cổ truyền theo hướng bệnh viện đa khoa; đến năm 2020, 100% viện có giường bệnh, bệnh viện đa khoa, chuyên khoa có Khoa y, dược cổ truyền; 100% Phòng khám đa khoa và trạm y tế xã, phường, thị trấn có Tổ y, dược cổ truyền do thầy thuốc y, dược cổ truyền của trạm y tế phụ trách.

c) Khám, chữa bệnh bằng y, dược cổ truyền:

- Đến năm 2015: tuyến trung ương đạt 10%; tuyến tỉnh đạt 15%; tuyến huyện đạt 20% và tuyến xã đạt 30%;

- Đến năm 2020: tuyến trung ương đạt 15%; tuyến tỉnh đạt 20%; tuyến huyện đạt 25% và tuyến xã đạt 40%.

d) Hiện đại hóa y, dược cổ truyền và kết hợp y dược cổ truyền với y dược hiện đại:

Đến năm 2015, 100% bệnh viện y dược cổ truyền được đầu tư các thiết bị y tế hiện đại trong chẩn đoán, điều trị theo tiêu chuẩn các hạng bệnh viện của Bộ Y tế.

đ) Đáp ứng nhu cầu thiết yếu về dược liệu, thuốc đông y, thuốc từ dược liệu đảm bảo chất lượng cho các cơ sở khám, chữa bệnh bằng y, dược cổ truyền.

e) Đáp ứng cơ bản nhu cầu về nhân lực y, dược cổ truyền ở trình độ trung học vào năm 2015 và trình độ đại học vào năm 2020.

g) Chuẩn hóa trình độ chuyên môn đội ngũ lương y, lương dược, tăng cường vai trò của Hội Đông y Việt Nam trong bồi dưỡng chuyên môn, kế thừa, bảo tồn và phát triển y, dược cổ truyền Việt Nam.

3. Nội dung nhiệm vụ chủ yếu:

a) Về tổ chức, quản lý:

Nghiên cứu xây dựng Đề án thành lập cơ quan quản lý nhà nước về y dược cổ truyền trên cơ sở Vụ Y dược cổ truyền thuộc Bộ Y tế và tổ chức quản lý nhà nước về y dược cổ truyền thuộc Sở Y tế, trình Chính phủ xem xét, quyết định.

b) Về phát triển hệ thống khám chữa bệnh:

- Xây dựng Đề án xây mới, nâng cấp và đầu tư thiết bị y tế cho các bệnh viện y dược cổ truyền theo hướng đa khoa y dược cổ truyền;

- Xây dựng Đề án phát triển Bệnh viện Y dược cổ truyền Trung ương và Bệnh viện Châm cứu Trung ương;

- Củng cố và phát triển Khoa Y dược cổ truyền tại các bệnh viện, Tổ y dược cổ truyền tại Phòng khám đa khoa và trạm y tế;

- Xây dựng chính sách khuyến khích thành lập và phát triển các bệnh viện, cơ sở khám chữa bệnh y dược cổ truyền ngoài công lập.

c) Về phát triển nguồn nhân lực:

- Xây dựng Đề án nâng cao năng lực đào tạo nguồn nhân lực y, dược cổ truyền đối với y sĩ, điều dưỡng, bác sỹ, dược sỹ, bác sỹ nội trú, chuyên khoa cấp 1, chuyên khoa cấp 2, thạc sỹ, tiến sỹ chuyên ngành Y dược cổ truyền và các cấp đào tạo cho đội ngũ lương y, lương dược theo hướng phát triển đội ngũ giảng viên, giáo viên, đầu tư mở rộng và nâng cấp cơ sở vật chất, trang thiết bị giảng dạy, cơ sở thực hành, cho các cơ sở đào tạo cán bộ y dược cổ truyền;

- Tổ chức đào tạo theo nhiều loại hình: chính quy, đào tạo liên tục, đào tạo liên thông, liên kết đào tạo, đào tạo theo cử tuyển đối với các vùng đặc biệt khó khăn nhằm đáp ứng đủ số lượng và chất lượng cán bộ cho y dược cổ truyền;

- Thành lập, phát triển Khoa hoặc Bộ môn Y dược cổ truyền và Dược học cổ truyền tại các trường đại học, cao đẳng, trung học y, dược thuộc Trung ương và địa phương;

- Xây dựng và ban hành chương trình đào tạo, mã ngành đào tạo đối với đội ngũ lương y, lương dược;

- Kiện toàn, đẩy mạnh đầu tư và phát triển Học viện Y dược học cổ truyền Việt Nam.

d) Về cơ chế, chính sách:

- Xây dựng và ban hành chính sách ưu đãi đối với các tổ chức, cá nhân trong và ngoài nước đầu tư xây dựng cơ sở khám, chữa bệnh và các cơ sở đào tạo y dược cổ truyền; phát triển nuôi trồng dược liệu theo quy mô công nghiệp, sản xuất thuốc đông y, thuốc từ dược liệu và khai thác dược liệu tự nhiên một cách hợp lý, bảo đảm lưu giữ, tái sinh và phát triển nguồn dược liệu;

- Bố trí y dược cổ truyền chủ trì hoặc cùng thực hiện các chương trình mục tiêu quốc gia về y tế;

- Tăng cường phân cấp quản lý và đẩy mạnh cải cách thủ tục hành chính trong việc thành lập các cơ sở đông y, đông dược;

- Xây dựng, ban hành các chế độ khuyến khích các thầy thuốc cống hiến và phát huy những bài thuốc hay, cây thuốc quý, những kinh nghiệm phòng và chữa bệnh bằng y dược cổ truyền có hiệu quả; bảo hộ quyền tác giả, quyền sở hữu và nghiên cứu kế thừa, ứng dụng và kết hợp y, dược cổ truyền với y, dược hiện đại;

- Xây dựng, ban hành chính sách đẩy mạnh công tác xã hội hóa y dược cổ truyền. Thực hiện đa dạng hóa các loại hình dịch vụ trong lĩnh vực y, dược cổ truyền; mở rộng liên kết, hợp tác giữa các cơ sở y, dược cổ truyền nhà nước với các cơ sở y, dược cổ truyền tư nhân, giữa cơ sở trong nước với nước ngoài. Các cơ sở y tế nhà nước có trách nhiệm hỗ trợ chuyên môn cho các cơ sở y, dược cổ truyền tư nhân;

- Mở rộng hợp tác quốc tế và có chính sách ưu đãi, hỗ trợ các tổ chức, cá nhân phát triển y dược cổ truyền Việt Nam ra nước ngoài.

đ) Bảo đảm, nâng cao chất lượng dược liệu, thuốc đông y, thuốc từ dược liệu:

- Xây dựng, ban hành chính sách ưu đãi xây dựng các cơ sở sản xuất thuốc đông y, thuốc từ dược liệu đạt tiêu chuẩn sản xuất thuốc tốt theo khuyến cáo của Tổ chức Y tế Thế giới (GMP-WHO), theo lộ trình phù hợp với điều kiện của Việt Nam; khuyến khích phát triển thị trường kinh doanh dược liệu và thuốc đông y, thuốc từ dược liệu để đáp ứng tốt nhu cầu khám, chữa bệnh bằng y dược cổ truyền;

- Xây dựng Đề án tổ chức các vùng nuôi, trồng dược liệu theo tiêu chuẩn về thực hành tốt nuôi trồng, thu hoạch dược liệu theo quy mô công nghiệp, gắn liền với đẩy mạnh công tác quy hoạch, đảm bảo cung cấp đủ nguyên liệu cho các cơ sở chế biến dược liệu, sản xuất thuốc từ dược liệu trong nước và xuất khẩu, ưu tiên các loại cây, con có hiệu quả chữa bệnh tốt, giá trị kinh tế cao, nhu cầu sử dụng lớn;

- Củng cố và phát triển các trung tâm nghiên cứu, nuôi trồng dược liệu tại các vùng sinh thái phù hợp có tiềm năng phát triển dược liệu;

- Khuyến khích nghiên cứu, ứng dụng thuốc nam, thuốc dân gian, thuốc gia truyền để đưa vào sản xuất với quy mô lớn đáp ứng nhu cầu sử dụng trong nước và xuất khẩu;

- Phát triển công tác cung cấp giống dược liệu đạt tiêu chuẩn chất lượng cao. Bảo tồn và phát triển nguồn gen dược liệu, xây dựng dấu vân tay hóa học và gen cho dược liệu Việt Nam; chú trọng tái sinh, phát triển nhân giống các dược liệu quý, hiếm;

- Tiếp tục khảo sát, nghiên cứu, điều tra, sưu tầm, thống kê các loại cây, con làm thuốc; sự phân bố, hệ sinh thái và trữ lượng cây, con làm thuốc hiện có trên cơ sở đó có kế hoạch tổ chức bảo vệ, khai thác, tái sinh hợp lý và phát triển bền vững;

- Xây dựng và phát triển vườn cây thuốc tại các bệnh viện y dược cổ truyền, khoa y dược cổ truyền tại các bệnh viện, các cơ sở đào tạo y dược cổ truyền và trạm y tế xã, phường, thị trấn;

- Xây dựng đề án phát triển dược liệu, thuốc đông y, thuốc từ dược liệu đến năm 2020 và tầm nhìn đến năm 2030 phù hợp với quy định hiện hành;

- Tăng cường kiểm tra, kiểm nghiệm chất lượng dược liệu, thuốc đông y, thuốc từ dược liệu.

e) Tăng cường vai trò của Hội Đông y Việt Nam:

- Xây dựng Đề án về tăng cường vai trò của Hội Đông y Việt Nam trong bồi dưỡng chuyên môn, kế thừa, bảo tồn và phát triển Y, dược cổ truyền Việt Nam theo đúng quy định của pháp luật;

- Hỗ trợ ngân sách, cơ sở vật chất, biên chế cho Hội Đông y các cấp hoạt động theo quy định hiện hành;

- Khuyến khích thành lập cơ sở đào tạo theo các bậc học phù hợp đối với đội ngũ lương y, lương dược và cơ sở khám chữa bệnh theo quy định của pháp luật.

g) Tăng cường công tác thanh tra, kiểm tra việc triển khai, thực hiện các chủ trương, chính sách của Đảng và pháp luật của Nhà nước về công tác y, dược cổ truyền.

4. Bảo đảm tài chính:

a) Huy động và sử dụng có hiệu quả các nguồn vốn từ ngân sách nhà nước, vốn vay, nguồn tài trợ và các nguồn vốn hợp pháp khác.

b) Bộ Kế hoạch và Đầu tư, Bộ Tài chính phối hợp với Bộ Y tế căn cứ vào kế hoạch này, bố trí nguồn vốn để thực hiện.

5. Tổ chức thực hiện:

a) Bộ Y tế:

- Chủ trì, phối hợp với Bộ Thông tin và Truyền thông tuyên truyền nâng cao nhận thức của các cấp chính quyền và các tầng lớp nhân dân về vai trò của y, dược cổ truyền trong phòng và chữa bệnh;

- Chủ trì, phối hợp với các Bộ, ngành liên quan rà soát, sửa đổi, bổ sung các văn bản quy phạm pháp luật về y, dược cổ truyền; nghiên cứu, đề xuất cơ chế chính sách phát triển y, dược cổ truyền;

- Chủ trì nghiên cứu, bố trí y, dược cổ truyền thực hiện, tham gia thực hiện các chương trình mục tiêu quốc gia về y tế, theo kế hoạch của Bộ Y tế;

- Năm 2010 đến năm 2011, chủ trì, phối hợp với Bộ Kế hoạch và Đầu tư, Bộ Tài chính, Bộ Xây dựng và các Bộ, ngành có liên quan xây dựng, phê duyệt hoặc trình phê duyệt các đề án xây mới, nâng cấp và đầu tư trang thiết bị y tế cho các bệnh viện y dược cổ truyền; các đề án về sản xuất thuốc đông y, thuốc từ dược liệu, phát triển dược liệu;

- Chủ trì, phối hợp với Bộ Nội vụ, Bộ Lao động - Thương binh và Xã hội xây dựng các Đề án thành lập cơ quan quản lý nhà nước về y dược cổ truyền trên cơ sở Vụ Y dược cổ truyền thuộc Bộ Y tế và tổ chức quản lý nhà nước về y dược cổ truyền thuộc Sở Y tế; quy định mã ngạch viên chức và thang bảng lương đối với đội ngũ lương y, lương dược; đẩy mạnh xã hội hóa ngành y, dược cổ truyền;

- Phối hợp với Bộ Khoa học và Công nghệ nghiên cứu, xây dựng đề án hiện đại hóa y dược cổ truyền, kết hợp y dược cổ truyền với y dược hiện đại; giữ gìn, phát huy bản sắc, tính đặc thù của y, dược cổ truyền Việt Nam;

- Chủ trì, phối hợp với Bộ Giáo dục và Đào tạo chỉ đạo đẩy mạnh đào tạo nguồn nhân lực cho ngành y dược cổ truyền; Xây dựng Đề án nâng cao năng lực đào tạo nguồn nhân lực y, dược cổ truyền;

- Phối hợp với Bộ Nông nghiệp và Phát triển nông thôn nghiên cứu và đề xuất ban hành các cơ chế ưu đãi trong việc nuôi trồng dược liệu và quy hoạch vùng chuyên nuôi trồng dược liệu theo quy mô công nghiệp đáp ứng nhu cầu sử dụng dược liệu trong nước và xuất khẩu;

- Phối hợp với Bộ Công Thương và các Bộ, ngành có liên quan quản lý chặt chẽ việc xuất, nhập khẩu dược liệu và thuốc đông y và thuốc từ dược liệu; đồng thời xây dựng cơ chế tạo thuận lợi cho việc xuất khẩu dược liệu, thuốc đông y, thuốc từ dược liệu của Việt Nam;

- Chủ trì, phối hợp với Bộ Kế hoạch và Đầu tư, Bộ Ngoại giao và các Bộ, ngành có liên quan xây dựng kế hoạch hợp tác quốc tế trên các lĩnh vực đào tạo, nghiên cứu khoa học, khám, chữa bệnh, nuôi trồng, chế biến dược liệu, trao đổi chuyên gia về y, dược cổ truyền; ban hành chính sách ưu đãi để các tổ chức, cá nhân đầu tư phát triển y, dược cổ truyền Việt Nam ra nước ngoài;

- Chủ trì, phối hợp với các Bộ, ngành có liên quan thường xuyên thanh tra, kiểm tra việc thực hiện các quy định của pháp luật về khám, chữa bệnh bằng y dược cổ truyền và sản xuất, kinh doanh dược liệu, thuốc đông y, thuốc từ dược liệu, đào tạo cán bộ y, dược cổ truyền.

b) Bộ Tài chính:

Chủ trì, bố trí ngân sách chi thường xuyên, phối hợp với Bộ Kế hoạch và Đầu tư bố trí chi đầu tư phát triển để thực hiện đề án, dự án, nhiệm vụ y, dược cổ truyền của Kế hoạch này; kiểm tra chi tiêu theo chế độ tài chính hiện hành.

c) Bộ Kế hoạch và Đầu tư:

Bố trí kế hoạch vốn hàng năm cho các đề án, dự án thực hiện Kế hoạch này.

d) Bộ Khoa học và Công nghệ:

Có chính sách ưu tiên triển khai những đề tài nghiên cứu khoa học thuộc lĩnh vực y, dược cổ truyền, kết hợp y, dược cổ truyền với y, dược hiện đại.

e) Bộ Giáo dục và Đào tạo:

- Chủ trì, phối hợp với Bộ Y tế, Bộ Lao động - Thương binh và Xã hội, Hội Đông y Việt Nam xây dựng, ban hành chương trình đào tạo và mở mã ngành đào tạo để chuẩn hóa đào tạo chuyên môn đối với đội ngũ lương y, lương dược;

- Chủ trì, phối hợp với Bộ Y tế và các Bộ, ngành liên quan triển khai thực hiện quy hoạch mạng lưới các trường đại học và cao đẳng y, dược theo Quyết định số 121/2007/QĐ-TTg ngày 27 tháng 7 năm 2007 của Thủ tướng Chính phủ phê duyệt quy hoạch mạng lưới các trường đại học và cao đẳng giai đoạn 2006 – 2020.

f) Bộ Văn hóa, Thể thao và Du lịch:

- Chủ trì, phối hợp với Bộ Y tế và các Bộ, ngành liên quan thực hiện các quy định của Luật Di sản văn hóa về bảo vệ và phát huy giá trị di sản văn hóa của y, dược cổ truyền;

- Chủ trì, phối hợp với Bộ Y tế nghiên cứu quảng bá và phát triển hình thức du lịch kết hợp chữa bệnh bằng y, dược cổ truyền tại Việt Nam.

g) Ủy ban nhân dân các tỉnh, thành phố trực thuộc Trung ương:

- Chỉ đạo Sở Y tế phối hợp với các cơ quan, tổ chức có liên quan quán triệt, triển khai thực hiện toàn diện, có hiệu quả những nội dung và nhiệm vụ của Kế hoạch này;

- Căn cứ vào đặc điểm tình hình của địa phương xây dựng và ban hành kế hoạch của tỉnh, thành phố và bố trí ngân sách để triển khai kịp thời Kế hoạch này;

- Xây dựng cơ chế ưu đãi phù hợp với điều kiện, hoàn cảnh của địa phương để thực hiện chủ trương xã hội hóa trong lĩnh vực y, dược cổ truyền;

- Tạo điều kiện thuận lợi về kinh phí, cơ sở vật chất, duy trì và bổ sung biên chế để các cấp Hội Đông y hoạt động và phát triển, góp phần tích cực vào sự nghiệp chăm sóc và bảo vệ sức khỏe nhân dân;

- Tổ chức chỉ đạo, kiểm tra, giám sát và định kỳ hàng năm gửi báo cáo về Bộ Y tế để tổng hợp báo cáo Thủ tướng Chính phủ kết quả thực hiện Kế hoạch này;

h) Hội Đông y Việt Nam:

- Tiếp tục củng cố và phát triển tổ chức Hội, chú trọng nâng cao y đức và chất lượng chuyên môn cho hội viên, vận động hội viên tích cực tham gia công tác kế thừa, bảo tồn và phát triển y, dược cổ truyền, chấp hành đúng các chủ trương, chính sách của Đảng, pháp luật của Nhà nước về y, dược cổ truyền;

- Nghiên cứu đổi mới cơ chế hoạt động, chủ động, sáng tạo phát huy tiềm năng chuyên môn của các hội viên, đẩy mạnh công tác xã hội hóa để tham gia công tác bảo vệ, chăm sóc và nâng cao sức khỏe nhân dân;

- Chủ trì, phối hợp với Bộ Y tế xây dựng Đề án tăng cường vai trò của Hội Đông y trong bồi dưỡng chuyên môn, kế thừa, bảo tồn và phát triển y, dược cổ truyền Việt Nam;

- Chủ động phối hợp với các Bộ, ngành liên quan triển khai thực hiện tốt Kế hoạch này.

6. Tiến độ thực hiện:

a) Năm 2010 và 2011:

- Trình cấp có thẩm quyền phê duyệt các Đề án: 1) Xây mới, nâng cấp và đầu tư trang thiết bị y tế cho các bệnh viện y dược cổ truyền. 2) Thành lập cơ quan quản lý nhà nước về y dược cổ truyền trên cơ sở Vụ Y dược cổ truyền thuộc Bộ Y tế và tổ chức quản lý nhà nước về y dược cổ truyền thuộc Sở Y tế. 3) Mở mã ngành đào tạo đối với đội ngũ lương y và lương dược. 4) Xây dựng ngạch viên chức đối với đội ngũ lương y, lương dược. 5) Xây dựng hệ thống cung ứng và quản lý chất lượng dược liệu, thuốc đông y, thuốc từ dược liệu. 6) Nâng cao năng lực đào tạo nhân lực ngành y dược cổ truyền. 7) Tăng cường vai trò của Hội Đông y trong bồi dưỡng chuyên môn, kế thừa, bảo tồn và phát triển y, dược cổ truyền

Việt Nam và các đề án khác thực hiện Kế hoạch hành động của Chính phủ về phát triển y, dược cổ truyền Việt Nam đến năm 2020;

- Chủ tịch Ủy ban nhân dân các tỉnh, thành phố trực thuộc Trung ương ban hành kế hoạch để triển khai thực hiện Kế hoạch này tại địa phương.

b) Giai đoạn 2011 – 2015:

Đạt mục tiêu cụ thể về tổ chức bộ máy quản lý y dược cổ truyền; mạng lưới khám, chữa bệnh, đào tạo nguồn nhân lực, phát triển dược liệu, thuốc đông y, thuốc từ dược liệu và tăng cường vai trò Hội Đông y Việt Nam theo các mục tiêu của Kế hoạch.

c) Giai đoạn 2016 – 2020:

Hoàn thành các mục tiêu còn lại của Kế hoạch.

Điều 2. Bộ Y tế chủ trì, phối hợp với các Bộ, ngành có liên quan tổ chức thực hiện Kế hoạch hành động của Chính phủ về phát triển y, dược cổ truyền Việt Nam đến năm 2020; hàng năm báo cáo Thủ tướng Chính phủ kết quả thực hiện.

Điều 3. Quyết định này có hiệu lực thi hành kể từ ngày ký ban hành.

Điều 4. Các Bộ trưởng, Thủ trưởng cơ quan ngang Bộ, Thủ trưởng cơ quan thuộc Chính phủ, Chủ tịch Ủy ban nhân dân các tỉnh, thành phố trực thuộc Trung ương chịu trách nhiệm thi hành Quyết định này./.

参考文献

[1] 世界实时统计数据.越南人口[EB/OL]http://www.worldometers.info/world-population/vietnam-population/.
[2] 911查询.汇率查询[EB/OL].https://huilv.911cha.com/USDVND.html.
[3] 全球经济数据库.越南[EB/OL].https://www.ceicdata.com/zh-hans/country/Vietnam.
[4] 越南人民报网.2018年越南经济的四大亮点[EB/OL].[2019-01-10].http://cn.nhandan.org.vn/economic/item/6711701-2018%E5%B9%B4%E8%B6%8A%E5%8D%97%E7%BB%8F%E6%B5%8E%E7%9A%84%E5%9B%9B%E5%A4%A7%E4%BA%AE%E7%82%B9.html.
[5] 中国发展门户网.中国驻越南大使馆发布数据 中越贸易额突破1 000亿美元[EB/OL].[2019-01-10].http://cn.chinagate.cn/news/2018-08/03/content_58003512.htm.
[6] 越南卫生部.越南卫生统计年鉴2017 Health Statistics Yearbook 2017[Z].Vietnam:Ministry of Health;2017:58-63.
[7] 云南省对外投资合作网[EB/OL].http://www.ynoiec.gov.cn/htmlswt/nobody/2015/0302/.
[8] 鄢良,孔丹妹,陈姝婷,等.亚太地区传统医药概述(Ⅰ)[J].亚太传统医药,2007,3(8):11-13.
[9] 格罗宁根.越南传统医药概况[J].亚太传统医药,2013,9(11):14-15.
[10] 张春梅,王兰,周微,等.越南传统药品管理及注册政策分析[J].现代药物与临床,2012(3):101-105.
[11] 孙治安,李相中.中国和越南传统医药交流探讨[J].中医学报,2011,26(5):639-640.
[12] 杨福顺.越南中药市场商机无限[N].中国现代中药,2006-1-16(41-42).
[13] 广西防城港市人民政府门户网站.东兴市人民医院综合改革示范成效凸显[EB/OL].[2017-02-06].http://www.fcgs.gov.cn/zxzx/qxdt/201702/t20170206_37680.html.
[14] 阮明俊.中越进出口贸易研究[D].北京:北京交通大学,2015:1-55.
[15] 越南中国商会.商会介绍[EB/OL].http://www.vietchina.org/shjs/hczc/.

中医药海外发展国别研究
亚·洲·卷

第三章 柬埔寨王国

一、基 本 国 情

(一) 国家概况

柬埔寨王国(Kingdom of Cambodia,以下简称柬埔寨)于公元1世纪下半叶建国,在长期发展过程中经历了扶南、真腊、吴哥等多个时期,吴哥王朝为鼎盛时期,并且在形成了吴哥文明后,迁都金边更名为金边王朝。到了19世纪60年代,柬埔寨受到了法国的侵略,并开始了其近一个世纪的殖民统治。柬埔寨直到1953年才正式独立。自20世纪70年代开始,柬埔寨国内出现了持续的战争,在这过程中柬埔寨政府执政党出现了频繁的调整与变动,后于20世纪90年代确立了君主立宪制,这也标志着柬埔寨王国政府的成立。

从地理分布来看,柬埔寨坐落于中南半岛,主要以盆地地形为主,三面环山,中间为平原地区,毗邻泰国、老挝、越南等国。其国土面积共计181 035平方千米,含20个省和4个直辖市;首都金边,是柬埔寨的政治、经济和文化中心。截至2018年,柬埔寨人口约1 617万,人口密度89.74人/平方千米,人口多聚集于平原地区及经济发达地区,首都金边人口约150万,另外柬埔寨国内华人华侨的规模约为100万[1]。从民族分布来看,柬埔寨大部分人口为高棉族,其余少数民族有泰族、老族、马来族等,各少数民族均有体现其民族特色的风俗习惯。

从语言方面来看,柬埔寨国内的通用语言为高棉语,另外受到诸多因素的影响,该国政府同样将英语、法语纳入官方语言的范畴中。另外,越南语和华语同样在柬埔寨国内有着大范围的普及和推广。从该国的发展历程来看,其尊重并保护宗教及信仰自由,绝大多数居民信奉佛教,一小部分居民信奉伊斯兰教与天主教[2]。

(二) 政治环境

1. **政治制度** 柬埔寨的国体是君主立宪制。国王为国家元首、武装力量最高统帅、国家统一和永存的象征。柬埔寨现任国王为诺罗敦·西哈莫尼。国会是柬埔寨国家最高权力机构和立法机构,下设10个专门委员会,且按照5年为周期进行换届。参议院对国会通过的法案进行审议,每届任期6年。从司法方面来看,其共设有初级、上诉和最高法院三级机构,且每个级别法院均设有相应的检察官。政府作为最高行政机构,主要负责对国内政治和军事力量进行统筹管理,政府首脑为首相。柬埔寨现政府为第六届政府,于2018年选举产生,首相为洪森。

在长期发展过程中,柬埔寨坚持实施多党制,内部政党众多,包括奉辛比克党、人民党等[3]。

2. 外交特点 柬埔寨坚持"独立、和平、永久中立和不结盟"的外交原则。现阶段,全球范围内同柬埔寨建立外交关系的国家已达100余个。柬埔寨在同其他国家进行沟通和交流的过程中,主张相互尊重国家主权,反对外国侵略和干涉。1998年柬埔寨正式恢复联合国席位,并于次年宣布成为东盟的成员国。

法国曾经对柬埔寨进行过接近一个世纪的殖民统治,法国在军事、政治、文化领域对柬埔寨的影响一直延续至今,目前两国关系发展平稳。柬埔寨与美国建交于1950年,随后的时间内两国展开了一系列沟通与合作,涉及经济、文化等诸方面。自2017年开始,美国政府每年向柬埔寨提供的援助资金高达7 063万美元。柬埔寨与俄罗斯建立外交关系是在1993年。1995年,两国共同协商并签订了《友好合作协定》,标志着两国正式确立外交关系。自20世纪90年代,日本每年向柬埔寨提供的援助资金约为1亿美元,是柬埔寨的主要援助国之一。2013年,日、柬两国首相举行会谈,随后两国正式确立了良好的外交关系。此外,近年来柬埔寨和印度两国的交流和合作程度同样有着显著提高。

3. 中柬关系 中、柬两国正式建立外交关系是在1958年,两国建立了深厚的友谊,高层往来密切。2010年,柬埔寨首相来华进行访问,并且在这期间两国确立了战略合作伙伴关系。2016年,中国国家主席习近平访柬埔寨,进一步巩固了两国之间的外交关系。自2013年开始,中国每年向柬埔寨投资的金额约为10亿美元,是柬埔寨重要的国际贸易伙伴。据相关统计表明,截至2018年第一季度中国在柬埔寨的投资总额超过170亿美元。2018年7月18日,中国—柬埔寨建交60周年招待会在北京举行。2019年1月21日,柬埔寨首相洪森来华访问,两国领导人进行了会晤,进一步明确了合作重点,有效促进了"一带一路"倡议的推进,两国合作迈上新台阶。现阶段,两国关系仍然处于不断巩固和发展的阶段。

(三) 经济环境

1. 经济概况　柬埔寨的经济实力较弱,过去综合国力不强,但是近几年的发展相对较好。现阶段该国实施自由市场经济政策,对于整个经济市场的发展保持开放的态度。其流通货币为瑞尔(KHR)。近年来,柬埔寨经济呈现出良好的发展趋势,2011—2017年经济增长速度均保持在7%以上;截至2017年,人均GDP达到了1 384美元[4]。另外,据相关统计表明,2018年柬埔寨经济增长速度约为7.3%,依然保持较高水平,在东南亚国家中排名第一[5]。2003年,柬埔寨正式宣布加入世界贸易组织(WTO),同中国、日本、美国、英国等国家均保持良好的贸易关系。

虽然有中美贸易战局势紧张、区域资本流向美国造成商品出口成本增加、免税优惠税待遇面临取消等外在因素,以及市场需求过剩、基础设施有限、生产成本过高等内在因素影响,但旅游业的持续发展、建筑业与成衣业的增长、金融业等领域的健康发展、扩大的税收政策、货币政策,以及国际环境的变化为柬埔寨经济发展提供了重要的契机[5]。2018年前三季度,柬埔寨进出口贸易总额达200多亿美元,比2017年同期增长18%。其中出口总额90多亿美元,进口总额110多亿美元,贸易顺差约20亿美元[6]。

2. 主要产业　从柬埔寨的产业分布来看,主要包括农业、工业和服务业。

柬埔寨农业发达,劳动力资源丰富,农业是柬埔寨产业结构当中的主导产业,在柬埔寨政府提出的战略规划当中,均将农业生产力作为主要生产力。柬埔寨政府对农业保持高度重视。柬埔寨农业中水稻种植占据着主导地位,2017年稻谷总产量约1 052.2吨。另外,水果、沉香木等农产品也有不同程度的发展。

柬埔寨工业以制衣业与建筑业为主。2017年,其服装和制鞋业占出口总额的78%,雇佣约77万工人,对柬埔寨经济的发展提供了重要的推动力。尽管2017年有少数制衣厂关闭,但同一时期大量新工厂开始运营,生产能力也有所增加,制衣业呈持续增长趋势。目前,美国正式成为柬埔寨第一大成衣出口国。建筑业在柬埔寨工业中的地位也有着显著提升。据统计表明,2013—2018年,柬埔寨国内批准设立的建筑项目共计11 595个,投资规模约为210亿美元[7]。

柬埔寨服务业主要为旅游业。其在整个国民经济发展中占据着极其重要的地位。经过长时间的演变,柬埔寨积累了大量的旅游资源,包括塔仔山、金边王宫、吴哥古迹等。据相关统计表明,2018年上半年,柬埔寨的外来游客数量共计3 001 660人次。2013—2017年,旅游业创收151.45亿美元。

3. 对华贸易　中柬友谊深厚,自2012年开始,中国成为柬埔寨第一大投资援助国,两国建立了稳固的贸易关系。近年来,两国之间的贸易规模持续扩大,从而为柬埔寨民生的发展提供了重要的推动力,援柬流动诊所、移动支付体系建设、公路修复等项目均在持续实施中,两国之间的合作和交流涉及农业、金融和交通等诸多领域,有效促进了柬埔寨社会经济的发展与进步。不仅如此,中国积极推动"一带一路"倡议的实施,使得两国的合作和交流进一步加强。截至2018年第一季度,中国对柬埔寨的投资总额高达170亿美元。2017年,两国之间的贸易总额为57.9亿美元,与上年相比增幅高达21.7%,其中直接投资额达到5.5亿美元,较以往相比增长幅度达到45%[8](表3-1、图3-1)。

表3-1　2008—2018年中柬贸易数据(单位:亿美元)

项目＼年份	2008	2009	2010	2011	2012	2013	2014	2015	2016	2017	2018
总额	11.34	9.44	14.41	24.99	29.23	37.73	37.58	44.30	47.61	57.91	73.88
出口	10.95	9.07	13.47	23.15	27.08	34.10	32.75	37.63	39.30	47.83	60.11
进口	0.39	0.37	0.94	1.84	2.15	3.63	4.83	6.67	8.31	10.08	13.77

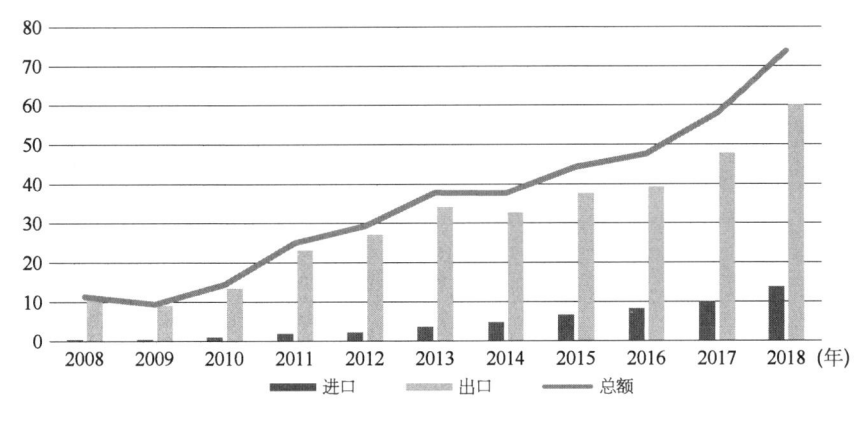

图3-1　2008—2018年中柬贸易数据(单位:亿美元)

注:以上图表根据"中华人民共和国国家统计局""中华人民共和国海关总署"数据整理

二、医疗健康保障体系现状

(一) 基本情况

柬埔寨目前约有公立医院 1 400 所,药房 2 450 家,公立医疗专业人员约有 2 万名,但多为护士及助产士;合格的私立医院则约有 5 500 家,私人医疗专业人员及药师大多集中在都市,且其中有 2/3 的比例都为公立医疗人员在外兼业(即双重执业)。从病床比例来看,截至 2018 年,柬埔寨每万人仅有 8 张病床[9],远低于东盟其他国家如马来西亚(19 张/万人)、越南(26 张/万人)。由此可见,柬埔寨医疗卫生状况远远低于国际平均水平,现有医疗设施建设难以满足当前时代发展要求。

(二) 医疗管理机构

受政治体制的影响,柬埔寨医疗法律通常在国会和参议院共同支持和作用下形成。下级政策由柬埔寨卫生部进行统一管理和执行。卫生部主要负责制定健康计划和战略、提高医疗质量的发展和监管审查、统筹和协调医疗资源、监管食品药品安全等标准。卫生部下属设三个层级的医学委员会,从上到下分别为全国医学委员会(National Medical Council)、区域医学委员会(Regional Medical Council, RMC)及省-市医学委员会(Provincial-Capital Medical Council, PMC),在 PMC 中,若某省的医师不超过 100 人,则该医学委员会由 9 名正式委员和 9 名助理委员组成,若某省的医师数量分别超过 100、500、1 000、2 000 人,则该医学委员会分别由 11、15、19、21 人组成,委员在 PMC 注册满 6 周年的医师中选举产生。PMC 主要负责医师的注册登记执业地点等信息,而 RMC 仅有监管检查职能,负责收集和回复医疗投诉、协助审判和处分等。以上医学委员会仅用于管理医师执业,另有柬埔寨助产士委员会(Midwifery Council of Cambodia)、柬埔寨护士委员会(Cambodian Council of Nurses)等,分管助产士和护士的执业。

(三)医疗机构

1. 公立医疗机构　柬埔寨的公立医疗体系主要负责生育控制、母婴健康、大型传染病防治等,可分为三级:第一级为健康中心(Health Centers)和转诊医院(Referral Hospitals),前者基本上仅提供母婴健康服务,如施打疫苗、营养教育、乳房疾病筛检等,后者则通常接收转自健康中心的病患,提供门诊及手术、住院等服务,且设有X线仪、超音波及实验室等较完备的医疗设施;第二级为省立医院(Provincial Hospitals);第三级为全国/中央医院(National/Central Hospitals),主要负责提供妇科、儿科、结核病等专科服务。血液及肿瘤科等较专精的科别则仍在发展中。公立医疗质量通常较差,原因在于医疗设备落后、医疗专业人员缺乏等因素。

2. 私立医疗机构　由于柬埔寨公共医疗系统存在诸多方面的缺陷和不足,柬埔寨的中产阶级及以上人群更愿意选择私立的医疗机构。私立医疗机构近几年在柬埔寨取得了快速发展,据统计,柬埔寨的医疗消费主要来源于国内高端的私人医疗机构及内部患者。私立医疗体系多负责一般治疗和照护服务。

(四)医疗社会保障情况

据WHO官网发布的《全民健康覆盖情况追踪:2017年全球监测报告》表明,柬埔寨医疗保险的人口覆盖率为8.0%,远远低于平均水平。

1. 国民社会医疗保险　柬埔寨目前无强制的全民健康保险或社会健康保险制度,但针对特定对象设有特定的保险类型,如:

国家社会保障基金(National Social Security Fund, NSSF):为私人部门雇主为员工强制投保的健康保险,使员工在发生职灾时获得一定补偿。

公务员国家社会安全基金(National Social Security Fund for Civil Servants):以公务员为主要投保对象。

健康平等基金(Health Equity Funds):为赤贫人士(每日薪资约为0.61美元者)提供医药保险服务,目前已涵盖全国75%的给付对象。

其他小型自愿性健康保险:包括私人营利性的健康保险、非营利性的社区健康保险计划(Community-Based Health Insurance, CBHI),但投保比率并不高。

从2017年柬埔寨政府公布的《2016—2025年社会保障国家政策战略》来看,其中明确表示要进一步扩大保险覆盖范围,积极推动综合全面的社保体系的建立健全。

2. **商业保险** 目前,整个全国范围内的保险公司包括:富得保险公司、柬埔寨国家保险公司(Caminco)、亚洲保险、伦平保险公司(Campubank Lonpa)、无限财产保险公司(Infinity)和柬越保险公司。其中绝大多数均为合资保险公司,业务范围大致涉及汽车险、人身意外险、工伤医疗险等。

三、传统医药的法律与政策环境

柬埔寨目前尚未对中医药进行立法。对于柬埔寨本土的传统医药,柬埔寨卫生部下设传统医药管理局进行管理。1964年柬埔寨有关于传统疗法和传统药典组织的法律开始实施。该法将传统疗法定义为:用传统的方法治疗和保健,不包括外科、产科、牙科、电子、化学或细菌等的治疗和分析方法。2010年,柬埔寨颁布了传统医学政策。但柬埔寨的传统医药并未占据主导地位,在当前医疗领域仍然以西医为主,且在西医医疗机构内不得使用传统医药。

(一)医师执业

传统医学行医者年龄须满25岁,在完成3年学徒工作并从卫生部获得执照后方可行医。柬埔寨政府并未从立法层面对中医药进行有效的管理与规范,相关法律并未明确禁止中医师行医。

(二)药品准入

柬埔寨医药市场准入门槛相对偏低。以医药经营性企业申请成立的流程为例,主要分为以下几个步骤:一是到当地工商部门进行申请注册,履行相关手续后,到医院管理部门依法进行申请,并提供注册资料。包括原生产企业简介、工商、税务证书、药品批准文号等,并且应按照要求提供一定规模的药品样品以便于相关部门进行化验和审核,符合上述程序通过后可获取相应的证书,通常证书有效期为5年。从药品进口关税方面来看,柬埔寨一直坚持低关税或零关税的政策。与西药相比,中医药有着明显的价格优势,能够基本满足柬埔寨人民的实际需求。基于此,在长期实践和发展过程中,中国医药制品市场重视向柬埔寨覆盖与延伸。另外,由于柬埔寨国内存在大规模的华人华侨,从而在一定程度上影响了当地群众的行为和理念,使得中医药消费群体得以有效增长。而且柬埔寨对中国医药企业的投资保持开放态度。现阶段,柬埔寨医药市场当中的中成药类型已经达到了数百种,且随着时间的推移保持着良好的增长态势。

2018年12月13日,重庆太极实业(集团)股份有限公司发布公告称,公司骨干产品之一的藿香正气口服液成功获得柬埔寨传统药物注册批文,获准在当地销售。

对于传统草药,柬埔寨因为一直以来拥有丰富的草药资源,且中医药服务正式进入柬埔寨时间并不长,因此目前还没有完善的草药准入相关法律。

(三) 传统医药教育

目前柬埔寨传统医药教育发展处于相对缓慢状态,还没有官方认可的传统医药教育课程。据了解,柬埔寨目前以西医学校为主,有一所高棉草药大学,但没有针灸相关课程。

柬埔寨第一所传统医疗学院成立于2009年,以系统教授传统医药为目标。学生以学习草药知识为主,培训5个月后被安排至贡布考察实习。截至2013年,已培训约345名传统医师。

近年来,随着"一带一路"倡议的推进,中柬两国之间的合作范围逐渐延伸到传统医药教育方面。2017年10月18日,柬埔寨仅有的公立医科大学——柬埔寨卫生科学大学的代表到我国广西中医药大学进行了交流与访问,在这期间双方在人才培养、建立实验室等诸方面展开了深入的交流与讨论,并借此机会建立了较为稳固的合作关系[10]。

(四) 保险覆盖

柬埔寨传统医药及疗法尚未被纳入国民社会健康保险。

(五) 医药投资

现阶段,柬埔寨医疗卫生状况若要达到国际平均水平,还有一段较长的路要走,医疗基础设施建设急需完善。据相关统计表明,2015年,柬埔寨医疗卫生支出在整个GDP中所占比重为6%,人均医疗卫生支出209.6美元,人均寿命63.1岁。柬埔寨目前有公立医院约1 400所,合格私立医院5 500所。截至2018年,每万人仅拥有8张病床[9]。过去几年,在公共医疗领域,柬埔寨同中国和泰国等国家展开了一系列交流,希望加大医疗方面的国际合作。

四、中医药服务贸易双边合作现状

(一) 传统医药交流历程

由于在地理分布方面,中柬两国距离较近,因此在长期实践和发展过程中,两国展开了一系列的交流与合作,两国人民都有应用传统草药及疗法的悠久历史。柬埔寨传统医药(Traditional Cambodian Medicine, TCM)一直以来被柬埔寨人所普遍选用,现阶段仍然存在吴哥时期遗留下的医疗记录。《真腊风土记》中提到,柬埔寨人喜爱中国的檀香、麝香等,由此推测当时已有华人将中药带入柬埔寨。19世纪20年代,由华人成立的"中华施医赠药所"正式在柬埔寨首都开始经营。1980年后,众多中国医生纷纷选择在柬埔寨设立诊所,其数量超过20间,直到现在还有北京、台湾等地人士的中医诊所在持续经营。许多柬埔寨民众都受益于中医,柬埔寨前国王诺罗敦·西哈努克也选择过中医治疗。

2012年,我国卫生部时任副部长王国强同柬埔寨卫生部时任国务秘书朱永兴(Chou Yin Sim)代表团进行了会晤,其间双方签订了《中国国家中医药管理局和柬埔寨王国卫生部关于传统医学领域的合作谅解备忘录》,为两国传统医药合作奠定了基础[11]。近年,在"一带一路"倡议推动下,我国不断派出中医代表团前往柬埔寨进行中医药宣讲、义诊。中国江苏省于2015年12月启动赴柬埔寨义诊活动,至今已派出五批医疗队,累计诊疗13 000余人。2016年9月至2017年,中国海南省义诊队多次在柬埔寨境内组织开展了"中国海南·柬埔寨光明行"义诊活动。2018年6月,中国云南医疗队赴柬埔寨义诊20日,共接诊8 000多人。中柬双方卫生部、医疗协会及传统医学院也多次组织考察活动,使得两国传统医药领域方面的交流程度进一步提高,并展开一系列合作。2017年10月18日,柬埔寨卫生科学大学与我国广西中医药大学的正式交流,使得两校在传统医学教育、传统药物科研方面均达成合作。两国传统医药交流日益频繁。

(二)境外消费

自2004—2017年,中国向柬埔寨学生提供了千余个奖学金项目以及700多个短期培训奖学金项目。广西作为中国距离柬埔寨最近的省区之一,与柬埔寨的教育交流非常密切,多所高校与柬埔寨高校开展学术合作。来广西留学的柬埔寨学生从2013年的160人增长到2017年的401人,呈快速发展趋势。在传统医学方面,中国与柬埔寨的交流主要还是以中国单向输出为主,但国内已陆续有中医药大学将目光投向柬埔寨,面向柬埔寨开展招生推介与教学合作工作。2016年7月15日到22日,广西中医药大学戴铭副校长率领团队参加广西教育代表团,赴柬埔寨参加柬埔寨教育展,顺利完成招生宣传任务。

2019年4月25日,柬埔寨皇家科学院常务副院长宋春奔博士应广西国际文化交流中心邀请到广西国际壮医医院作访问交流。座谈会上,广西国际壮医医院、柬埔寨皇家科学院、广西国际文化交流中心三方,就今后加强中柬两国传统医学领域合作,建立长期合作关系,邀请柬埔寨高层和柬埔寨卫生官员和医务人员参加传统医学医药培训班等形成共识。

(三)跨境交付

近年,随着科技的进步,在中国的援助下,远程诊疗服务在柬埔寨各医院陆续实现,但目前还以援柬义诊会诊模式居多。2018年6月16日至20日,中国人民解放军专家医疗队赴柬义诊,其间,在柬埔寨王家军总医院为柬方患者成功实施了首例远程会诊。为完善长效帮带机制,海军军医大学援建王家军总医院的国际远程医学中心也正式揭牌启用。2018年7月20日,泰州市中医院成立了"国际中医远程会诊中心",会诊中心的设备配置、信息技术、网速、屏幕清晰度以及分屏技术等,都有明确的要求,能够满足中柬医院双方进行远程会诊、病理诊断、医疗指导、学术讲座、手术带教等需求。当日,泰州市中医院专家与柬埔寨吴哥国际医院专家开启了中柬远程会诊。

(四)商业存在

从20世纪80年代开始,陆续有中国医生进入柬埔寨开办诊所、医院。现今,由于柬埔寨本国医疗行业发展速度缓慢,公共医疗系统效率低下,无法满足国民医疗需求,近二三十年间更是吸引了不少中国企业积极开拓这一医疗市场。1991年,王养富在柬埔寨首都创办了金边中医专家医院。1997年,柬埔寨第一家政府核准的中资医院——金边市龙华医院成立,现有床位50张,目前日接诊量保守估计为20~30人。2012年,邹洪国和平发展基金会与柬埔寨卫生部展开了正式合作,并正式提出建设"中柬友好中心医院",该院在2013年正式竣工并投入运营。2018年,由中国投资成立的考斯玛中柬友谊医院建设项目正式启动。同年6月23日,中柬合资企业北京同仁堂(泰文隆)有限公司在金边市成立,营业面积300多平方米。12月13日,中国重庆太极实业(集团)股份有限公司生产的太极藿香正气口服液正式获得柬埔寨官方部门提供的"传统药物注册批文"。

(五)自然人流动

在长期发展中,我国相关部门积极组织同柬埔寨展开贸易交流活动,增进两国企业的互相了解,促进双边互利共赢。其中涉及农产品、医药等诸多领域。

从传统医药行业来看,中柬两国一直维持着密切的合作关系。位于金边的非福利性医院中新医院由中国四川民营企业开办,目前正积极开展一系列中医诊疗服务。宏恩医院开设有中医科,聘有几十名中国国内的医学专业人才。2018年5月9日,暹粒吴哥国际医院与中国江苏省泰州市卫计委代表团在暹粒吴哥国际医院签订中医药项目合作备忘录,其中包括定期派遣中国医生赴柬开展诊疗工作。据统计仅从2018年8月1日起截至9月14日,接诊量已达363人次。

(六)大事记

中柬服务贸易大事记见表3-2。

表 3-2 中柬服务贸易大事记

时间	事件	意义
2000年11月	签署《中柬关于双边合作的联合声明》	确定两国在新世纪发展更加密切和稳固的传统睦邻友好关系
2002年11月	通过大湄公河次区域(GMS)经济合作平台会议,3年内签署近20个合作批文	两国经贸合作进一步发展
2007年1月	签署《中国—东盟全面经济合作框架协议之服务贸易协议》	规定中柬双方在自由贸易区框架下开展服务贸易的权利与义务,使双方服务贸易合作有了制度保障
2014年8月	中国海外投资首家航空公司在柬埔寨成立	进一步推进中国与包括柬埔寨在内的东盟地区航空运输互联互通,为中柬两国及周边地区人员往来和经贸合作做出积极贡献
2014年9月	柬埔寨首相洪森表态支持中国"一带一路"计划	柬埔寨参与"一带一路"倡议,双方合作登上新台阶
2016年11月	柬埔寨中国商会成立工程承包工作委员会	引导和规范在柬工程承包企业合规、有序开展业务,规范服务业对外贸易整体水平
2017年11月	签署《中国商务部和柬埔寨商业部关于电子商务合作的谅解备忘录》	通过加强电子商务合作,共同提高贸易便利化程度和合作水平,进一步推动双边贸易持续稳定发展
2018年2月	中国援柬埔寨流动诊所项目对外实施合同在金边签署	为两国全面战略合作伙伴和"一带一路"倡议的又一合作成果,将为柬埔寨人民提供更便利和更有效的医疗服务
2018年3月	中国—东盟博览会柬埔寨展开幕	中柬290多家企业参与,涉及机械设备、电子电器、农业、轻工、建材、节能环保等领域,开展柬埔寨投资推介会、中柬技术对接洽谈会、商务考察、贸易配对等活动

五、市场机遇与潜力

(一)柬埔寨民众对中医药接受度高

由于受经济因素的制约,柬埔寨人民生活状况不佳,80%的人居住在村庄,医疗资源匮乏,加之社会保障体制尚不完善,多数居民无法支付昂贵的西医治疗费用,从而更倾向于选择性价比更高的传统疗法。

另外,华文教育在柬埔寨的历史也为中医药在柬埔寨的传播奠定了基础。在华文教育的黄金时代,柬埔寨境内设立的华文学校达到200余家,虽然中间经历了20年的断层,但自1990年华文学校恢复后,柬埔寨各个村落都陆续重新成立起了华文学校。如今,华语被较多柬埔寨民众使用。

(二)两国药用植物资源、研究等可互惠

柬埔寨拥有数目可观、品种丰富的药用植物。由于柬埔寨气候条件的特殊性,导致其境内覆盖着大面积的热带丛林和植被,其中更是有着大量的可用于制药的植物。现阶段,广西官方在现有资源的支持下同柬埔寨积极开展医学领域的沟通与合作。据可靠消息表明,广西药用植物园计划在柬埔寨境内成立中药材种植基地,可使中柬两国在传统医药方面的合作力度有望进一步提高。

更值得一提的是,柬埔寨人民在长期的草药运用过程中也创造出其特有的用药经验与草药理论,与我国的中医药传统知识有大量可以互补的部分。如柬埔寨记载的大叶瓜馥木的根、皮可用作天然抗菌剂,中国并无记载。中国用以治疗胃胀、肿瘤等的野半夏,在柬埔寨的用药知识中,可作为蛇咬伤、痔疮等的药物。由此可见,中柬双方在传统医药领域合作的可能性较大。

(三)两国政府重视传统医药发展

2013年,习近平总书记提出"一带一路"倡议,2017年我国相关部门正式实施了《中医药"一带一路"发展规划(2016—2020年)》,为中医药"走出去"提供了良好的契机。柬埔寨作为"一带一路"沿线国家,一直以来与我国保持着密切的联系。近年来,受"一带一路"倡议的影响,双方在传统医药领域展开了一系列的交流与合作,为双方传统医药的发展提供了重要的推动力。

(四)两国经贸合作方面互补性强

柬埔寨国际贸易的优势主要体现在土地、劳动力价格方面,企业出口能够享受国家税收优惠政策,且不会受到配额限制和反倾销政策的影响,从而能够保证贸易活动顺利进行,因此得到中国企业家的高度重视;另外,中国企业在技术和管理经验方面

的优势,能够有效促进柬埔寨企业的发展与进步,从而为双方贸易活动的开展奠定了重要的基础。

利用中国—东盟自贸区带来的贸易便利,中医药在柬埔寨得到了大范围的普及和推广,中医药产品市场环境良好。柬埔寨中医药产业化水平较低,市场需求程度较高,为中国中医药企业参与到柬埔寨市场提供了重要的契机。

六、风险提示

(一)中医药在柬埔寨尚未合法化

由于柬埔寨对中医药尚未立法管理,致使一些诊疗工作无法正常开展,对近年来义诊活动、诊疗团队服务的开展形成了一定的阻力。

(二)语言障碍

两国语言的不同,为开展传统医学诊疗及研究的人士带来阻力。对中医药从业者来说,与当地人的沟通障碍成为首要问题。这就需要从业者拥有良好的英文沟通能力,最好具备高棉语运用能力。对于传统医药研究者,两国药材在名称上的差异也加大了药物研究的难度。

(三)投资环境欠佳

现阶段,柬埔寨医疗领域中西医占据着主导地位,部分医生对中医药缺乏认同感。另外,受诸多因素的影响,中国部分假冒伪劣药品在柬埔寨医药市场较为常见。2011年,柬埔寨警方对查获的中国进口假冒药物进行了集中销毁,以中成药居多,对中国经营者的信誉造成了一定的影响。

柬埔寨基础设施的不完善一直是政府关注的重点。近年来,虽然政府大力推动基础设施建设并取得了一定的成果,但总体来说,柬埔寨的交通、电力等基础设施建设仍然尚未达到时代发展要求,给投资者带来一定程度的资金压力。

柬埔寨政府效率低下以及部分官员的腐败问题也给中国企业在柬埔寨投资造成了一定的阻力。

整体来看,中柬两国在中医药服务方面的合作既存在机遇,也面临一定挑战。

七、案例分析

(一) 暹粒吴哥国际医院

【所在地区】 柬埔寨,暹粒省暹粒市。

【案例定义】 中国—柬埔寨医疗保健服务合作基地。

【案例概况】 暹粒吴哥国际医院为中国华侨孙英杰开办的具有中医特色的综合性诊疗医院,占地约3 000平方米,开办15年来,累计接待患者数量达到30余万人次。2018年5月,暹粒吴哥国际医院同中国江苏省泰州市卫计委代表团正式确立了合作关系。根据双方签订的相关协议,3年内,采取轮换制的方式由泰州市的八家医院分别组织医疗力量定期奔赴暹粒吴哥国际医院展开医疗援助,有效促进当地医疗体系的完善。同年7月31日,首批三位中方医疗专家正式前往暹粒吴哥国际医院,涉及领域包括骨伤科、针灸推拿科和麻醉疼痛科。据统计,仅从当年8月1日起至9月14日,接诊量已达363人次。在2019年,中国内蒙古助康药业集团也在该医院组织开展了义诊活动。

【案例总结】 案例为私人医疗单位在中柬政府的支持下,与中国医院以中医药医疗保健服务为重点展开了积极有效的交流与合作,并逐步发展为中国—柬埔寨医疗保健服务合作基地。针对柬埔寨医疗设施落后、医疗人才缺乏的情况,中国向柬埔寨输送优质医疗资源以促进中华医学在柬埔寨的普及和推广,效果显著。此次合作的成功尝试表明了重视高层对接,重视国际宣传、重视国际医疗援助等的重要性,为中医药在柬继续设立医疗保健服务的合作基地起到了良好的示范作用。但如今的合作仅限于中国对柬的单方面医疗资源输出,且以针灸为主导,尚未形成当地人才培养模式及药物产品的开发利用机制,服务贸易合作覆盖面有待完善。

(二)北京同仁堂(泰文隆)有限公司

【所在地区】 柬埔寨,金边市。

【案例定义】 商务部注册中柬合资企业。

【案例概况】 北京同仁堂(泰文隆)有限公司作为一家合资企业,是由同仁堂国药公司与柬埔寨泰文隆有限公司于2018年6月23日共同出资成立的。总建筑面积达到600平方米,营业面积超过300平方米,员工队伍达到17人。另外,同仁堂国药公司还派遣两位北京专家到此长期坐诊,受到柬埔寨当地政府及民众的广泛关注。

【案例总结】 此案例为国内知名中医药企业开拓国外市场的又一典型案例,以设立药店的形式促进中医药的普及和推广,另外派遣专业的中医医生通过中医诊病开方的方式促进中医药在柬埔寨医疗领域地位的提升,并在此基础上为同仁堂中成药及保健品的销售起到一定的推动作用。此种经营模式在同仁堂的多家国际药店中收效显著,提示我国知名中医药老字号药企在进入柬埔寨发展时可以药带动医疗服务,同时注重利用品牌效应及重视与当地政府合资合作等手段打开市场。

(三)重庆太极实业(集团)股份有限公司

【所在地区】 中国,重庆市涪陵区。

【案例定义】 中国药企中成药产品获柬埔寨传统药品注册批文。

【案例概况】 由太极集团重庆涪陵制药厂有限公司生产的太极藿香正气口服液在2018年12月13日正式获得柬埔寨官方部门提供的"传统药物注册批文",这标志着该产品得以进入柬埔寨医药市场,证书有效期为3年。

【案例总结】 该案例是我国药企向柬埔寨卫生部递交传统药物注册申请并依法获得批准的经典案例。柬埔寨气候条件特殊,藿香正气口服液对于该气候条件易出现的疾病有着显著的效果,从而使得消费群体的规模不断扩大,为我国药企海外市场的拓宽提供了重要的推动力。此案例的成功尝试鼓励我国药企将自己的骨干产品向柬埔寨卫生部提交传统药物注册申请,既可及早占领在柬埔寨中成药市场高地,又可为我国在柬埔寨的中医药服务基地提供后备援助。

八、结论与建议

柬埔寨长期坚持自由市场经济政策,经济开放性较强,虽然基础设施尚不完善,但近年来经济呈现出良好的发展趋势,经济增速持续保持在7%左右,发展前景广阔,其政治格局相对平稳,且与中国长期维持着密切的联系。

从传统医药方面来看,柬埔寨自古以来就重视对传统医药的应用,从而为中柬双方在传统医药领域的交流和合作提供了可能性。但柬埔寨对传统医药立法管理尚不完善,对中医药也尚未立法,使中医药在柬埔寨发展存在一定阻力。具体实施建议如下。

(一) 重视中医药疗效,引出需求,推动立法

中医药的疗效是保证中医药得以发展的前提和基础,唯有保证中医药的疗效,才能使柬埔寨民众对中医药产生需求,从而提高中医药在柬的地位,并推动政府对中医药立法。

1. **开展国际义诊** 我国近年来多次派出医疗队赴柬埔寨开展义诊活动、援柬埔寨建设多项大型医疗项目,为柬埔寨输送大量医疗设备和中医专家学者,加强了两国传统医药的交流,这些都是扩大中医药影响力的极好方式。

2. **建设传统医药防治重大疾病研究中心** 中医的温病理论适合气候湿热的柬埔寨,其暑湿理论对治疗柬埔寨艾滋病已初有成效。另外,青蒿素控制疟疾的疗效也被柬埔寨人民所熟知。针对柬埔寨疾病谱,开展对重大疾病的传统医药防治研究,既能提升中医药口碑,同时也可为新药开发奠定基础。

3. **建立标准,严格质量管控** 我国应注意建立标准,对输出药品及技术进行严格把控,确保中医在柬埔寨的疗效,维护中医药及中国经营者形象。

4. **以针灸为切入点开展服务** 针灸作为不同于柬埔寨传统疗法的治疗方式,以其显著的疗效以及操作的便捷在当地民众中受到追捧,我国诊疗人员可以此为切入点开展赴柬埔寨医疗服务。

(二）重视药用植物资源开发

柬埔寨草药资源丰富,高棉民族利用植物来预防和治疗疾病有着悠久的历史,而且柬埔寨的药用植物资源与用药经验均可与我国中医药互为补充。我国应加快推进广西药用植物园与柬埔寨的合作,进一步提高对柬埔寨药用植物资源的利用效率。

（三）搭建网络平台开展传统医药教育

柬埔寨中医药人才相对匮乏,其医药教育以西医为主,传统医药教育处于相对缓慢状态。2017年10月18日,柬埔寨卫生科学大学与我国广西中医药大学展开了一系列的交流与合作,从而促进了两国传统医药领域间的学术交流。

在20世纪末,互联网服务得以在柬埔寨大范围普及和应用,目前,柬埔寨主要城市的带宽足够支持基本线上活动,许多活跃的互联网服务商也正在增加全国宽带容量。

两国高校可引进相关技术人才,设置网络课堂,推行远程教学工作,同时还能实现两校科研成果、理论资料的共享,促进中东远程教育模式的建立健全,便于双方学术交流,推动中医药在柬埔寨的传播。

（四）积极培养国际化中医药人才

中医药在海外的传播需要一代又一代中医药人才的大力推动,培养符合国际要求的专业性中医药人才,在如今开放的国际格局之下显得尤为重要。我国中医药大学应积极开设国际政策相关课程,加强中医外语教学,积极开展跨学科交流,拓宽学生视野、增强学生能力。

（杨洁如）

附

《卫生部发布的关于现代医药、传统医药、化妆品、婴幼儿食品、烟草、私人医疗、辅助医疗和医疗救助服务的联合法令》

Unofficial Translation

JICA-HRD Project

Kingdom of Cambodia Nation Religion King

Joint Prakas Ministry of Health and Ministry of Information on conditions of advertisements of modern medicines, traditional medicines, cosmetic, feeding products for infants and children, tobacco, and private medical, paramedical, and medical aid services.

Minister of Health and Minister of Information

- Having seen the Constitution of the Kingdom of Cambodia;

- Having seen Royal Kram No. NS/RKM/403, dated 13 July 2004 promulgating the Law on Supplementary Constitution for Assurance of Operation of National Institutions;

- Having seen Royal Decree No. NS/RKT/0704/124, dated 15 July 2004 on the Appointment of Royal Government;

- Having seen Royal Kram No. 02/NS/94, dated 20 July 1994 promulgating the Law on Organization and Functioning of Council of Ministers;

- Having seen Royal Kram No. NS/RKM/0196/06, dated 24 January 1996 promulgating of Law on the establishment of Ministry of Health;

- Having seen Royal Kram No NS/RKM/0196/14, dated 24 January 1996 promulgating the Law on the establishment of Ministry of Information;

- Having seen Royal Kram No. ChS/RKM/0696/02, dated 17 June 1996 promulgating the Law on Management of Pharmaceuticals;

- Having seen Royal Kram No. NS/RKM/0600/001, dated 21 March 2000 promulgating the Law on the Management of Quality and Safety of Products and Services;

- Having seen Royal Kram No. NS/RKM/1100/10, dated 3 November 2000 promulgating the Law on the Management of Private Medical, Paramedical, and Medical Aide Profession;

- Having seen Royal Kram No. NS/RKM/0895/07, dated 1 September 1995 promulgating the Law on the Press;

- Having seen Sub-decree No. 67 ANKr.BK, dated 22 October 1997 on the Organization and Functioning of Ministry of Health;

- Having seen Sub-decree No. 70 ANKr.BK, dated 5 August 1999 on the Organization and Functioning of Ministry of Information;

- Having seen Sub-decree No. 133 ANKr.BK, dated 18 November 2005 on the Advertisements of Feeding Products for Infants and Children;

- Having seen Sub-decree No. 33 ANKr.BK, dated 22 April 2002 on the Management of Cosmetics;

- Having seen Prakas No. 1158 RBS/ORBS, dated 31 July 2002 on the Procedure and Conditions of Advertisement on Cosmetics;

- Having seen Prakas No. 83 RBS/ORBS, dated 31 March 1999 on the Conditions of Advertisements of Medicine of Ministry of Health;

- Having seen Prakas No. 028 RBS/MP, dated 23 August 2000 on the advertisement of Private Medical, Paramedical, and Medical Aide Profession;

- Having seen Communiqué No. 1871 SCN/SR, dated 8 November 2005 on the outcome of Plenary Meeting of Council of Ministers on 28 October 2005;

- In pursuant to the necessity of the Ministry of Health and Ministry of Information;

Hereby Decides

Article 1

Advertisements of modern medicines, traditional medicine, cosmetic, feeding products for infants, tobacco and private medical, paramedical and medical aid, (medical cabinet, clinic, polyclinic, laboratory, obstetric clinic, dental clinic, and aesthetic surgery clinic) through television, radio, newspaper, magazines, journals, and other means shall be done in accordance with following guidelines:

a. Owners of services that seek for advertisement service shall receive license from Ministry of Health upon the approval on the contents of advertisement, video spot, and audio visual recording and other images concerned with the advertisement.

b. Advertisement shall be suspended or license shall be withdrawn in the case that Ministry of Health finds the contents and image of advertisement contradictory to permission or without license from Ministry of Health and then prepare written letter about identification of radio station, television, newspaper, magazines, journals that are displaying the advertisement to Ministry of Information to take immediate actions.

Article 2

Enterprises, private sectors or individuals shall not be able to propose to advertise through any means on modern medicines, and traditional medicines containing dangerous substances (shall be sold under the prescription) such as addictive drug, psychotropic drug, abortion drug, STDs drug, HIV/AIDS drug, cancer drug, sexual-stimulating drug, and drug for infants … etc.

Article 3

Ministry of Information:

- is able to reject to issue permission or stop advertisement of modern medicines, traditional medicine, cosmetic, feeding products for infants, tobacco and medical, paramedical and medical aid (medical cabinet, clinic, poly clinic, laboratory, obstetric clinic, dental clinic, and aesthetic and surgery clinic) which violate medical conditions and depict offensive images and content affecting to Khmer culture and social norms.

- Stop, upon the request of MoH, all exaggerating the quality of medicine, cosmetics or other qualification … etc, which make the consumer misunderstand on its quality and qualification.

Article 4

Any person who violates of this Prakas shall face penalty as mentioned in the following articles:

- Article 13 of Law on Management of Private Medical, Paramedical, and Medical Aide Services.

- Article 10, 11, 12 of Law on Management of Pharmaceuticals.
- Article 16 of Media Law.

Article 5

This Prakas shall be in effect from the date of signing hereafter.

Phnom Penh, 21 February 2006

No. 75/063 MBrK   No. 007 RNS/MP Ministry of Information

Ministry of Health

[Seal and Signature]   [Seal and Signature]

Khieu Kanharith   Dr. Nuth Sokhom

参考文献

[1] 世界人口大全.柬埔寨 2018 年人口[EB/OL].[2018-03-11].http://www.chamiji.com/201803112084.html.

[2] 新华丝路.柬埔寨概况 柬埔寨人口、面积、重要节日一览[EB/OL].[2018-06-27].http://silkroad.news.cn/2018/0627/52857.shtml.

[3] 中华人民共和国驻柬埔寨王国大使馆.柬埔寨概况[EB/OL].[2018-04-27].http://kh.china-embassy.org/chn/ljjpz/jpzgk/.

[4] 世界银行.GDP(现价美元)[EB/OL].https://data.worldbank.org.cn/indicator/NY.GDP.MKTP.CD?locations=KH&view=chart.

[5] 中国国际贸易促进委员会网站:http://www.ccpit.org/Contents/Channel_4114/2019/0106/1109742/content_1109742.htm.

[6] 中国国际贸易促进委员会网站.前 9 月柬埔寨进出口贸易总额逾 200 亿美元[EB/OL].[2018-11-20].http://www.ccpit.org/Contents/Channel_4117/2018/1120/1089921/content_1089921.htm.

[7] 搜狐财经.外国人在柬埔寨建筑业投资,中国排名第一[EB/OL].[2018-06-11].http://www.sohu.com/a/235011854_744893.

[8] 中华人民共和国驻柬埔寨王国大使馆网站.经贸关系[EB/OL].[2018-04-27].http://kh.china-embassy.org/chn/zgjx/jmgx/.

[9] 世界贸易组织网站.柬埔寨卫生统计摘要[EB/OL].[2018-04-30].http://apps.who.int/gho/data/node.country.country-KHM?lang=en.

[10] 广西中医药大学新闻网.柬埔寨卫生科学大学萨枫·翁塔纳校长一行到我校访问[EB/OL].[2017-10-20].http://www.gxtcmu.edu.cn/Item/20147.aspx.

[11] 民间疗法专业委员会网站.王国强副部长会见柬埔寨卫生部国务秘书并签署中柬传统医学合作谅解备忘录[EB/OL].[2015-12-03].http://www.zgmjlf.com/view.aspx?aid=719.

亚·洲·卷
中医药海外发展国别研究

第四章 新加坡共和国

一、基本国情

(一) 国家概况

新加坡共和国(Republic of Singapore,以下简称新加坡),曾属英帝国殖民地,于1965年8月9日脱离马来西亚联邦独立建国。新加坡是东南亚的一个岛国,靠近赤道,位于马来半岛南端,扼守着太平洋和印度洋的航运要道——马六甲海峡的咽喉,是连接亚洲、欧洲和非洲之间海上交通的枢纽。新加坡国土面积为721平方千米,由新加坡岛及其附近62个岛屿组成。新加坡是一个城邦国家,主岛划分为五个社区(行政区),分别为:中区社区,东北社区,西北社区,东南社区,西南社区。据新加坡统计局2018年数据,全国人口达561万,是世界上人口密度第二高的国家。新加坡的人口多元化,包括华族、马来族、印度族、欧亚族等。华族人口占总人口的74%,马来族占14%,印度族占9%。新加坡主要有五大宗教,分别是佛教(占总人口33.4%)、道教(占总人口11%)、伊斯兰教(占总人口14.8%)、印度教(占总人口5.1%)和基督教(占总人口18.4%),还有0.3%的人为其他宗教信仰,只有17%的人无宗教信仰。新加坡的行政语言和主要沟通语言为英语,华语(即汉语)、马来语和泰米尔语属于母语,也是政府承认的官方语言。

(二) 政治环境

1.**政治制度** 新加坡的政治体制源自英国殖民政府。新加坡属于议会共和制国家,实行立法、行政和司法的三权分立制度,但立法和行政不完全分立。总统为国家元首,由全民选举产生,任期6年,但属于象征性职位,基本没有实权,现任总统是哈莉玛·雅各布。

议会称国会,是新加坡的立法机构,实行一院制,目前议席有101个,其中89席由选区民选产生,另外最多有9名非选区议员和最多9名的官委议员(由独立和无党派人士担任)。国会以简单多数票审议通过法案、财政预算案和修改宪法。法案的提出和审议是国会立法的核心阶段,分成提出法案、一读、二读和三读四个步骤。过程中需要由议员研读、辩论法案的逐条内容,最后修订通过的法案由总统签署生效。立法过程可由一般民众旁听,也有实况报道。

新加坡每5年内举办一次民主选举,通过公民投票选出国会议员,并由国会中获得多数席位的政党执政。从1959年新加坡自治开始,人民行动党就一直执掌政权,到现在仍是一党独大。这使得新加坡政局稳定,和其他东南亚国家不同。新加坡国会中也有反对党议员,但比例极少,仅起到监督执政党工作的作用。新加坡工人党为最大反对党。

新加坡实行责任内阁制,国家最高行政机构是内阁。内阁负责新加坡所有政府事务和政策实施,对国会负责,下设16个部门,包括卫生部、交通部、内政部、财政部等。国会、执政党和内阁之间存在相互联系,执政党是国会的多数党,内阁的部长都是国会议员。总理是新加坡的最高行政首长,由总统任命,该任命必须征得国会中多数议员的同意。新加坡现任总理是李显龙。总理为各部门选择部长,并由总统委任。

2. **外交特点** 新加坡的"小国大外交"使其在国际社会备受关注。其外交政策主要遵循四大原则——主权至上、实用主义、和平外交和积极外交。截至2016年,新加坡与190个国家建交,与23个贸易伙伴签署了13个区域及双边自贸协定,通过经济外交促进政治安保,强调务实灵活。在与大国交往上,新加坡践行大国平衡战略,与美国、中国、日本、俄罗斯、印度等大国保持良好关系,通过多方平衡来保证新加坡的利益与安全。周边关系上,新加坡和马来西亚有历史、地理的渊源,曾经历一些波折,常面临分歧,但目前,双边关系正因经济和军事合作而不断加强稳固。新加坡与另一邻国印度尼西亚也经历了从紧张猜疑到友好合作的转变,目前正开展更多的经贸合作。新加坡也是东盟的发起国之一。东盟包括印度尼西亚、菲律宾、缅甸、文莱、泰国、越南等10个东南亚国家。新加坡积极推动东盟一体化,希望以此促进东南亚内部的经济合作、政治安全和社会稳定,并在国际上提升地区影响。

3. **中新关系** 中国与新加坡于1990年10月建交。两国未建交前,新加坡已积极主动开展对华贸易。从1976年起,两国关系快速发展,双方高层频繁往来,在经贸合作上新加坡对华投资急剧增长。建交后,两国签署了《经济合作和促进贸易与投资的谅解备忘录》等多项经济合作协议,建立了经贸磋商机制,贸易额增加近10倍。2008年起,两国签署了双边自由贸易协定,新加坡取消全部自中国进口商品的关税,中国对自新加坡进口的97.1%的商品实行零关税。中新之间也能直接使用人民币进行贸易结算。中新两国由政府牵头的合资项目引人关注,如苏州工业园、天津生态城、中新重庆项目等。中国提出"一带一路"倡议以来,新加坡积极支持并配合。近年来,两国不断探寻新的合作模式,进一步开展合作,中新两国高层交流情况见表4-1。新加坡和中国西部省市也开展密切交流合作。除政治、经贸主导之外,中新在文化、科技、卫生、军事、教育等方面的合作交流也越来越频繁。除了政府推动,两国的民间团体也积极促进相互的交流合作。

表4-1 2015—2017年中国与新加坡高层交流

2015年2月	习近平主席特使、中共中央政治局委员、中央政法委书记孟建柱访问新加坡
2015年3月	李源潮副主席作为习近平主席特使应邀赴新加坡出席李光耀葬礼
2015年4月	新加坡副总理张志贤来华出席第五届中新领导力论坛
2015年6月	新加坡总统陈庆炎对华进行国事访问
2015年8月	李源潮副主席作为习近平主席特使赴新出席新加坡建国50周年庆典活动
2015年9月	新加坡前副总理黄根成作为政府特使来华出席中国人民抗日战争胜利70周年纪念活动
2015年10月	张高丽副总理访问新加坡并主持中新双边合作机制年度会议
2015年11月	习近平主席对新加坡国事访问
2016年2月	新加坡外长维文访华
2016年3月	新加坡荣誉国务资政吴作栋来华出席博鳌亚洲论坛2016年年会
2016年5月	中央政治局委员、中央政法委书记孟建柱赴新主持第三届中新社会治理高层论坛
2016年9月	新加坡总理李显龙来华出席二十国集团领导人杭州峰会并访问重庆
2017年2月	张高丽副总理与新加坡副总理张志贤主持中新双边合作联委会第十三次会议等
2017年5月	中共中央政治局委员、中组部部长赵乐际赴新加坡主持中新领导力论坛
2017年6月	新加坡副总理尚达曼来华出席夏季达沃斯论坛
2017年9月	新加坡总理李显龙访华

(三)经济环境

1.经济概况 新加坡属于发达国家,采用市场经济体制。但和西方传统的自由放任的市场经济体制不同,新加坡在充分尊重市场规律、价格规律的基础上,十分重视政府的指导和干预,形成了自由经济与统制经济相结合的混合型市场经济体制。国家流通货币为新加坡元(SGD＄,简称新元),对人民币汇率为1∶4.85,对美元汇率为1.349∶1。2017年新加坡GDP约为3 057.6亿美元,人均53 880美元,在东南亚国家中遥遥领先,世界排名第七。新加坡最大的贸易伙伴近5年来都是中国。在新加坡投资与建设的主要国家有:中国、美国、日本、荷兰、英国。

新加坡目前已摆脱2008年全球金融危机的影响,近年来财政状况良好,GDP增长率百分比见图4-1。据2018年新加坡财政预算案公布,该财政年度的总开支约542亿美元,总经常性收入为551亿美元,扣除特别款项后,有70亿美元盈余。新加坡一直以来发展外向型经济,强调全球化、区域化贸易联系。2017年,新加坡贸易总额为7 011.7亿美元,其中出口3 733.7亿美元,进口3 278亿美元,贸易顺差455.7亿美元,比上年下降2.8%。

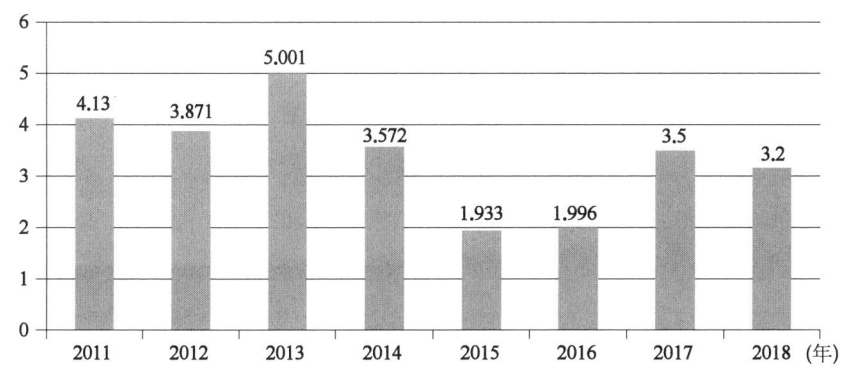

图4-1　2011—2017年新加坡GDP增长率(%)

注:以上图表根据网络数据整理制作

2. **主要产业**　新加坡以服务业和制造业为主要产业,服务业占GDP的73.4%,制造业占26.6%。受国土面积和地理位置所限,农业、林业和畜牧业极其薄弱,占国民经济比例极小。新加坡的服务业主要包括:批发零售业、商业服务业、金融保险业、运输仓储业、资讯通信业和旅游业。其中,批发零售业、商业服务业、金融保险业在国民经济中占比较高。旅游业是近年来政府大力发展的焦点产业之一。据数据显示,2017年新加坡接待的国际游客人数高达1 742.28万人次,与2016年相比增加了6.2%。制造业主要包括:石化工业、电子工业、精密工程业、海事工程业、生物医药业。其中,石化工业、电子工业、生物医药业在制造业中占比较高。

3. **对华贸易** 中国是新加坡第一大贸易伙伴,也是第一大出口市场和第一大进口来源地。2017年,中国与新加坡双边货物进出口额为828.8亿美元,其中,新加坡对中国出口504.13亿美元,占其出口总额的12.2%;新加坡自中国进口496.62亿美元,占其进口总额的13.4%(表4-2、图4-2)。新加坡也是中国最大的投资来源国之一,还是中国全球第七大对外投资目的地。

表4-2 2018年新加坡与主要贸易伙伴进出口情况统计表

国家或地区	新加坡进口			新加坡出口		
	金额	同比(%)	占比(%)	金额	同比(%)	占比(%)
中国	496.62	9.5	13.4	504.13	-6.8	12.2
中国香港	—	—	—	486.32	5.6	11.8
马来西亚	427.96	10.1	11.6	448.73	13.2	10.9
印度尼西亚	152.24	0.6	4.1	329.66	17.9	8.0
美国	418.81	21.5	11.3	30.642	30.6	7.4
中国台湾	314.00	15.6	8.5	169.53	2.2	4.1
日本	221.67	8.2	6.0	199.94	17.2	4.9
韩国	141.94	-12.2	3.8	156.74	-6.4	3.8
泰国	82.97	15.6	2.2	155.56	5.9	3.8
越南	—	—	—	120.26	-2.2	2.9

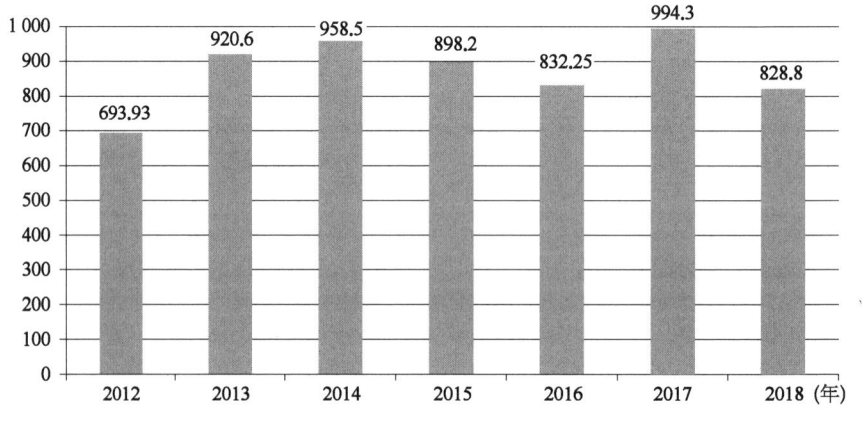

图4-2 2012—2018年新加坡对华贸易总额(亿美元)

数据来源:中国商务部网站

二、医疗健康保障体系现状

(一) 基本情况

新加坡的医疗包括初级医疗和更高层级(二级及三级)的医疗。初级医疗服务,80%由私人医生(私人诊所)提供,20%由政府的综合诊所(polyclinic)提供。在二级和三级诊疗领域,包括专科治疗、高级的医疗研究和疗法,80%的住院治疗由公立医院提供,20%由私立医院提供。新加坡每年对国内的医院和诊所进行统计调查,实时跟踪发展情况,包括每年医院数量、床位数量、手术治愈率、门诊人数、住院人数等变化(表4-3),确保政府资金补贴的利用率以及有效率,做到专款专用,为患者营造良好的医疗环境。由于患者的经济能力和需要的治疗条件不同,医院在政府的要求下特别设立了不同程度的医疗环境供患者选择。

表4-3 2014—2017年新加坡住院和门诊信息

住院和门诊信息	2014	2015	2016	2017
入院人数(人)	489 574	499 889	546 256	568 117
公立医院入院(人)	372 661	379 973	416 663	436 882
私立医院入院(人)	116 913	119 916	129 593	131 235
公立医院专家门诊(次)	4 535 104	4 658 110	4 921 017	4 937 001
紧急事件(起)	968 371	965 426	1 008 718	993 458
部门数量(个)	4 648 374	4 874 697	5 263 999	5 925 787
全科诊所数量(个)	966 240	996 779	1 048 220	1 051 515
牙科诊所数量(个)	272 915	293 107	321 623	未知
日均手术量(台)	489 574	499 889	546 256	568 117

数据来源:新加坡统计局

2017年新加坡登记医生总人数为13 386名,其中专科医生有5 338名,全科医生有8 048名。每万人拥有25张医院病床、24名医生。在新加坡,西医为主流医疗体系,只有西医被称为医生(doctor),中医称中医师或医师(Chinese physician),两者的称谓严格区分。无论中西医,都必须先向政府注册登记。医疗服务之外,中长期的护理服务由社区医院、慢性病医院、疗养院和收容所等多种机构提供。

(二) 医疗管理机构

新加坡的医疗法律由国会立法通过。所有医疗机构必须向卫生部(Ministry Of Health)注册并受当局监管。卫生部主要负责管理医疗保健系统、疾病预防和康复工作的相关事务,监管公立和私立机构。

卫生部下设两个法定机构和五个法定委员会,负责各领域具体事务。两个法定机构是:一为卫生科学管理局(Health Sciences Authority),负责监督并确保与健康相关产品的安全性,包括中药材和中成药;二为健康促进委员会(Health Promotion Board),负责国家健康推广和疾病预防工作。五个负责医疗职业注册和监管的法定委员会为新加坡西医理事会、新加坡牙医理事会、新加坡护士理事会、新加坡药师理事会和新加坡中医管理委员会。所有医务人员都必须在各理事会委员会下登记记录。理事会职权范围还包括对注册医师职业行为、职业道德的管理和规范。

(三) 医疗机构

1. **公立医疗机构** 新加坡的公立医疗机构包括综合诊所和公立医院,涵盖初级医疗、二级和三级医疗的整体医疗系统。新加坡还有一些国家级的专科中心,提供癌症、心脏病、眼科及其他疾病的专业治疗。据2017年卫生部数据显示,公立医院有13所,综合诊所有20家,医生有8 573名,床位有11 263张。

2. **私立医疗机构** 私立机构提供的医疗包括家庭医生、专科普通门诊、专科诊所及医院。新加坡的私立医院有9所,私人诊所有2 102家。私立医院及诊所的医生有4 107名,床位有2 690张。百汇医疗集团和莱佛士医疗集团是两所较大的提供整体和顶级医疗服务的私立机构。私立机构既服务大量外国人,也服务新加坡人。为了获得更快、更舒适的服务,新加坡人也愿意支付更多费用来享受私立机构的服务。新加坡的私立医院也提供医疗旅游服务,是东南亚其他国家富人的首选。

(四)医疗社会保障情况

1. **国民保险** 按照政府对基本门诊费用的规定,17岁及以下和66岁及以上的新加坡国民,以及在校学生的医疗费用可享受75%的政府津贴,其余国民享受50%的政府津贴。

住院产生的费用按照病房等级享受政府津贴。新加坡医院病房分为A、B1、B2、C级。最高级的A类病房不享受任何津贴,B1、B2、C级分别享有20%、65%、80%的津贴,其中B2和C级病房占公立医院病房的70%。这些补贴由政府向公立医院、综合诊所和其他医疗机构直接提供。

除了政府津贴外,医疗保险基本覆盖了新加坡人所有的就医费用。新加坡的医保制度受国际称赞,称为3M计划,包含三个部分:保健储蓄(medisave)、健保双全(medishield)和保健基金(medifund)。保健储蓄是强制性医疗储蓄,从1984年起由政府推出,与个人公积金有关。所有新加坡人和永久居民赚取的部分薪水直接存入这一保健储蓄户头,以备自己或至亲在看病或住院时使用。健保双全即大病保险计划从1990年开始实施。该计划属于自愿参保,目前新加坡有93%居民受保。这一保险保费较低,保费按年龄增长而增多,可用保健储蓄户头支付,用于保障大笔的重症住院医疗费。

保健基金是政府从1993年起设立的,允许个人在保健储蓄和健保双全计划都无法支付B2和C级的医疗费用时,可求助于这一基金。基金由政府拨款,达30亿新元,用来援助穷人,有严格的援助条件。

2. **商业保险** 新加坡的商业保险极为发达。商业医疗保险中,有一类和健保双全计划有关。新加坡的五家私人保险公司共提供20多项增强计划,称为综合健保双全计划(integrated shield plans)。这些增强计划涵盖了私人医院病房、政府A和B1级病房的住院费和住院前后的门诊费等,新加坡有60%居民从健保双全计划升级,购买了这类综合住院保险,以获得更好的医疗保障。除了住院保险外,还有其他商业保险用来支付普通门诊及专科门诊,甚至牙医的费用,这些保险有时由公司为受雇员工购买。

三、传统医药的法律与政策环境

受英国殖民地法律影响,新加坡政府早年间未将中医合法化,但也不管制中医,中医被归为一种民间的商业行为。据新加坡政府1994年调查,一年内曾看中医的人口百分比为19%。从1990年代初开始,新加坡政府将中医立法提上日程。新加坡政府先于1994年成立"传统中医药委员会(Committee on Traditional Chinese Medicine)",来审视新加坡中医现状,并制定日后中医药的发展方向。委员会一方面前往中国访问考察中国中医机构、吸取经验,另一方面邀请WHO负责中医药专务的医疗官前来评估、提出建议。新加坡政府认为,新加坡的中医与中国、欧美等国的情况不同。新加坡法令禁止中西医结合,政府鼓励以西医为主、中医为辅的路线,希望中医在治疗慢性病、老年病、保健、康复等方面发挥作用。

预备立法阶段,新加坡政府鼓励民间八个中医团体于1995年组成中医药协调委员会,和政府协商、配合具体的立法工作,确保中医法制化循序渐进进行。国会于2000年11月三读通过《中医注册法令》(见本章附一),步入了中医合法化且受管制的新阶段。

目前,新加坡尚未对中药立法,中药及中成药受药物法令(medicines act)、药物决议(medicines order)等条令管理,由卫生科学管理局属下的辅助医疗保健产品组(complementary health products branch)施行针对中成药、其他传统医药和保健产品的管理。

(一) 医师执业

卫生部属下的中医管理委员会(简称管委会)于2001年成立,其负责制定中医法规,管理医师注册,鉴定批准新加坡的中医课程及培训,管制注册医师的行为道德,并处理相关投诉。新加坡有两种中医执业注册类别:一是针灸师(acupuncturist),目前只开放给当地合格的西医和牙医注册;二是中医师(TCM physician)。申请者必须满足注册申请条件,才有资格参加新加坡中医师注册资格考试。考试通过者方可获得执照,成为注册中医师,可在公立和私人的诊所或医院从业。注册申请条件包括学历、国籍等要求。新加坡承认的学历除了当地中医院校外,还承认中国八所中医院校五年全日制中医专业本科的学历。拥有非新加坡学历的申请者还需在当地中医机构先完成一定时间的临床实习。对于非新加坡籍的申请者,只有在原执业国受承认的中医机构行医 8 年或 15 年以上,拥有副主任医师或主任医师职称,才有资格申请。截至 2017 年,新加坡注册中医师有 3 206 位,其中 2 952 位注册中医医生,254 位仅注册针灸师。

(二) 药品准入

新加坡是中国传统中草药及中成药的出口大国。新加坡年均进口量可高达 6 000 万美元,超过了中国中草药出口总量的 10%,占到了出口东南亚总量的 65%。新加坡中药材的进出口、制造、销售,受当地药物法令、毒药法令和药物售卖法令等的管制。所有中成药的进口、批发、生产及重新包装均须获得卫生科学管理局颁发的执照。中成药的具体管理见本章附二。新加坡政府要求,国内外制造商须达到 WHO 的 GMP,中成药取得中国国家标准方能在新加坡进口销售,在标签上要明确注明"允许作为中成药销售"的中英文字样以避免顾客误认为西药,上市前还需在卫生科学管理局承认的实验室进行化验。新加坡的中药和中成药全部为非处方药,在一般药店即可购买。受传统文化和气候因素的影响,人参、西洋参、冬虫夏草、羚羊角和常用的清热解毒药材在新加坡走俏。近年来,越来越多的新加坡中药进口商转型成为中药生产厂家。

(三) 传统医药教育

新加坡的传统医药教育目前只有中医药教育,没有正式的马来或印度医药教育。中医药教育分成两类:一类是由公立大学南洋理工大学与北京中医药大学联办的"生物科学与中医双学位",另一类由私立中医院校承办。新加坡政府承认的私立中医院校有两所:中医学院和中医学研究院。两校分别与广州、南京、北京等地的中医药大学联办中医学士、硕士、博士学位课程。学士学位课程分夜间制 7 年,全日制 5 年。硕士和博士学位课程为 3 年兼读制。以上这些学校专业的学生毕业后有资格参加新加坡中医注册考试。由于新加坡承认中国 8 所大学的中医本科学位,因此也有少数新加坡人前往中国修读中医。除了学院教育外,新加坡政府从2013年起推行中医继续教育(continuing professional TCM education),计划在不久后将这一教育列为强制性,每年修得一定学分以上才能继续更新中医师执照。

(四) 保险覆盖

目前,新加坡的政府保险不覆盖中医医疗,只有个人或公司购买的商业保险涵盖中医医疗药物费用。提供这类商业保险的有保诚(prudential)、大东方(great eastern)和英杰华(AVIVA)等保险公司。保险配套的价格不同,条例也不同。有些设定每年报销额度,包含药物和推拿费用;有些限定每年去指定中医诊所看诊的次数,且只承担看诊费。保险规定中医师开方时不准使用诸如冬虫夏草、灵芝之类的名贵中药补品。虚劳症、失眠症等较难界定为疾病的问题也不在索偿范围内。保险业和中医师之间的合作依赖第三方管理机构。第三方管理角色(third party administrator)由私立医疗机构百汇医疗集团扮演。百汇集团为保险业者确认可靠的中医合作伙伴,列出哪些药物和病症不在索偿范围,同时监管中医师的索偿记录。参与计划的中医师需提供看诊者的病情诊断和配药记录给百汇医疗集团。

(五) 医药投资

新加坡对外商医药投资十分欢迎,政府近10年来格外注重发展生物医药产业,经济发展局还设有专司管理生物医药科学投资。生物制药业是新加坡发展势头强劲的新兴产业,占GDP的5%。新加坡目前有31个制药商生产设施及总部。全球10大药物中,有6种在新加坡制造。国际知名的生物制药公司如葛兰素史克、默沙东等,都选择在新加坡设立亚太总部及全球制造基地。所有在新加坡运营的药物制造工厂均获得美国食品药物监督管理局(FDA)和欧洲药品管理局(EMEA)等国际监管机构的认证。中医药方面,政府近年来开始鼓励中医药发展,于2017年拨款1 000万新元支持中医药研究,强化其作为辅助医疗的作用。政府对中医药的监管重点是其安全性和质量。新加坡境内的中成药生产商、分装商、批发商和进口商都必须获得卫生科学管理局的许可证,经销药品也须取得产品批准。政府根据国际药品检查公约组织(PICS)的要求对境内的国外制药企业的GMP实施情况进行检查。

四、中医药服务贸易双边合作现状

(一) 传统医药交流历程

郑和下西洋伊始,已有华人移居至马来半岛,带来了中药材和中医药医疗习惯,使得中医药在东南亚地区萌芽。19世纪开始,大量华人迁徙定居新加坡、马来西亚。20世纪上半叶,一些中国东南沿海一带的知名中医师因为战乱等原因移至新加坡行医,如叶季允、黎伯概、吴瑞甫等。这些中医师创办了中医药团体,开展中医教学、临床、研究,对当地的中医药发展功不可没。新加坡的所有替代医疗措施中,中医药使用最为广泛,占88%,传统马来医药(jamu)占8%,印度医药(ayurveda)占3%,其他传统医药在教学、研究方面也远不如中医药发展的制度化。

受新加坡1952年的殖民地移民法令影响,加上冷战的国际氛围、两国的外交政策等影响,中国和新加坡在1950年至1979年的医学交流较少。20世纪80年代开始,两国医药交流增多,新加坡的中医药民间团体积极与中国的中医药专业人士、政府联系,进行访问交流。两国正式建交后,因为新加坡政府开始注重发展中医药,中新两国之间的中医药交流稳步迈向高峰。新加坡政府从1999年起,每3年一次和中国方面签署中医合作计划备忘录,制定双方在中医药方面的合作方案,鼓励两国在中医临床、教学、执业等方面的交流合作,为发展中医药服务贸易创造条件。

据统计,目前中医治疗已经普及了超过半数的新加坡人;每年中医治疗的患者总数达到全国人口的48.4%。新加坡中医的治疗病种也达到了数十种,其中主要包括了各类的内科疾病、老年病、慢性病等。同时,传统医药交流已经走向民间化,新加坡的肉骨茶是中医食疗的代表之一,添加中草药的美食,已经成了新加坡的代表性佳肴而闻名世界,可见医药交流之深。

(二) 境外消费

新加坡中医药服务贸易的境外消费情况较少,主要因为其国内的医疗健康保障体系较完善，各类计划有利于新加坡国民在国家内进行就医治疗，其中便包括上文所提到的3M计划。此外，新加坡卫生部也出台了许多相关政策，例如"如何成功老龄化"等，完善的医疗健康保健体系确保了国民在国内的医疗能够得到足够的优惠和保障。不仅如此，新加坡生物医药尤为发达，以至于受到了全世界药物公司的共同关注。来自世界各个地区的排名靠前的大型医药企业纷纷投入资金、人力、物力，带动新加坡整体医疗水平的发展。中医药水平亦是如此，在长久的历史发展和政府人民的一致关注下已经具有了一定规模及实力。故国民在中医药方面的境外消费较少。目前存在的少数境外消费为一些新加坡籍患者前来我国寻求中医治疗。患者一般选择北京、上海、广州等地的公立中医医院就医。选择前往中国求医的主要原因是价格相对低廉，及相信中国中医的专业能力。

（三）跨境交付

新加坡中医药服务贸易的跨境交付重在中医药教育上开展的交流以及学习。中国一些中医药大学还通过电信和网络，为新加坡中医专业人士提供中医教学、培训、指导研究等服务。例如，辽宁中医药大学通过远程教学和新加坡同济医院联合培养中医硕士研究生，采用"互联网+"的教育模式，培养新加坡的中医药人才。中国方面的专家学者也作为新加坡中医药科研项目的咨询顾问，通过互联网，提供专业意见。

（四）商业存在

新加坡中医药服务贸易的商业存在主要在于合作建立中医院、中医药店以及相关机构。中国方面投资在新加坡建立中医诊所的分两类：一类是两国政府主导，如下文提到的宝中堂中医药中心等；还有一类由中国私人企业和新加坡本土人士合办，如下文分析的同仁堂科艺合资公司、成都中医药保健中心私人有限公司、兰州医药与针灸医学发展私人有限公司等。新加坡有本土的中华医院、同济医院、大众医院等中医医院。这些中医院尽管名为医院，但只提供中医门诊服务，包括针灸、推拿、药物及拔火罐等，没有急诊或住院医疗。

（五）自然人流动

新加坡中医药服务贸易的自然人流动集中在与中国的中医药人才交流方面。中新两国政府从1999年起签署多个中医药合作计划。通过这些计划,一些中国资深中医师、药剂师经过选拔,前往新加坡提供中医医疗服务。还有一些中国中医药机构的专家学者前往新加坡进行中医药相关的讲学、指导科研等。合作计划书还倡导中国帮助新加坡完善中医师的教育和资格认证。同时,新加坡为中方的中医药管理人员提供短期的管理培训。所以,自然人的流动不仅存在于中医药院校和各个培训机构中,更是普及到了相关的管理企业与监管机构。除了政府计划,还有一些中医师因个人移民的原因前往新加坡从事中医服务贸易业。

(六) 大事记

中新服务贸易大事记见表4-4。

表4-4 中新服务贸易大事记

时间	事件	意义
2007年1月	中国超越美国成为第二大贸易伙伴	中国与新加坡贸易合作加大加深,潜力无限
2008年10月	新加坡陆交局与上海建工集团签署合作备忘录	新加坡陆交局首次同中国承包商签署合作备忘录
2008年10月23日	中新签署《中华人民共和国政府和新加坡共和国政府自由贸易协定》	对进一步全面推进中新双边贸易关系产生了积极影响,是双边关系发展的里程碑

五、市场机遇与潜力

(一) 中医治疗湿热病症

新加坡为赤道多雨气候,日温差较小,仅为6摄氏度。年平均最高气温为31~32摄氏度,最低气温为25~26摄氏度,年均降雨量幅度较大且皆超过1 200毫米,年湿度超过70%,降雨天数超过一年的三分之一(表4-5、表4-6)。

表4-5 2013—2017年新加坡气温和日照

项目 \ 年份	2013	2014	2015	2016	2017
摄氏平均气温					
日最高(摄氏度)	31.3	31.6	31.9	32.0	31.1
日最低(摄氏度)	25.0	25.3	25.8	25.8	25.2
极端天气情况 最高(摄氏度)	35.2	34.5	34.4	35.0	34.6
最低(摄氏度)	20.9	21.1	21.9	21.6	21.8
日照情况 日均日照时间(小时)	5.4	6.0	6.2	6.0	5.8

表4-6 2013—2017年新加坡湿度和降雨量

项目 \ 年份	2013	2014	2015	2016	2017
最小相对气温(摄氏度)	36	37	35	33	44
24小时平均湿度	81.7	78.5	76.9	76.0	82.6
降雨量情况(毫米)					
总降雨量(毫米)	2 748.4	1 538.4	1 266.8	1 955.7	2 045.6
日最高(毫米)	139.8	64.4	63.2	75.4	69.8
年降雨日数(日)	206	152	125	179	204

数据来源：新加坡统计局

中医药治疗湿热疾病有着独特经验。元代朱丹溪《症因脉治》记载："湿热则渗泄之。"清代王士雄《温热经纬》记载："清热必兼渗化之法，不使湿热相搏，则易解也。"清代薛生白《湿热病篇》记载："湿热者湿从热化，故宜甘淡，利其下，盖燥性多热，利药多寒，便利则热亦自去……"这些经典文献对湿热证的治疗都提出了不同的治则治法，可见中医在治疗湿热方面起步早，具有较大的优势与潜力。

(二) 中医治疗老年病症

根据2017年统计，新加坡拥有567.5万人口，其中65岁以上的老年人高达80多万人，占比达14.4%。从2012年开始，新加坡的老年人口占比就将近10%，且逐步呈上升趋势(图4-3)。

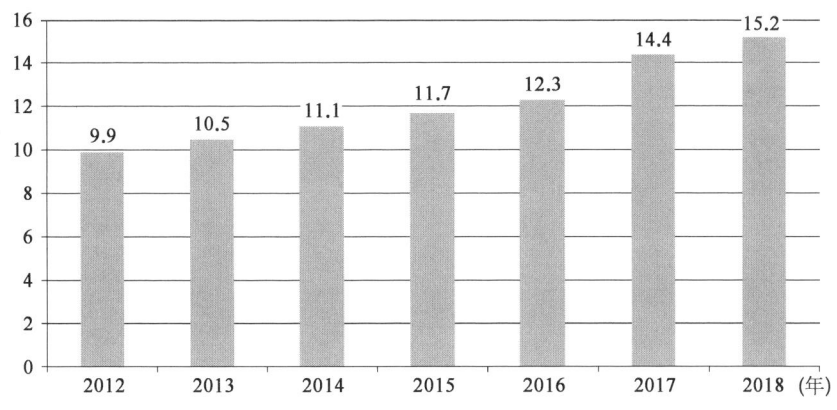

图 4-3 2012—2018 年新加坡 65 岁以上人口占比（%）

数据来源：世界银行

新加坡在 2016 年的预期寿命已达到 82.795 岁，而 2016 年的出生率为 9.4 人/千人，远高于死亡率的 4.8 人/千人。可以预计，新加坡的人口老龄化问题将越来越严重。新加坡政府也意识到了这个问题，所以卫生部在 2015 年便开展了成功老龄化计划。其中包括健康、学习、志愿服务、就业、住房、交通、公共场所、尊重和社会融合、退休保障、医疗保健和老年护理，弱势老年人保护和研究等 12 个领域，共有 70 多项倡议。

从中医的角度来看，人的身体素质与肾气的盈亏是密不可分的。步入中年，人体中的肾气就开始走下坡路，到了老年更是如此。所以中医针对这个观点在用药治疗时重视肾气的补充同时使用阴阳调和治则对老年患者的特殊情况对因治疗。此外，中医学中的许多特殊疗法对于老年患者的治疗具有较好效果，例如针灸治疗可以有效地提高年老多病患者的消化吸收水平。

（三）中医医疗旅游

相对亚洲其他国家，新加坡有数量众多的 JCI 认证医院。除了拥有先进的医疗技术外，新加坡医务人员提供给患者包含尊重、关心、同情等优质的服务。这些与新加坡高水平的医院管理密切相关，提倡重视质量管理，注重绩效考核与患者的反馈，特别是患者的建议和投诉。此外，新加坡日益扩增的旅游市场保证了医疗旅游的资源。但同时，中医医疗旅游的市场并没有得到重视与开发（图 4-4、图 4-5），只有少数商

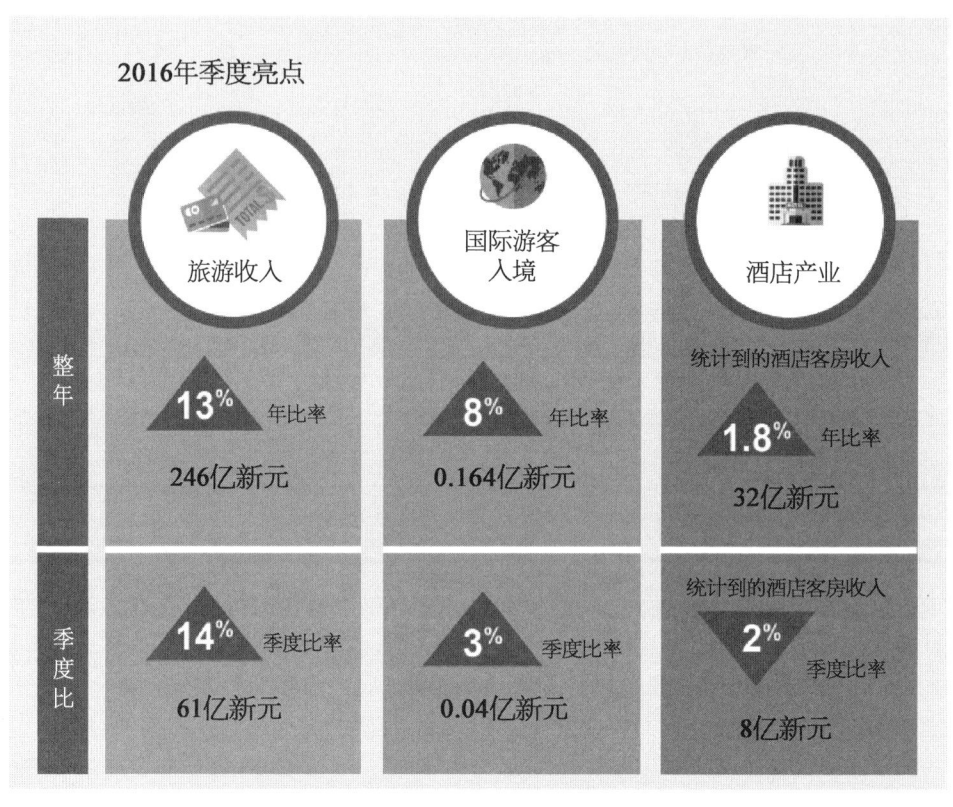

图 4-4 2016 年新加坡入境游概况图

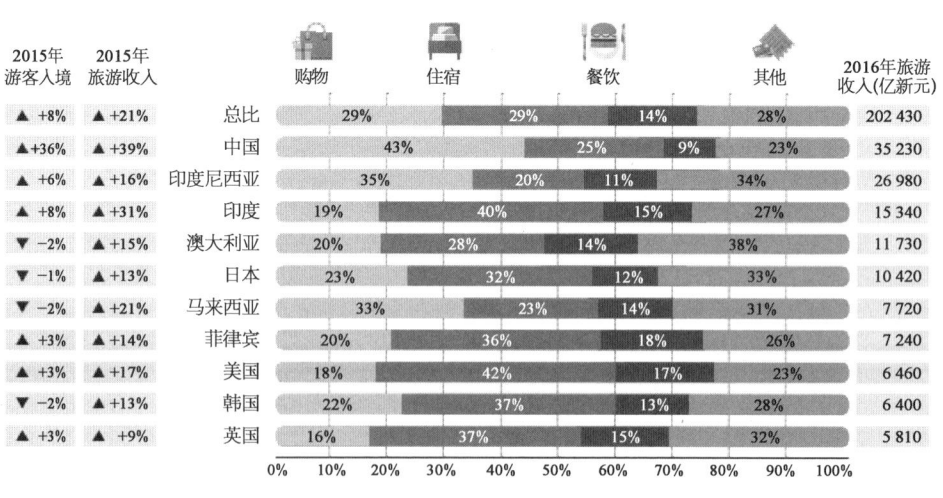

图 4-5 2016 年新加坡入境游细则图

数据来源：新加坡统计局

业诊所针对东南亚和中东的高端客户提供中医医疗旅游配套服务。作为一个值得关注与发展的交叉产业,中医医疗旅游在新加坡有着巨大潜力。

(四)新加坡政府鼓励支持

和昂贵的西医疗法相比,中医药价格低廉,颇有疗效。由于西医药的庞大开支及造成的财政负担,政府一直以来肯定和认可中医药对民众的贡献。中医立法后,政府投入大笔资金支持中医药科研,鼓励发展中医药。从2017年起,政府为了节省医疗开支、确保继续能为国人提供可负担的医疗服务,提出医疗可持续发展三大转型。这一转型强调保健、治未病,因此政府更加关注、支持中医药的发展。

除了支持中医药发展之外,新加坡的市场也十分安全、开放,欢迎外来投资。新加坡的政局稳定,政府廉洁高效、讲求秩序和诚信,亲商氛围浓厚,更为投资者增强了信心。此外,新加坡实行低税率的简单税制,金融体系完善,法律体系健全,采用普通法系(common law),也使其更得到国际投资者的青睐。

(五)新加坡的枢纽优势

尽管新加坡的本土市场小,但是新加坡的枢纽位置不容小觑。新加坡地理位置卓越,是全球领先的物流集散中心,并拥有世界一流的知识产权保护体系。国际医药公司一般都选择立足新加坡,放眼东南亚,开辟东南亚市场,并以新加坡为跳板,辐射澳大利亚和欧美市场。作为中西交流的桥梁和亚洲的枢纽,新加坡吸引了大量的国际投资者和跨国大公司。选择新加坡为基地,既能开发区域和全球市场,也更容易找到国际合作伙伴。

六、风险提示

(一)市场成熟竞争激烈

新加坡的中医药市场发展成熟,竞争激烈,提供的中医药服务贸易有中医诊所、中药行等,可分为四类。

第一类是本土的大公司,如余仁生国际集团和以虎标产品闻名的虎豹企业有限公司等。这类公司历史悠久、财力雄厚,作为新加坡老字号,深受民众信赖。以余仁生国际集团为例,这一老字号中药店引入了现代企业经营理念,开设中医诊所,制造供应数百种中药保健产品,如旗舰产品保婴丹等。余仁生目前在新加坡设有45家分店,经营额过亿元。

第二类是由外国品牌在新加坡投资、设立的公司,如中国台湾马光保健集团创办的新加坡马光医药公司等。马光于1999年扎根新加坡,目前有20余间中医诊所和多间骨伤推拿中心。这类公司具有连锁品牌效应,规模大且正规,吸引了不少长期顾客。

第三类是新加坡和外国联合创办的合资公司,如由上海申康医院发展中心和新加坡保健服务集团联办的宝中堂中医药中心,由北京中医医院和新加坡鹏瑞利置地集团联办的明医馆等。这类公司邀请中国国宝级中医专家和新加坡名中医坐诊,服务对象以高端人群为主,吸引了东南亚、中东、南亚的高端客户。

第四类是本土小企业,分布在居民区,约有近千家。这类公司的服务对象是邻里居民,其优势是价格低廉,服务熟悉亲切,经营自主灵活。

竞争激烈的同时,新加坡的资源也相对匮乏,几乎没有中药材资源,劳动力、房租等成本高,这对市场初入者颇为不利。

(二)慈善中医的双刃剑效应

新加坡社会的一大特色是有许多慈善中医诊所遍布全岛,为各族民众提供免费或极其低廉的中医药服务。慈善中医在新加坡历史悠久、极具规模,有些由商人富贾捐资设立,靠社会捐款维持经营,如中华医院、同济医院、善济医社、广惠肇留医院等。有些由宗教机构设立,如佛教施诊所、善堂医药中心等。这些诊所还对中下层人士提供多种津贴补助。慈善中医的扩张产生了双刃剑效应。其一方面帮助中医药贴近各族民众生活,获得广泛的民众基础,普及了中医药;另一方面也造成了民众对中医药廉价的成见,使得人们不愿出钱去购买中医药产品及服务。慈善中医也间接影响了中医师的收入,使得年轻人不愿投身中医药业(表4-7、表4-8)。

表4-7 中华医院历史发展

时间	事件
1946年8月27日	新加坡中医师公会成立
1952年3月17日	中华施诊所创办
1956年11月24日	直落亚逸中华医院成立
1961—1986年	中华医院第一分院成立
1967—1984年	中华医院第二分院成立
1979年10月27日	大巴窑中华医院兴建到扩建
1995年5月6日	中华医院义顺分院成立
2000年4月11日	中华医院兀兰分院成立
2006—2012年	中华医院樟宜分院成立
2009—2011年	中华医院诺维娜分院成立

表4-8 中华医院收费情况

项目	内科登记费	针灸登记费	针灸诊疗费	专病费	眼科检查	复查每项
费用(新元)	3	3	4	13	30	5
项目	刮痧	刺络	拔罐	艾灸	非急救包扎	手术治疗
费用(新元)	3	3	3	3	3	10
项目	高端检查每项	红外线治疗	电疗仪	成药剂每日	粉剂每日	草药每日
费用(新元)	5	3	3	2	3	10

数据来源：中华医院官网，费用为新元

(三) 政府标准设定高

新加坡以法制规范著称。新加坡医药法令严格禁止中西医结合，中医在治疗时严禁采用西医的药物和仪器。药物方面，政府对中药及中成药的生产制造制定了多项标准规范，对中药材成分设置了严格要求，禁用部分药材，其规范和要求与中国方面不尽相同。以中药延胡索为例，新加坡政府过去禁用延胡索草药和含有延胡索乙素的中成药。直到前不久，卫生科学管理局才复审该药，决定从2018年6月起将其解禁，批准延胡索及含其成分的中成药进口新加坡，但要求每日摄取量限定在19毫克。除了设置高标准、严要求，政府也严格监管，定期检查，严厉惩罚违例者。

(四) 语言文化沟通障碍

尽管新加坡总人口70%以上是华族,但是,因为受英语教育体系和西方文化价值观影响,50岁以下的新加坡人,特别是年轻一代,中文水平差,不熟悉中华文化,对中医和中医的哲学逻辑缺乏了解。在新加坡,不少中医师需要用英文和西医概念理论来与患者交流解释。还有一些新加坡人对中医表示怀疑,认为其是伪科学、迷信。此外,也有一些民众不信任中国制造的产品,质疑其质量安全。总体来说,中国企业和产品在新加坡民众心中的形象有待提高。

七、案例分析

(一) 同济医院

【所在地区】 新加坡,一间总院和四间分院。

【案例定义】 历史最悠久的慈善中医诊所加入其与首都医科大学附院的合作。

【案例概况】 同济医院于1867年由新加坡的华人富商捐资创办。过去百多年来,同济医院一直不分种族、不分国籍,免费为患者提供中医药门诊服务,所有开支靠社会捐款承担。同济医院2016年全院中医师有39位,全年总门诊量达34.5万人次,提供给患者的中草药和饮片的药物金额达28.6万新元,提炼药和成药达46.6万新元。除了普通门诊,同济为满足当地病患需求,也推出专科门诊,分不孕组、中风针灸组、肿瘤组、肾病组、糖尿病与高血压组。

除了负责中医门诊外,同济医院还设立了同济医药研究院,负责中医药的研究和教学。同济医药研究院的合作伙伴是中国辽宁中医药大学。主要合作分两方面:一是展开中医药科研,以某种疾病或古方为研究对象,合作的课题包括"中新现代针刺疗法治疗膝盖关节炎的临床研究"等。二是联办中医药课程,如开设结合远程教学、面授和实习的中医硕士学位课程,及其他受新加坡政府承认的继续教育课程如"中医临床病案分析讲座"等。此外,同济医院还和辽宁中医药大学联办国际中医学会议,如2017年举办的"海外专家中医药论坛"等。同济医院也和中国其他中医机构开展联系,获得中方支持。例如,同济医药研究院研发的上市中成药"补肾益精丸",研发期间得到了中国中医科学院的协助。

【案例总结】 同济是当地规模较大的"老字号"慈善中医,深受民众信赖。其进一步发展有赖于与中国中医药机构的合作。双方在临床、教学、科研多方面的合作帮助同济医院提升专业能力,使其得到新加坡政府的认可。同济医院现已成为公立南洋理工大学的中医教学见习临床基地,也和政府公立医院开展数项中医药科研项目。

(二) 宝中堂中医药中心

【所在地区】 新加坡,原位于新加坡中央医院内,后搬至私立诺维娜专科中心。

【案例定义】 上海申康医院发展中心与新加坡保健服务集团(SingHealth)合办的私人企业。

【案例概况】 宝中堂中医药中心是两国政府联办的带有实验性质的海外中医药中心,政府希望其运行模式能成为中医药走向世界的样板。宝中堂诊所于2007年创办,坐诊医师包括中国国宝级名老中医,中国上海临床经验丰富的顶尖医师和新加坡新生代精通英语与中文、获得南洋理工大学生物医学与中医学双学位的中医师。提供服务包括中医诊疗、出诊服务和远程会诊。其专属的宝中堂药房进行中药调配、代煎、膏方制作、递送等,对症下药,提供个性化服务。宝中堂的药材全部来自上海雷允上药业公司,经过 GMP 认证,确保产品的一致性、质量和安全。此外,宝中堂提供的中医药还符合药物优良运销作业规范(good distribution practice, GDP)和药物临床试验质量管理规范(good clinical research practice, GCP),得到卫生科学管理局的认可。

【案例总结】 此案例是由两国政府主导,私人投资的成功合作典范。其运行模式和当地慈善中医的定位不同,宝中堂走国际化、高端化路线,是新加坡有名的高品质高服务中医药中心。其以中国名老中医为招牌,打响名声。提供的中药药品在每个阶段均达到国际标准,得到政府的认可和民众的信赖。和使用中成药不同,宝中堂提供个性化配药制药服务,不仅吸引了新加坡中高端客户群,还吸引区域人士到新加坡治疗,如来自印度尼西亚、泰国、印度、中东、澳大利亚等的高端客户。

（三）同仁堂科艺合资公司

【所在地区】 新加坡,除了自身的科艺大厦和多间药行诊所,还在政府医院设有中医诊所。

【案例定义】 北京同仁堂和新加坡科艺私人有限公司联办的合资企业。

【案例概况】 新加坡科艺公司于1969年成立,早期从中国进口中成药,在当地贴牌销售。1980年,科艺创立并注册"梅花牌"商标,成为新加坡知名中成药品牌。科艺从2000年开始引进中成药生产技术,目前产有数百种中药制品,功能涵盖内外科、妇儿科、皮肤科、耳鼻喉、骨伤、营养滋补和美容保健等,药物剂型多为胶囊。2003年起,科艺和北京同仁堂合作,合办多间中医诊所,有些还入驻政府西医院。中成药生产方面,科艺于2006年根据GMP的标准对企业进行技术提升及改造,2007年获得卫生科学管理局颁给的GMP证书。

科艺的一大特点是采用特别的工艺流程和原料,开发适合素食者和穆斯林群的保健产品,经过清真食品认证(HALAL),受穆斯林顾客青睐。科艺属下还有专业的研发团队,与知名中医专家合作,在当地开发和生产针对新加坡常见病症的高品质经典方系列以及独到方剂产品。科艺还经销北京同仁堂、云南白药集团、山东东阿阿胶、江阴天江药业、广州白云山奇星药业等厂家的系列产品,并与日本九州大学建立保健品研发交流合作关系。科艺还创设了中医药学院,进入小学、中学、工艺学院进行中医药文化推广,宣传养生保健知识,并为一般民众举办经常性的中医药保健讲座。借此推广中医药所蕴藏的悠久丰厚的中华文化,带动商业发展。

【案例总结】 这一私人企业的成功归功于中新双方的密切合作,优势互补。同仁堂的品牌响、品质高,科艺对当地市场、法规制度等充分了解,且有广泛、深厚的关系网络。研发特色产品也是该公司的发展战略,科艺生产的清真认证中成药和保健品达30多种,开发了潜力十足的穆斯林市场,这些产品不仅在东南亚热销,还远销中东。此外,科艺对中医药的教育普及也有利于其宣传产品,扩展多年龄层的客户群。

八、结论与建议

经济方面,新加坡经济发展良好,国家富裕,国民收入较高。长久以来,中新两国有良好、稳定、深入的商贸合作,多项协定有利于发展中医药服务贸易。传统医药方面,新加坡政府近年来加大力度支持中医药发展,大部分新加坡人民信赖中医药,当地的中医药法制健全、要求规范,但也因如此,新加坡的中医药市场较为饱和,竞争激烈。总体而言,新加坡的中医药服务贸易机遇和挑战并存,以新加坡为据点辐射国际市场将带来更大的机遇。具体建议如下。

(一) 与新加坡同行合作,达到优势互补

可与新加坡当地已有的中医委员会、中医医院、中医团体进行充分的交流。明确双方并非竞争,而是合作学习。可以从教育、科研、医疗、文化传播等方面深入合作,结合当地力量,双方携手,以此来节约成本、互补优缺,取得一加一大于二的效果。和中国方面相比,新加坡本土公司已建立起深厚广泛的关系网络,了解新加坡的监管制度、市场环境、风险,熟悉政府的规范要求。中国公司则具备充足的原材料资源,成熟的技术和高层次人才。双方合作将有利于中国公司走出海外,提高市场竞争力。除了中医药公司,中国公司也可和新加坡的公立医院、研究中心、高等学院等开展合作,共同研发中医药。

(二) 重视当地易发疾病

因为湿热的气候原因与越来越严重的老龄化趋势,新加坡在湿热病和老年病这两类特殊疾病中具有比较重大的需求。中医药在治疗这两种疾病上具有优势:湿热病研究由古至今,有多家学说的理论支持,更有中医现代外治法的内外结合;老年病的治疗,中药药物多靶点的治疗特点以及推拿、针灸等保健手法可以适应于老年人的健康需求。所以针对这两种病种可以从药物进出口、人才外派培养以及科研技术研

发等角度给予重视。

(三) 注重产品研发,发展特色产品

新加坡受欢迎的产品中,以新加坡本土中成药和中国台湾的科学中药为主,中国大陆生产制造的中成药相对较少。中国中医药企业应更加强研发,创新技术,发展有特色且无可取替的产品,打入以新加坡为腹地的国际市场。中药材方面,中国企业也应更注重品质,达到高标准,提高药材质量。新加坡的中高端消费市场仍有巨大发展潜力,如能推出有特色、高质量的产品及服务,将有很大的利润空间。

(四) 移动支付新切口

随着支付宝、微信钱包的广泛使用,移动支付的方式正在走向世界。移动支付方式目前已进入新加坡,并得到新加坡政府大力支持。中医药贸易服务可以借此平台,开发"互联网+中医"软件,打入新加坡市场,提供中医药远程服务。

(五) 文化先行推动贸易

服务贸易重在"服务"二字。中医药服务不仅是实实在在的治疗效果、患者体验等,更重要的是服务过程中中医药文化的渗透和传播。文化先行,润物无声。通过举办中医药保健讲座、传统中医药展示等一系列文化主题活动,可以让他国人民进一步了解中医药的内在本质,从内心对中医药文化了解、认同、崇尚。文化推动贸易发展,从无形到有形,需要政府的支持、关注,推动民间机构具体实施。

(杨 妍 卞跃峰)

附

附一:《中医注册法令》(英文原件)

TRADITIONAL CHINESE MEDICINE PRACTITIONERS ACT
(CHAPTER 333A)
(Original Enactment: Act 34 of 2000)
[7th February 2001: except sections 24 and 25;
1st January 2002: sections 24 and 25]

PART I PRELIMINARY

Short title and commencement

1. (1) This Act may be cited as the Traditional Chinese Medicine Practitioners Act.

(2) Sections 24 and 25 shall come into operation on such date as the Minister may, by notification in the Gazette, appoint.

Interpretation

2. In this Act, unless the context otherwise requires —

"acupuncture" means the stimulation of a certain point or points on or near the surface of the human body through any technique of point stimulation (with or without the insertion of needles), including through the use of electrical, magnetic, light and sound energy, cupping and moxibustion, to normalise physiological functions or to treat ailments or conditions of the human body;

"Board" means the Traditional Chinese Medicine Practitioners Board established under section 3;

"certificate of registration" means a certificate of registration issued by the Board under section 16;

"Chairman" means the Chairman of the Board;

"herbal medicine" means any material or product known or claimed to have therapeutic or other health benefits which contains either raw or processed ingredients of plant, inorganic or animal origin;

"institution of higher learning" includes any college and polytechnic;

"member" means a member of the Board;

"practice of Traditional Chinese Medicine" means any of the following acts or activities:

(a) acupuncture;

(b) the diagnosis, treatment, prevention or alleviation of any disease or any symptom of a disease or the prescription of any herbal medicine;

(c) the regulation of the functional states of the human body;

(d) the preparation or supply of any herbal medicine on or in accordance with a prescription given by the person preparing or supplying the herbal medicine or by another registered person;

(e) the preparation or supply of any of the substances specified in the Schedule;

(f) the processing of any herbal medicine; and

(g) the retailing of any herbal medicine,

on the basis of Traditional Chinese Medicine;

"practising certificate" means a practising certificate issued under section 17;

"prescribed practice of Traditional Chinese Medicine" means any type of practice of traditional Chinese medicine that has been declared by the Minister by order made under section 14(1) as a prescribed practice of Traditional Chinese Medicine;

"processing" means any type of treatment or preparation applied to a herbal medicine or mixture of herbal medicines based on Traditional Chinese Medicine before it is being —

(a) offered for sale;

(b) supplied to a patient; or

(c) used for the manufacture of any herbal medicine;

"Register" means the Register of Traditional Chinese Medicine Practitioners kept under section 12;

"registered person" means a person who is registered under section 14 for the carrying out of any prescribed practice of Traditional Chinese Medicine;

"Registrar" means the Registrar of the Board, and includes any individual acting in that capacity;

[*Act 5 of 2018 wef 01 / 04 / 2018*]

"registration" means registration under section 14 for the carrying out of any prescribed practice of Traditional Chinese Medicine;

"retailing" means the selling of any herbal medicine to a person who obtains the herbal medicine other than for the purpose of wholesale.

PART II
TRADITIONAL CHINESE MEDICINE PRACTITIONERS BOARD

Establishment of Traditional Chinese Medicine Practitioners Board

3.—(1) There shall be established a body to be called the Traditional Chinese Medicine Practitioners Board which shall be a body corporate with perpetual succession and a common seal.

(2) The Board shall consist of not less than 5 and not more than 9 members to be appointed by the Minister, of whom —

(a) one shall be a registered medical practitioner;

(b) one shall be the Registrar ex-officio; and

(c) 2 shall be registered persons with at least 10 years' experience in any prescribed practice of Traditional Chinese Medicine.

(3) Every member, except the Registrar, shall hold office for a term of 3 years and shall be eligible for reappointment.

(4) The Minister may, at any time, revoke the appointment of any member without assigning any reason.

Functions of Board

4. The functions of the Board are —

(a) to approve or reject applications for registration;

(b) to accredit —

(i) courses in the practice of Traditional Chinese Medicine in Singapore for the purposes of registration; and

(ii) the institutions of higher learning in Singapore offering any of these courses;

(c) to make recommendations to the appropriate authorities for the continuing training and education of registered persons;

(d) to determine and regulate the conduct and ethics of registered persons; and

(e) generally to do all such acts, matters and things as are necessary or authorised to be carried out under this Act.

Chairman of Board

5. (1) The Minister shall appoint one of the members to be the Chairman.

(2) The Chairman shall preside at any meeting of the Board and, in his absence, such member as the members present may elect shall preside at that meeting.

Disqualifications for membership of Board

6. No person shall be a member if —

(a) he is not a citizen or a permanent resident of Singapore;

(b) he is an undischarged bankrupt;

(c) he has been convicted in Singapore or elsewhere of any offence involving fraud, dishonesty or moral turpitude; or

(d) he is incapacitated by a mental or physical disability.

Filling of vacancies

7. (1) The office of a member shall become vacant if the member —

(a) dies;

(b) resigns his office;

(c) becomes subject to any of the disqualifications specified in section 6;

(d) without any good and sufficient reason, refuses to accept an appointment as a member of any committee appointed by the Board; or

(e) has his appointment revoked before the expiry of his term of office.

(2) The Minister may remove from office any member who is absent without leave of the Board from 3 consecutive meetings of —

(a) the Board; or

(b) any committee of which he is a member appointed by the Board.

(3) Any question as to whether a person has ceased to be a member shall be determined by the Minister whose decision shall be final.

(4) If any vacancy arises among the members, the Minister may appoint a person to fill the vacancy in the manner in which the appointment to the vacant office was made, and that person shall hold office for as long as the member in whose place he was appointed would have held office.

(5) The Board may act notwithstanding any vacancy in the membership of the Board.

(6) No act done by or under the authority of the Board shall be invalid in consequence of any defect that is afterwards discovered in the appointment or qualification of the members or any of them.

Meetings and quorum of Board

8.—(1) The Board shall meet at such times and places as the Chairman or the Registrar may appoint.

(2) At any meeting of the Board, one-half of the total number of members shall form a quorum.

(3) The Chairman or member presiding at any meeting of the Board shall have an original vote and, in the case of an equality of votes, a casting vote.

(4) Subject to this Act and the Public Sector (Governance) Act 2018, the Board may regulate its own procedure.

[*Act 5 of 2018 wef 01/04/2018*]

Appointment of executive secretary and other employees

9. The Board may appoint an executive secretary and other employees on such terms as the Board may determine.

Appointment of committees

10.—(1) The Board may appoint one or more committees for any general or special purpose which, in the opinion of the Board, may be better dealt with or managed by a committee.

(2) The Board may delegate any of its powers or functions to any committee so appointed, with or without restrictions or conditions as the Board thinks fit.

(3) The number and term of office of the members of a committee appointed under this section and the number of those members necessary to form a quorum shall be fixed by the Board.

(4) A committee appointed under this section may include persons who are not members of the Board.

[*Deleted by Act 5 of 2018 wef 01/04/2018*]

PART III
REGISTRATION OF TRADITIONAL CHINESE MEDICINE PRACTITIONERS

Registrar

11. (1) There must be a chief executive of the Board called the Registrar of the Board, whose appointment and removal must be in accordance with the Public Sector (Governance) Act 2018.

(2) The Board may, subject to the Public Sector (Governance) Act 2018, appoint an individual to act temporarily as the Registrar during any period, or during all periods, when the Registrar —

(a) is absent from duty or Singapore; or

(b) is, for any reason, unable to perform the duties of the office.

[*Act 5 of 2018 wef 01/04/2018*]

Register of Traditional Chinese Medicine Practitioners

12. (1) In addition to duties under the Public Sector (Governance) Act 2018, the Registrar shall keep a Register of Traditional Chinese Medicine Practitioners which shall —

(a) consist of such parts as the Board may determine; and

(b) contain in the appropriate part the following particulars of every registered person:

(i) his name and address;

(ii) the date of his registration;

(iii) the qualification by virtue of which he is registered and the date he obtained that qualification; and

(iv) such other particulars as the Board may determine.

[*Act 5 of 2018 wef 01/04/2018*]

(2) The Registrar shall be responsible for the maintenance and custody of the

Register.

(3) A registered person shall inform the Registrar in writing of any change in his name, working address, residential address, or such other particulars as may be prescribed, within 28 days of the change.

(4) Any person who fails to comply with subsection (3) shall be guilty of an offence and shall be liable on conviction to a fine not exceeding $1,000.

(5) A person who makes a report of a change in his residential address under section 8 of the National Registration Act (Cap. 201) shall be deemed to have complied with subsection (3) relating to residential address on the date on which he makes the report.

Alteration of Register

13. The Registrar shall —

(a) insert in the Register any alteration to the name, address or other particulars of any registered person which may come to his knowledge;

(b) correct any error in any entry in the Register which may come to his knowledge;

(c) remove from the Register the name of any person —

(i) whose registration is cancelled under any provision of this Act; or

(ii) who is deceased; and

(d) insert in the Register any alteration to the qualifications or any additional qualifications of a registered person.

Prescribed practices of Traditional Chinese Medicine

14. (1) The Minister may from time to time, by order published in the *Gazette*, declare any type of practice of Traditional Chinese Medicine as a prescribed practice of Traditional Chinese Medicine if he is of the opinion that it is in the public interest for that type of practice of Traditional Chinese Medicine to be regulated under this Act.

(2) Any person who desires to carry out any prescribed practice of Traditional Chinese Medicine shall make an application for registration to the Board in accordance with the regulations made under this section.

(3) The Board may, subject to the regulations made under this section, register a person to carry out any prescribed practice of Traditional Chinese Medicine.

(4) The Minister may, in respect of each prescribed practice of Traditional Chinese Medicine, make regulations to provide for or with respect to the following matters:

(a) different classes of registration;

(b) the form and manner of application, and the application fee, for each class of registration;

(c) the qualifications and other requirements for each class of registration;

(d) the conditions and duration of each class of registration;

(e) the circumstances in which a class of registration may be altered or renewed and the fees payable in respect thereof;

(f) the course, qualifying examination and evaluation for the purpose of any class of registration, the fees payable for such course, examination and evaluation, and the conditions upon which an applicant may be exempted from such course, examination or evaluation;

(g) the practice and conduct of registered persons, including the carrying out of the prescribed practice of Traditional Chinese Medicine, the use of any means of giving publicity to their practice and the use of titles and qualifications;

(h) the exemption of persons or classes of persons from registration; and

(i) incidental, supplementary or transitional matters in respect of the declaration of any type of practice of Traditional Chinese Medicine as a prescribed practice of Traditional Chinese Medicine.

Refusal of registration

15. (1) The Board may refuse to register any applicant for the carrying out of any prescribed practice of Traditional Chinese Medicine who —

(a) in the opinion of the Board, may not be registered in accordance with the regulations made under section 14(4);

(b) in the opinion of the Board, is not of good reputation and character; or

(c) fails to satisfy the Board that he is able to effectively and safely carry out that prescribed practice of Traditional Chinese Medicine.

(2) Where the Board refuses to register an applicant, the Board shall by notice in writing inform the applicant of such refusal.

(3) Any person who is aggrieved by any refusal of the Board under subsection (1) may, within 30 days of the notice given under subsection (2), appeal to the Minister whose decision shall be final.

Certificate of registration

16.—(1) Upon the registration of a person, the Board shall grant to him a certificate of registration and specify in the certificate the prescribed practice or practices of Traditional Chinese Medicine for which the person is registered.

(2) A person whose registration is cancelled or suspended under section 19 shall surrender his certificate of registration in respect of that registration to the Board within 14 days of being notified by the Board of such cancellation or suspension.

(3) Any person who fails to comply with subsection (2) shall be guilty of an offence and shall be liable on conviction to a fine not exceeding $1,000.

Practising certificate

17.—(1) A registered person who desires to obtain a practising certificate for the prescribed practice of Traditional Chinese Medicine for which he is registered shall make an application to the Board in such form and manner as the Board may prescribe.

(2) The application shall be accompanied by the prescribed fee.

(3) A practising certificate shall be valid for such period as the Board may determine.

(4) An application for the renewal of a practising certificate shall be made no later than 30 days before the expiration of the practising certificate and shall be made in such form and manner as the Board may prescribe.

(5) A registered person who applies for a practising certificate later than 30 days before the expiration of the practising certificate shall be liable to pay to the Board such late application fee as the Board may prescribe.

(6) Where a person has had his registration in respect of a prescribed practice of Traditional Chinese Medicine cancelled or suspended under section 19, any practising certificate issued to him in respect of that prescribed practice of Traditional Chinese Medicine shall be deemed to be cancelled and he shall surrender such practising certificate to the Board within 14 days of such cancellation or suspension.

(7) Any person who fails to comply with subsection (6) shall be guilty of an offence and shall be liable on conviction to a fine not exceeding $1,000.

Publication of list of registered Traditional Chinese Medicine practitioners

18.—(1) The Registrar shall, from time to time, prepare and publish in the *Gazette* a list of the names, addresses, qualifications and dates of qualifications of all registered persons.

(2) The Board may, if it thinks fit, direct the Registrar to prepare and publish for sale, at such intervals as the Board may direct, publications of the names, addresses, qualifications and dates of qualifications of all registered persons or such classes of registered persons as the Board may determine.

Power of Board to cancel registration, etc.

19. (1) The Board may cancel the registration of a registered person if the Board is satisfied that he —

(a) has obtained his registration by a fraudulent or incorrect statement;

(b) has had any of his qualifications by virtue of which he was registered withdrawn or cancelled by the authority through which it was acquired or by which it was awarded;

(c) has had his registration in any other country for the practice of Traditional Chinese Medicine, or for the prescribed practice of Traditional Chinese Medicine to which the registration relates, withdrawn, suspended or cancelled;

(d) has ceased to carry on the prescribed practice of Traditional Chinese Medicine for which he is registered;

(e) has failed to comply with any condition to which his registration is subject;

(f) has contravened any regulation made under this Act relating to the practice and conduct of registered persons that applies to him;

(g) has been convicted of an offence in Singapore or elsewhere involving fraud or dishonesty;

(h) has been convicted of an offence in Singapore or elsewhere implying a defect in character which renders him unfit to remain on the Register;

(i) has been guilty of any professional misconduct or negligence;

(j) has been guilty of any improper act or conduct which renders him unfit to remain on the Register;

(k) is unable to carry out the prescribed practice of Traditional Chinese Medicine for which he is registered safely or effectively by reason of a mental or physical disability.

(2) Where a registered person is liable to have his registration cancelled on any of the grounds referred to in subsection (1)(e) to (k), the Board may, instead of cancelling

his registration, take one or more of the following measures:

(a) caution or censure him;

(b) impose on him a penalty not exceeding $10,000;

(c) order that his registration be subject to such conditions as may be imposed by the Board for a period not exceeding 3 years;

(d) suspend his registration for a period not exceeding 3 years.

(3) The Board shall, before exercising its power under subsection (1) or (2)

(a) notify the registered person of its intention to exercise the power and give him an opportunity to be heard either personally or by counsel; and

(b) if the complaint or matter against the registered person has been referred by the Board to an Investigation Committee under section 28(1), consider the findings of the Committee as reported to the Board under section 29(4).

(4) Every penalty imposed under subsection (2)(b) shall be recoverable as a debt due to the Board.

(5) A decision to cancel or suspend the registration of a registered person shall take effect on the date the decision has been communicated to him or, where an appeal against the decision is made to the High Court, the date of the decision of the Court.

(6) While the registration of a registered person for the carrying out of a prescribed practice of traditional Chinese medicine remains suspended, he shall not be regarded as a registered person in respect of that prescribed practice of traditional Chinese medicine for the purposes of this Act, but on the expiry of his suspension, his rights and privileges under this Act shall be revived.

(7) Where a person is registered in respect of 2 or more prescribed practices of Traditional Chinese Medicine, the Board may take action under this section in relation to his registrations for both or all of those prescribed practices of Traditional Chinese Medicine without having to institute separate proceedings.

Costs

20. (1) Where the Board cancels the registration of a registered person under section 19(1) or takes any action against him under section 19(2), the Board may order him to pay such sums as it thinks fit in respect of the costs and expenses of or incidental to any inquiry or investigation conducted or taking of action against him.

(2) The High Court shall have jurisdiction to tax the sums ordered to be paid under subsection (1).

(3) Such sums shall be recoverable as a debt due to the Board.

Appeal

21. (1) Any person who is aggrieved by a decision of the Board under section 19(1) or (2) may, within 30 days of the date of the decision or within such further period as the High Court may allow, appeal to the High Court against the decision.

(2) There shall be no appeal from a decision of the High Court.

Conviction final and conclusive

22. The Board in taking action under section 19, and the High Court on appeal from an order of the Board under section 21, shall accept the conviction of a registered person for a criminal offence as final and conclusive.

Restoration of registration

23. (1) A person whose registration has been cancelled under section 19 may apply to the Board for his name to be re-registered.

(2) The Board may, after considering all relevant circumstances, and upon the compliance by the applicant of all conditions imposed by the Board, if any, and the payment of the prescribed fee, re-register him.

(3) No application for re-registration shall be made to the Board —

(a) before the expiration of 3 years from the date of the cancellation; and

(b) more than once in any period of 12 months.

PART IV OFFENCES

Unlawful engagement in prescribed practice of Traditional Chinese Medicine

*24. (1) No person shall —

(a) carry out any prescribed practice of Traditional Chinese Medicine;

(b) advertise or otherwise hold himself out to be qualified to carry out any prescribed practice of Traditional Chinese Medicine, unless he is a qualified person in respect of that prescribed practice of Traditional Chinese Medicine and he carries out that prescribed practice in accordance with the conditions of his registration prescribed under section 14(4).

(2) No person shall employ any person who is not a qualified person in respect of a prescribed practice of Traditional Chinese Medicine to carry out that prescribed practice of Traditional Chinese Medicine.

(3) Subsections (1) and (2) are subject to any transitional or saving provisions in any regulations made under section 14(4).

(4) Any person who acts in contravention of subsection (1) or (2) shall be guilty of an offence and shall be liable on conviction to a fine not exceeding $25,000 or to imprisonment for a term not exceeding 6 months or to both and, in the case of a second or subsequent conviction, to a fine not exceeding $50,000 or to imprisonment for a term not exceeding 12 months or to both.

(5) In any proceedings for a contravention of subsection (2), it shall be a defence for the defendant to prove that —

(a) he did not know that the person he employed was not a qualified person in respect of the prescribed practice of Traditional Chinese Medicine in question; and

(b) he had exercised due diligence to ascertain if the person was a qualified person.

(6) For the purposes of this section, "qualified person", in relation to a prescribed practice of Traditional Chinese Medicine, means a person who is —

(a) registered to carry out; and

(b) has in force a practising certificate which authorises him to carry out,

the prescribed practice of Traditional Chinese Medicine.

* Section 24 came into operation on 1st January 2002 (S 676/2001).

Recovery of fees

* 25. No person shall be entitled to demand, claim, accept, receive, retain or sue for or recover any fee or charge in any court for any act done in contravention of section 24.

* Section 25 came into operation on 1st January 2002 (S 676/2001).

Fraudulent registration, etc.

26. Any person who —

(a) procures or attempts to procure registration or a certificate of registration or a practising certificate, by knowingly making or producing or causing to be made or produced any false or fraudulent declaration, certificate, application or representation, whether in writing or otherwise;

(b) wilfully makes or causes to be made any false entry in the Register;

(c) forges or alters a certificate of registration or practising certificate;

(d) fraudulently or dishonestly uses as genuine a certificate of registration or practising certificate which he knows or has reason to believe is forged or altered; or

(e) buys, sells or fraudulently obtains a certificate of registration or practising certificate, shall be guilty of an offence and shall be liable on conviction to a fine not exceeding \$10,000 or to imprisonment for a term not exceeding 2 years or to both.

附二：卫生科学局有关中成药定义及管理架构简介（中文版本）

1. 定义

(1) 中成药是指任何用于传统中医治疗的药品，此药品必须：(a) 已经被制成成品。(b) 包含一种或多种完全来源于植物、动物、矿物，或其组合的活性成分。(c) 这些活性成分要求记载于现今版的《中药大辞典》或《本草纲目》中，但是不包括：(i) 任何用于人体注射的药品；(ii) 任何以从植物、动物或矿物中分离出的化学物质为有效成分的药品。

(2) 根据《药物决议》(禁止销售及供应)，任何人不得进口、销售或供应成分中含有《毒药法令》(第二百三十四章)中列明的物质的中成药，除了：(a) 下表清单中第一项所列出的物质满足第二项中的限量，并且；(b) 所含成分是天然存在于中成药中的。

《药物决议》(禁止销售及供应)清单表4-9：

表4-9 《药物决议》(禁止销售及供应)清单

第一项	第二项
物质	允许的限量
1. 硼酸及其盐	所含硼酸，或者硼酸盐，或者硼酸及盐不得超过5%
2. 麻黄碱	<1%
3. 半边莲碱	<0.1%
4. 洛伐他汀	<1%
5. 石榴皮生物碱类	仅限石榴树皮
6. 小檗碱，以及其季胺化合物，和小檗碱的盐类	没有限制

2. 管理架构

(1) 鉴于中药作为辅助药物在本地保健体系中所处的地位,卫生科学局已采取步骤对中药的产品和经营进行管理。中成药处于1996年成立,负责本地中成药的管理。管理的目的是要确保:(a) 在新加坡上市的中成药的安全和品质;(b) 中成药的标签符合要求;(c) 在必要时可迅速地将药品从市场上回收。

(2) 经营中成药的商家在进口或制造中成药产品之前,需申请中成药产品登记批准,并提供相关文件,只有被登记的产品方可在本地经销。一般经营中成药的商家需确保符合以下要求:① 中成药不得含有:(a) 任何活性合成物质;(b) 苦杏仁苷、潘氨酸及其盐、丹酮、舒洛酚及其盐、若丹明B;(c) 任何未在产品标签或产品成分表中所列出的成分。② 中成药不可超过以下限量:(a) 有毒重金属:砷(5×10^{-6})、铜(150×10^{-6})、铅(20×10^{-6})、汞(0.5×10^{-6});(b) 卫生物限量。③ 中成药的标签及包装上不得标示《药物法令》所列明的19种疾病或症状,如癌症、糖尿病、高血压、性功能等。④ 若中成药所含的成分属于《濒危物种(进出口)法令》下所列的品种,经营商需先向新加坡农粮与兽医局(Agri-Food & Veterinary Authority)询问。⑤ 中成药进口商必须在每批中成药产品进口时,呈交书面证明保证产品不含有西药,以及有毒重金属和卫生学检验报告。⑥ 中成药经销商若要对中成药产品进行广告和促销,需获得卫生科学局的准证,方可进行。

参考文献

[1] 胡琦.公民治理视角下的社区治理模式研究：以上海市Y区S街道为例[D].上海：复旦大学,2014.

[2] 刘罗茜.新加坡品德教育研究[D].桂林：广西师范大学,2015.

[3] 梁金兰.新加坡医疗旅游发展研究[J].东南亚纵横,2012(10)：55-57.

[4] 冯鹏程,荆涛.新加坡保健储蓄计划研究及启示[J].社会保障研究,2013(6)：94-101.

[5] 苏苗罕,宋华琳.新加坡医疗服务监管研究[J].中国卫生政策研究,2008,1(2)：52-57.

[6] 黄建银,邱罾,税毅强,等.中国—东盟自由贸易区中医药服务贸易谈判要价研究[J].世界中医药,2014(7)：864-867.

[7] 陈锦文.中医学在新加坡的历史现状研究及其前景展望[D].南京：南京中医药大学,2011.

[8] 蒋文清.中医药服务贸易面临的机遇、挑战及应对措施研究[D].北京：对外经济贸易大学,2015.

[9] 苏成吉.新加坡中医药发展概况[J].天津中医药,2011,28(1)：80-81.

[10] 章轶立,王子兴,张成宇,等.老年病中医治法研究[J].中医学报,2014(7)：1064-1066.

[11] 朱海东.中医药旅游业发展策略研究[D].北京：中国中医科学院,2014.

第五章 印度尼西亚共和国

一、基本国情

(一) 国家概况

印度尼西亚共和国(Republic of Indonesia,以下简称印度尼西亚),位于亚洲,在大洋洲也有部分领土。印度尼西亚位于印度洋和太平洋之间,国土跨越赤道,与澳大利亚、菲律宾、泰国、新加坡等国隔海相望,与马来西亚、东帝汶、巴布亚新几内亚接壤,是世界上最大的群岛国家[1];领土面积1 913 578平方千米,是世界国土面积第十四大的国家;人口为2.62亿,人口密度约为145.7人/平方千米,是世界人口第四大的国家。印度尼西亚一级行政区分30个省和首都雅加达等3个特别行政区,二级行政区为县级市,县级市下再分乡,乡以下再分村;官方语言为印度尼西亚语,将英语作为第一外语;约87%的人口信奉伊斯兰教,是世界上穆斯林人口最多的国家。

(二) 政治环境

1. **政治制度** 印度尼西亚为单一共和制国家,政治权力集中于中央政府。总统为印度尼西亚国家元首、最高行政首脑和武装部队最高统帅,并直接领导内阁、有权单独颁布政令和宣布国家紧急状态法令,对外宣战或媾和等。总统任期5年,可以连任一次。现任总统为佐科·维多多。人民协商会议由560名人民代表会议议员及132名地方代表会议议员组成,任期5年。现任人民协商会议主席为祖尔基弗利·哈桑。政党方面,在人民代表会议中,主要的政党有民主党、专业集团党、民主斗争党、福利公正党、国民使命党、建设团结党、民族复兴党等。自2014年大选后,民主斗争党成为国会第一大党。

2. **外交特点** 印度尼西亚采行独立自主的对外政策。印度尼西亚与周边亚洲国家关系密切,为东南亚国家联盟及东亚峰会创立会员国。1990年中国与印度尼西亚复交。印度尼西亚自1950年起为联合国会员国,亦为不结盟运动及伊斯兰会议组织会员国,也加入东盟自由贸易区、凯恩斯集团及世界贸易组织。印度尼西亚曾经为石油输出国家组织会员国,由于2008年后不再是石油净出口国,所以退出了该组织;2016年1月重新加入该组织,2016年12月又退出该组织。印度尼西亚自1966年起接受发展与人道援助,资金主要来自美国、西欧、澳大利亚及日本。

3. 与中国关系　1950年4月13日,中华人民共和国与印度尼西亚建立正式外交关系。1965年印度尼西亚发生"9·30事件"后,两国中断了外交关系。过了20余年,两国重新恢复外交关系。近年来,中印尼关系迈入快车道,高速发展。1999年,两国签署《关于未来双边合作方向的联合声明》。声明指出,要在双方外长的共同领导下,成立政府间双边合作联委会,通过这些实际举措来表明建立和发展长期稳定的全面合作关系的决心。近几年两国陆续签署中印尼战略伙伴关系联合宣言和中印尼战略伙伴关系联合宣言行动计划。受到此类政策的有利影响,中国目前已成为印尼最大贸易伙伴。印尼约有1 000万华人,是印尼人口的重要组成部分。

(三) 经济环境

1. 经济概况　印度尼西亚属于发展中国家,为东南亚地区最大经济体,也是"20国集团"成员国,2018年国内生产总值1.04万亿美元,同比增长5.17%,人均国内生产总值3 935美元,位居世界第十六位[3];经济上由私人部门及政府共同主导,属混合经济。

2. 主要产业　初期,印度尼西亚通过开发石油和其他资源,实现了粮食自给和生产自立,农业和油气产业是其传统支柱产业。自2010年起,服务业成为印度尼西亚从业人数最多的产业,占近50%,特别是旅游业成为印度尼西亚国民经济的一项支柱产业。

3. 对华贸易　2018年,中国与印度尼西亚双边贸易额约为724.8亿美元,增长23.7%。其中,印度尼西亚对中国出口271.3亿美元,同比增长18.9%,占印度尼西亚出口总额的15.1%,所占份额进一步提高,中国位居其第一大出口国,美国、日本分列第二、第三位;印度尼西亚自中国进口453.5亿美元,同比增长26.8%,占印度尼西亚非油气产品出口总额的24.1%,所占份额有所上升,中国位居其第一大进口国,日本、美国分居第二、第三位[4](表5-1、图5-1)。印度尼西亚对中国出口最多的商品为矿物燃料、动植物油、木浆等纤维状纤维素浆、钢铁及制品、木材及制品。在印度尼西亚自中国进口的众多品类的商品中,机电产品、钢材、塑料制品、有机化学品、机械设备占较大比重。

表5-1 2009—2018年印度尼西亚-中国贸易总额(单位:亿美元)

项目\年份	2009	2010	2011	2012	2013	2014	2015	2016	2017	2018
总额	283.89	427.50	605.55	662.34	683.55	635.45	542.28	535.40	633.32	724.80
出口	136.68	207.97	313.37	319.51	314.24	244.85	198.86	214.14	285.74	271.30
进口	147.21	219.54	292.17	342.83	369.30	390.60	343.42	321.26	347.57	453.50

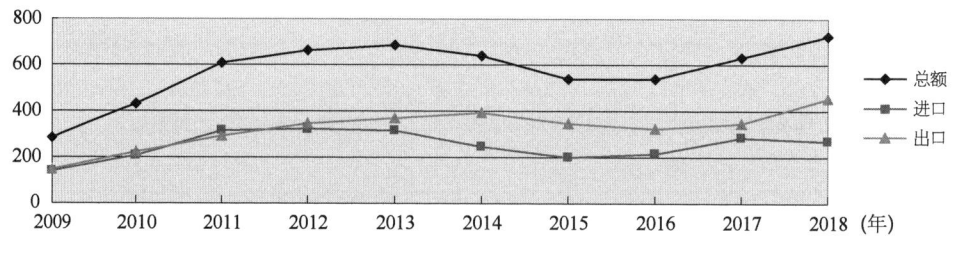

图5-1 2009—2018年印度尼西亚-中国贸易数据(单位:亿美元)

数据来源:国家统计局

二、医疗健康保障体系现状

(一) 基本情况

印度尼西亚于2014年1月1日起,正式实施国民健康保险(JKN)计划,计划在5年内覆盖全国。每个公民通过强制保险制度,以合理的成本,得到全面的医疗保健,涵盖预防、治疗和康复服务。截至2014年底,印度尼西亚共有5 734家医院,总计病床数339 370张,平均每千人占有1.26张病床,平均每千人0.46位医生。

(二) 医疗管理机构

印度尼西亚卫生部(MOH)负责卫生政策和医疗标准的制定,以及各卫生机构的监管。省市级卫生部门(PHO)为本省市提供医疗支持,无需对印度尼西亚卫生部负责,只需向省市政府负责。地区卫生部门(DHO)主要通过社区医院来提供医疗服务。

(三) 医疗机构

根据印度尼西亚卫生部的数据显示,截至2015年1月,印度尼西亚共有2 410家医院(不计社区医院),其中包括1 782家综合性医院和547家专科医院;1 553家(占比64.4%)私营医院,它们的平均规模小于公立医院,共拥有140 186张病床(占比46.4%)。

(四) 医疗社会保障情况

有了国民健康保险(JKN)计划的保障,受保人只需要支付每月工资的2%,就可以享受从普通流行性感冒这类常见病到心脏手术、癌症等重大疾病的全面医疗费用报销,而另外3%的医疗保险费用将由企业代替承担,以此来减轻受保人的经济负担。原来的印度尼西亚医保计划覆盖面窄,2012年印度尼西亚的医保支出仅占国民生产总值的2.7%。可见该保险计划较之前的医保计划更利民,既扩大了疾病种类的覆盖面,又大大提高了报销比例。印度尼西亚国民约需承担62.2%的医药费,而剩下的37.8%则由政府承担。私人保险公司也可以参与到新的医保计划中,在基础医疗保险的基础上设立新的保险条款,收取一定费用,以使受保人获得更高的报销比例。

三、传统医药的法律与政策环境

印度尼西亚在历史上曾遭到荷兰的殖民统治和日本的侵略占领,此后经过印度尼西亚人民的反抗终于取得独立。从印度尼西亚独立直到1965年的苏加诺总统20年的执政时期,中医药在印度尼西亚的发展环境相对自由,未受到当地政策和法律的管束。当时中医药在印度尼西亚医疗中所占的比重较小,未引起足够的重视。但当前,随着中医药在维护印度尼西亚人民健康方面扮演的角色越来越重要,印度尼西亚对中医师和中药加强监管的相关法律法规也相继出台,中医药已经被更多的印度尼西亚人民接受。总体上看门槛较高,不利于中医药在当地的发展。

(一)医师执业

想要在印度尼西亚获得行医资格,中医师需根据所在地区的不同面临不同的政策。在首都雅加达地区,只有通过一系列的考试、手续齐全的中医师才能获得行医资格。印度尼西亚中医协会委托组建一个"考试委员会",负责定期举行"中医师考试"。为了保证考试的公平公正性,印度尼西亚中医协会对试卷副本进行审核后,还会被送往卫生部进行存档。考试期间雅加达卫生局会派相关官员共同监督,考试由第一日的理论考试和第二日的临床技能考试两部分组成。由于"传统医学学校"是由印度尼西亚中医协会主办的,毕业的学员已经在学习期间进行了严格的培训考核,故不再需要参加考试,只需凭毕业文凭就能申请到行医执照。此外为了照顾高龄又有威望的老中医,他们若能被两位及以上具有行医执照的中医师证明其已有若干年的行医经验,也可以不参加考试,就能申请到行医执照。整个考核过程非常严格,以严防不合格的中医师进入印度尼西亚医疗行业。为了督促已取得行医资格的中医师不断提高自身医德医术,他们在取得行医执照后,每两年还需要到雅加达卫生局进行年检,年检不合格的中医师依然会被吊销行医执照。在其他地区,只有被当地卫生部门推荐才有机会挂牌行医,而这种推荐机会一年才有一次,概率极低。

(二)药品准入

印度尼西亚对于传统药物的流通具有严格的规定,需要提交相关材料给食品与药物管理局局长进行审批。这些材料包括基本成分含量、成药的自由销售许可证、指定实验室的安检证明等,需由印度尼西亚政府加以认证,确保其具有该资质。审批过程又分为申请注册、认证、检验,其间会有来自四所大学的医药卫生专家学者组成的国家成药评估委员会对需检验的药品进行细查,整个流程所需要的时间大约为两年。2000年,随着越来越多向印度尼西亚出口传统药物的企业向政府抗议审批过程耗时过长,印度尼西亚政府颁布法令,将其压缩到80~300个工作日内完成[2]。

(三)传统医药教育

印度尼西亚中医药教育体系存在较大问题,其中大部分中医师来自非正规的教育模式。他们中既有祖辈以悬壶济世为业,继承了祖业的;又有通过对医书的埋头苦读,结合临床领悟真谛,无师自通的;更有投拜到当时有名望的医生门下,成为其弟子,学习传承其诊疗手艺的。而正规的中医学院仅有一所,该学校每年能培养100多名中医师输送给医疗机构。由于专业中医学校稀少,印度尼西亚当地对中医药机制、药理等方面的研究缺乏,未形成系统的理论资料,而是更为关注临床有效的诊疗方法,过于强调实用性。诸如如何将传统中医药融入国际健康产业这种较前沿、有深度的研究更未涉及。

(四)保险覆盖

截至2014年,加入国民健康保险(JKN)计划的医疗机构数量已大幅提升,包括1 710家医院和1.5万家诊所,从流行性感冒到心脏疾病、癌症等重大疾病均被覆盖,治疗常见疾病的药物均已在可报销范围内。

(五)医药投资

在印度尼西亚,医药资源需求的大幅增加,使得印度尼西亚本地公司提供的商品已经供不应求,此时一些跨国公司从中看到了无限的商机,加大了投资力度。目前,印度尼西亚国内约有250家药厂,其中4家企业掌握了印度尼西亚的医药命脉,90%左右的非专利药由他们生产。虽然本土企业生产的药品占据了大半壁江山,在数量上取得了压倒性的优势,但是外企仍在质量上引领印度尼西亚医药市场。究其原因有三:一是印度尼西亚国内随着中产阶级人口比例的上升,对糖尿病药物和膳食补充剂的需求大幅上升,为外企提供了商机;二是外企产品质量一直处于领先地位;三是外企研发技术领先,有能力研制新药。

随着中国和印度尼西亚各领域交流合作的推进,中药特别是中成药开始出现在印度尼西亚的医药市场,8年前,专门代理中药业务的印度尼西亚天一药业刚代理中药时年销售额仅2万美元,2017年销售额已经超过2 000万美元。土生土长的印度尼西亚顾客越来越多,甚至有超越华人顾客的趋势,他们中的大多数都成了"回头客"。太极集团2015年底设立国际业务部,开始进入东南亚市场,仅两年多时间,印度尼西亚全国已有近2 000家中药店铺销售该集团产品,印度尼西亚三大西药连锁店屈臣氏、ROXY、万宁的400余家门店也在销售该集团的中成药。太极集团的藿香正气口服液、急支糖浆、补肾益寿胶囊、儿康宁糖浆、穿龙骨刺片、降脂灵片6个产品已经获得了印度尼西亚官方的审批,还有8个产品正在注册中。

四、中医药服务贸易双边合作现状

(一)传统医药交流历程

据史料载,大批华人在五代后唐时期移居爪哇、苏门答腊等地,同时也把中医药带到了那里[4]。特别是明代郑和下西洋后,中医药依靠其显著的疗效逐步赢得了印度尼西亚非华裔居民的信任,进一步在印度尼西亚发扬光大。印度尼西亚属于发展中国家,卫生保健措施尚不完善,特别是印度尼西亚当地居民生活艰苦,无力承担高额的医疗费用。于是价廉有效的中医药就成为他们赖以生存的保障,成为印度尼西亚传统医药的重要组成部分。现代医疗手段虽然疗效立竿见影,能较快消除患者痛苦,但其高昂的医疗费将很多民众挡在门外,无缘享用。有近半数的印度尼西亚人民选用价格较为亲民,亦有显著疗效的以中医为主导的传统医疗。当然也有超过20%的人患病后并未引起重视,或因过于穷困而未能及时就医,这部分患者也是传统疗法的潜在治疗对象。

(二)境外消费

除首都雅加达之外,印度尼西亚大部分地区都缺乏高质量的医疗保健。医疗专家、技术人员和设施都处于供不应求的状态。由于中产阶级人数不断增加、跨境交通更加方便快捷、费用也在可以接受的合理区间内,估计每年至少有100万印度尼西亚人出国医疗旅游。相比印度尼西亚国内的医疗条件,马来西亚的医疗设备更为新进、技术更为高超,马来西亚政府投入了大量资金为医疗中心配备现代化设施来诊病,提供高效且有序的医疗服务,因此印度尼西亚经济实力较强的人们更青睐于去马来西亚的私人医院,通过医疗旅游的形式来为自身健康保驾护航。在接受医疗的同时,可以欣赏美丽的自然景观和怡人的人文景观,去沙滩、丛林畅游一番。目前,从印度尼西亚前往中国医疗旅行的人数不多。2017年8月,印度尼西亚的近20位游客在海口观澜湖度假区实地体验了由上海中医药大学附属岳阳中西医结合医院和海口市中医院专家为他们提供的把脉、针灸、推拿等传统中医服务,这是一个良好的开端。

(三)跨境交付

随着信息通信技术的飞速发展,远程医疗成为可能,其所带来的收入是跨境交付的重要组成部分。2016年4月,亚太空间合作组织八个成员国间远程医疗项目可行性研究会议在中国新疆克拉玛依召开,中国和印度尼西亚的医疗科研机构均参与其中,开展了学术交流和业务探讨。此次会议就成员国间远程医疗合作与发展进行了研究与探讨,计划利用克拉玛依市国际远程医学平台的技术和资源优势,开展亚太空间合作组织成员国之间的远程医学工作。届时,印度尼西亚人民可以通过克拉玛依市中心医院先进的远程医学平台享受到中国中医药专家的优质医疗服务。

(四)商业存在

2004年,广州愈生医院第一家印度尼西亚分支机构——愈生中医肿瘤治疗中心,由医院院长吴哲生教授在雅加达创办,随后又成立了泗水、万隆、三宝垄等十一家分中心,成为第一家在印度尼西亚开设分院的中国肿瘤专科医院。这是一家利用中医优势治疗肿瘤的医院,由于其所采用的"扶正祛邪"的思维是与西医治疗肿瘤完全不同的,故能给经西医治疗无效的患者送去福音。特别是在提高带瘤生存患者生活质量方面大有作为,受到了印度尼西亚肿瘤患者的关注和重视。此外,北京中医药大学、南京中医药大学、北京黄枢中医医院也在和印度尼西亚大学、印度尼西亚西医草药协会、印度尼西亚绿色动力公司建立合作关系,签署相关协议,共同开展中医药服务贸易合作。

(五)自然人流动

目前印度尼西亚拥有注册中医师近2 000人,其中中国人前往提供中医药服务的约占92%。中医诊所在印度尼西亚各个大中城市铺陈开来,其中最著名的当属由严兴华和印度尼西亚陆军卫生基金会于2005年合作开办在雅加达闹市区一个商场内的中国北京医疗中心。除可发挥传统中医特色来明显缓解各种疼痛之外,中国北京医疗中心还可以辅助治疗骨折、关节脱位、中风等病症。

(六) 大事记

中国、印度尼西亚服务贸易大事记见表5-2。

表5-2 中国-印度尼西亚服务贸易大事记

时间	事件	意义
2007年1月	中国—东盟签订了《服务贸易协议》	标志着双方正式开通服务贸易市场
2011年1月	中国—东盟签订了《第二批具体承诺议定书》	对服务贸易的具体内容及开放行业做出了详细规定，双方的开放程度进一步加深
2016年8月	中国核建集团与印度尼西亚原子能机构签署《中国核建集团与印度尼西亚原子能机构关于印度尼西亚高温气冷堆发展计划的联合项目协议》	是中国—印度尼西亚新能源方面服务贸易的重大事件
2017年7月	由中铁国际香港公司投资、印度尼西亚公司负责工程总承包的印度尼西亚雅加达钻石塔项目股权官方转让协议签约仪式举行	是中国—印度尼西亚基础设施建设方面服务贸易的重大事件
2017年11月	中国与印度尼西亚第五届能源论坛在雅加达举行	表明印度尼西亚愿在"一带一路"框架下全面加强与中国的能源合作，是中国—印度尼西亚能源方面服务贸易的重大事件
2018年10月	中国二十冶中标印度尼西亚苏拉威西岛RKEF一期(4×33 mva镍铁矿热炉)项目	是中国—印度尼西亚工程建设方面服务贸易的重大事件
2018年12月	印度尼西亚旅游部在上海举办2018中国区路演	通过路演向中国公民全面推广印度尼西亚旅游资源及产品，是中国—印度尼西亚旅游方面服务贸易的重大事件

五、市场机遇与潜力

(一) 政策保障，合作共赢

随着2007年中国—东盟自由贸易区签订的《服务贸易协议》正式生效，建筑、工程、旅游和能源服务等方面是中国和印度尼西亚优势互补的领域，利益诉求一致，合作机会众多，为中国这些领域进入印度尼西亚市场提供了十足的便利[5]。印度尼西亚的能源和旅游服务是其优势,中国近年来从印度尼西亚进口能源越来越多,也有越来越多的旅行团、散客前往印度尼西亚观光游玩。与此同时,中国在建筑服务方面优势明显,在世界上居于领先水平,能帮助印度尼西亚用更低的价格实现更完备的基础设施建设。总体来看,两国可以互补合作的领域极为广泛,中医药服务贸易作为中国的一大特色也可搭上这班顺风车进入印度尼西亚大地。

(二) 组织众多,活动频繁

一方面为了使传统草药经营行为更加规范化,另一方面为了提高传统草药企业的话语权,医药相关公会不再采取单打独斗的方式,而是抱团取暖,通过合并的方式组建全印度尼西亚传统药业公会。公会主要由拥有准许进口草药执照的中药店牵头,加入其中的会员有3 000多名。此外,印度尼西亚中医协会是印度尼西亚华人中医行业的全国性组织,成立于1975年。协会现有9个分会,会员1 800多名,主要有对内行业管理、对外联络、接待专家学者到访、与外国交流中医药信息、向政府交涉提高中医地位与争取合法权利等职能。印度尼西亚针灸协会等民间组织,也不再局限于在国内交流合作,而是把视野拓宽到海外,邀请其他国家同类组织的专家到国内进行讲学,与此同时,还派出会员去海外进行学术交流,在印度尼西亚乃至东南亚地区有一定影响力。

(三) 观念更新,前景乐观

印度尼西亚凭借独特的地理位置和海洋性气候,众多珍贵的草药可在其境内旺盛生长,但是其落后的科技水平制约草药进行规模化种植[6]。印度尼西亚在东盟十国中拥有人口红利的优势,拥有一个巨大潜力的市场,对周边国家充满吸引力。随着印度尼西亚民众对健康产品的消费需求日益上升,草药的缺口越来越大,根本无法满足市场需求。作为中国"全国医药工业百强榜"前列的大型企业,广药集团早就敏锐地关注了这个巨大的市场,以印度尼西亚为支点,辐射至整个东盟市场。2013年6月,在广药集团国际化发展战略的指引下,印度尼西亚华佗再造丸、金丹丸的学术推广会议和中医健康讲座在印度尼西亚泗水顺利举办,这是广药集团子公司——广州白云山奇星药业有限公司与印度尼西亚三有药业有限公司的一次强强联手,起到了关键的作用,未来必将有更多的中国印度尼西亚公司仿效,加入跨国合作的大潮中来。此类会议和讲座有助于当地民众了解中药的显著效果,打破其认为中医是落后医学的陈旧印象。相对于昂贵的西医治疗,中医药更具价格优势,是印度尼西亚民众可以选择的替代医疗之一。未来需要有更多像广药集团这样的中医药企业进入印度尼西亚市场,发掘商机,助力印度尼西亚健康事业发展。

(四)草药不足,依赖进口

在发展天然药物方面,印度尼西亚具有得天独厚的优势,4 000多种天然植物中已知可药用的就有1 300多种。而事实上,由于政府没有对专业性培植、加工给予高度重视,其中仅有300种被用作药物,连三分之一都不足。印度尼西亚在107个"世界供应药材植物园"中位列仅第三十九位,这就意味着本国众多的优秀天然药物完全被浪费了,不但不能出口,为世界市场做贡献,反而还要依赖进口。据印度尼西亚草药种植生产商和出口商协会声称,印度尼西亚本国的产量根本无法满足目前的需求,以茴香为例,本国年产量仅为200~300吨,进口额为其10倍之多。相比于草药园,更多的则是大大小小的从事药材进出口贸易的公司,他们才是印度尼西亚传统药材的主要供应者[7]。

六、风险提示

(一)废医存药问题严重

印度尼西亚本身有着传统草药使用的悠久历史,但是过于强调实用性。而只有在中医药理论指导下运用的药物才能被称为"中药",脱离中医药理论,不使用辨证论治方法,仅根据症状就开处方的只能被称为"天然草药",这是一种典型的"废医存药"行为。此外缺乏文字记载,仅靠口口相传很容易造成自相矛盾的情况,大大影响了中医药的可信度。这也是中医药国际化传播的难点所在。

(二)中药走私影响声誉

中药进口受政府严格限制,导致印度尼西亚市场上药品价格因供需关系的影响而水涨船高,特别是名牌药和专利药价格更是高得离谱,大大超出印度尼西亚普通民众所能接受的范围。当地卫生主管机构复杂严苛的审核程序也在客观上助长了中药走私的行为。为了能够以更低的价格更快获得中药,中药市场走私、假冒伪劣现象泛滥。政府对此类行为的打击显得心有余而力不足,只能默许中药走私的行为。但这种通过非正常渠道获得的药品,质量很容易出现问题。久而久之,中药质量的整体口碑就会变得极差,令当地人民失望。

(三) 面临各方竞争压力

印度尼西亚中医的主要竞争不仅仅来自西医,还有当地的印度尼西亚医药。许多印度尼西亚老人,特别是当地本土居民信奉印度尼西亚医药,而年轻一代又喜欢西洋文化以及西医。印度尼西亚草药,经过现代科技方法制成各种剂型,可以说跟中成药大同小异。印尼中药价格较国内昂贵不少,如一剂八珍汤市售价格为二三千印尼卢比,相当于当地农民半个月的生活费。

七、案例分析

(一) 广药集团

【所在地区】 中国,广东省广州市。

【案例定义】 印度尼西亚中医协会代表团到访广药集团。

【案例概况】 2014年8月18日,印度尼西亚中医协会代表团一行到访广药集团,先后参观了神农草堂、王老吉凉茶博物馆、陈李济中药博物馆和广州白云山奇星药业有限公司。他们对广药集团蝉联国家工信部公布的中国制药工业百强冠军、以华佗再造丸为代表的名优药品出口超过30多个国家和地区、民族品牌"王老吉"凉茶正跨出国门走向世界等成绩表示祝贺和赞赏。

【案例总结】 印度尼西亚中医协会的代表们通过参观中医药龙头企业和博物馆,加深了对中医药文化的认识。这有利于双方增进彼此的了解,学到对方的优秀经验。广药集团以华佗再造丸和"王老吉"凉茶两大主打产品跨出国门,迈入世界市场,在印度尼西亚市场很有影响力。未来,需要有更多类似的中医药特色配方转化的产品进入到海外市场,并通过新颖的宣传方法赢取更多当地人的关注。

(二)南昌济生制药

【所在地区】 中国,江西省南昌市。

【案例定义】 印度尼西亚中医药协会主席纪国彰一行莅临南昌济生制药公司考察。

【案例概况】 2018年6月,印度尼西亚中医药协会主席纪国彰作为嘉宾出席在南昌召开的世界中医药大会夏季峰会之际,由于起居不慎,感受了风寒外邪,出现咽喉疼痛、嗓音失哑的症状。当他参观至济生制药展台时,偶然获知该公司的复方瓜子金颗粒治疗咽喉肿痛、上呼吸道感染疗效好,于是将信将疑地试着服用了两包,没想到第二日嗓子就好了。纪主席在感叹济生制药产品的疗效确切的同时,更希望将这么好的中药介绍给更多印度尼西亚华人华侨服用。于是,2018年11月12日,他在江西省科技交流中心、省林科院药材所等相关人员陪同下莅临南昌济生制药公司考察。桑海集团党委书记、董事长、南昌济生制药总经理张京生与纪国彰就济生制药公司产品进入印度尼西亚市场进行了洽谈交流。

【案例总结】 该案例说明印度尼西亚对中医药非常重视,有专门的印度尼西亚中医药协会来牵头加强中印(尼)两国在中医药事业上面的交流合作。印度尼西亚方面对中药充满了浓厚的兴趣,希望通过引进疗效显著的中成药来造福印度尼西亚人民。我国中医药企业应抓住每一次展示自我优势产品的机会,让世界各族人民了解中药治病的神奇之处,以实际疗效征得他们的广泛认可,从而拓宽中药材的销路,开辟更为宽广的国际市场。

八、结论与建议

(一)加大实质性的宣传,打破误解

一是设立专门的中医咨询热线,解答患者的各种疑虑和问题;二是设立免费诊疗

中医,由著名中医坐堂免费义诊,让患者真实感受中医中药的科学性和疗效的确切性;三是定期举办各种形式的中医药知识讲座,进行中医药的普及教育,让当地居民对中医中药有一个基本的认识,从心理上真正接受中药;四是根据当地实际情况出版通俗易懂的、漫画形式的中医药知识刊物,免费发放到民众手中。这些措施可以让很多印度尼西亚居民认识到中药不仅可以治病,而且更具有西药无法比拟的优势,如副作用小、患者依赖性小、纯天然等,从而纠正了印度尼西亚民众此前对中医药的误解。

(二)药品互补,扩大中药进出口

印度尼西亚华裔较多,约1 000万人,仅首都雅加达华裔就达200多万人。由于历史、文化、传统等因素,他们非常重视中医的养生之道。当地居民越来越多地相信和使用中医药。中医药在印度尼西亚具有广泛的社会影响,印度尼西亚中医药消费者中,华裔占60%,其余40%为印度尼西亚当地人。中药的年销售额达960亿印尼卢比,合672万美元(2018年12月26日汇率)。在得天独厚的地理和文化优势下,经过一代代华裔团结一致的不懈努力,印度尼西亚很多年前就有800多种中成药得以注册。两种类型的药物在印度尼西亚最为盛行:一种是具有良好口碑的名牌、老牌产品,诸如片仔癀、同仁堂的安宫牛黄丸、云南白药,这些中成药凭借着多年来显著效果垒起来的声誉在印度尼西亚市场畅销不衰;另一种是滋补品,聚天地之灵气而形成的冬虫夏草,有修复组织、提高人体免疫功能的燕窝,拥有"药中黄金"之美誉的铁皮石斛等成了印度尼西亚富人近年来追捧的对象[8]。但是,目前国内医药公司虑及印度尼西亚政治环境不稳定、民众的消费水平还不高等因素,只愿意对印度尼西亚的医药保健市场作尝试性投资,不愿涉及深层次的合作,例如投资办厂、开发新药、开辟新的生产线等。故未来有进一步合作的机会来填补这些空白。

(三)加强学术交流与合作

印度尼西亚传统医药的研究想要踏入深水区,取得更大的成就,就不能把研究内容仅仅局限于当前对安全性和有效性检验这一初级层面,还应该建立专门的机构,进行系统收集、整理和传播传统医药信息。不能只雇用"业余部队",还需要有"专业部队"来"开疆拓土"。中国的中医药研究机构可以凭借多年积累的经验和研究方法,与印度尼西亚开展学术等多方面的合作。如政府牵头、企业投资、医学院校提供技术支持,三方合作建立中医中心。以中医中心为载体,展开多层次的合作,包括研究中国—东盟医药资源保护技术、探索中国—东盟中医药合作办学项目、建立人员互访学术交流机制等,一方面可以提高印度尼西亚的传统医药水平,在中医药理论研究方面取得更大的突破;另一方面,也是以印度尼西亚为支点,进行传统医学新模式的探索,倘若取得令人满意的效果,可逐渐辐射到周边的东南亚国家。

(鲍超群)

附

《印度尼西亚卫生法》(关于传统医疗部分)

LAW OF REPUBLIC OF INDONESIA
NUMBER 36, YEAR 2009
ON
HEALTH
TRADITIONAL HEALTH SERVICE
（印度尼西亚卫生法 2009 年第三十六号
传统医疗健康部分）

Article 59

(1) Based on the way of medication, traditional health service is divided into:

a. traditional health service using skill; and

b. traditional health service using ingredients.

(2) Traditional health service as intended in paragraph (1) shall be cultivated and supervised by the Government so that the use and safety are accountable and do not contradict with religious norms.

(3) Further provision concerning procedures and types of traditional health service as intended in paragraph (1) shall be provided for in a Government Regulation.

Article 60

(1) Every people who provide traditional health service using equipment and technology should secure permit from the authorized health institution.

(2) The use of equipment and technology as intended in paragraph(1) should be accountable the use and safety and do not contradict with religious norms and culture of the society.

Article 61

(1) The people are given with broad opportunity to develop, improve and use traditional health service of which the use and safety are accountable.

(2) The Government shall regulate and supervise traditional health service as intended in paragraph (1) based on safety, interest, and people protection.

参考文献

[1] 中华人民共和国外交部.印度尼西亚国家概况[EB/OL].https://www.fmprc.gov.cn/web/gjhdq_676201/gj_676203/yz_676205/1206_677244/1206x0_677246/.

[2] 吴颖雄.我国中医药立法比较分析与思考[D].南京:南京中医药大学,2009.

[3] 搜狐网.2018年泰国、印尼、越南、新加坡、菲律宾、马来西亚等东盟六国GDP对比[EB/OL].[2019-02-19]http://www.sohu.com/a/295579402_100110525.

[4] 国别数据网.2018年12月印度尼西亚贸易简讯[EB/OL].https://countryreport.mofcom.gov.cn/new/view.asp?news_id=63300.

[5] 田原.推动印尼中医药产业顺利发展[N].经济日报,2017-07-11(010).

[6] 刘家瑛,杨德利.印度尼西亚的中医中药[J].国外医学(中医中药分册),2001(4):251-253.

[7] 文家华.印尼:千岛蕴藏诱人商机[N].经理日报,2003-06-16(A04).

亚·洲·卷
中医药海外发展国别研究

第六章 菲律宾共和国

一、基 本 国 情

(一) 国家概况

菲律宾共和国(Republic of the Philippines,以下简称菲律宾),1898年被美国占领,1942年被日本占领,第二次世界大战结束后再次沦为美国殖民地,1946年获得完全独立。菲律宾四面环海,北部与中国台湾间隔巴士海峡,南部和西南部隔苏拉威西海、巴拉克海峡与印度尼西亚马来西亚相望,西部濒中国南海,东临太平洋,由7000多个岛屿组成,国土总面积29.97万平方千米,位列世界第七十二名。菲律宾整体划分为3个部分,即吕宋、维萨亚和棉兰老;设18个地区,如首都地区、科迪勒拉行政区、棉兰老穆斯林自治区等;共设立省份81个,市135个,行政市1493个。现阶段约有人口1.049亿[1],单位面积人口密度为351人,在亚洲主权国家中人口增速位列第一。人口构成包括高于85%的马来族,其余部分为少数民族、原住民以及华人、阿拉伯人、印度人、西班牙人、美国人等外来后裔。不完全统计结果显示,在菲华人华侨总量约有250万,人口比重为2%~3%。官方语言包括两种,即菲律宾语和英语。菲律宾宗教信仰多元,天主教徒规模最大,约占菲律宾人口的85%,伊斯兰教徒约占4.9%,还有少量独立教和基督教新教信奉者,华人中佛教徒比例较高,原住民以原始宗教为主要信仰。天主教长期在菲律宾社会发挥重要影响。

(二) 政治环境

1. 政治制度 菲律宾政体为总统制,并且行政、立法、司法三权分立。国家元首及政府首脑为总统,并且兼任武装部队总司令,通过国民直选产生,每6年为一个任期,禁止连任。罗德里戈·杜特尔特是现任菲律宾总统。最高立法机构是国会,包含众议院和参议院两部分。众议院共设250个议员席位,其中总统任命名额为25个,参选获胜党委派名额为25个,剩余200个名额依据人口比例分配至各省、市,以选举的方式确定人选。众议院每3年换届一次,连任不得超过3届。参议院设24个议员席位,人选由直接选举产生,每三年改选12名成员,议员任期为6年,连任不得超过2

届。最高司法机关是最高法院,包含14个分院,首席大法官和院长的提名任命由总统在法律委员会指导下执行,享有独立司法行使权。菲律宾多党并行,现有政党数量已超过100个,主要政党有民主人民力量党、自由党等,数量主体由地方小党构成。

2. **外交特点** 当前,菲律宾的建交国家数量已达126个。其外交宗旨是保证国家安全、主权和领土不受侵犯;促进社会发展,维持并提升国际竞争力;确保菲律宾公民在海外的基本权益;提升国家形象;与世界各国互利发展。菲律宾受历史因素和美国地位影响,在政治、经济、军事方面视美国为最亲密盟国,两国建立了极为密切的军事合作关系。菲律宾还以美国为最主要的劳务输出地,菲律宾籍的在美劳工和侨民有400余万人。菲律宾的最大援助国和最主要的出口目的地均为日本。菲律宾是东盟首批成员国之一,其将发展东盟成员国间的关系放在优先考虑的重要位置,给予高度重视。在沙巴领土问题上,菲律宾与马来西亚存在争端,但都有和平协商解决的意愿。菲马两国曾开展军事演习。

3. **中菲关系** 1975年6月9日,中菲正式建交。2016年10月18日,菲律宾总统杜特尔特应邀抵华并展开为期4日的国事访问。21日,杜特尔特总统与习近平主席联合签署《中华人民共和国与菲律宾共和国联合声明》。此次菲律宾总统成功访华,全面缓和了中菲关系,两国关系与合作掀开新的篇章。2017年,中国国务院副总理汪洋于3月16日抵达菲律宾并进行为期4日的正式访问,同年5月15日,杜特尔特总统出席在华举办的"一带一路"国际合作高峰论坛,与习近平主席和李克强总理进行分别会谈。2018年11月,中菲关系升级为"全面战略合作关系"。

(三) 经济环境

1. **经济概况** 菲律宾奉行资本主义市场经济体制,经济实力仍处于发展中国家范畴,以菲律宾比索为流通货币。菲律宾经济类型为出口导向型,经济结构中第三产业地位显著,农业和制造业各占据一定比重。20世纪60年代晚期,菲律宾经济开放,主动引进外资,使得经济水平大幅提升;20世纪80年代开始,随着西方经济衰退,加之内部政局不稳,经济发展速度显著下降;20世纪90年代早期,拉莫斯政府执行一系列措施促进经济振兴,经济复苏和增长取得了良好成效。1997年,亚洲金融危机爆发,菲律宾所受冲击有限,但经济增速再次回落。杜特尔特总统自执政开始,在基础设施建设和农业方面加大投入力度,在税制改革方面促进纵深发展,使经济增长保持较快步伐。2017年菲律宾的主要经济数据如下所示。

GDP 3 890 亿美元;GNP 3 593 亿美元;GDP 涨幅 6.7%;通货膨胀率 3.2%;失业率 5.7%;汇率(2018 年 3 月,兑美元)约为 1∶51[1]。

2. **产业情况**　2001 年开始,菲律宾依托充足而低廉的人力资源、优秀的英语人才以及领先的信息技术通信设施,实现了信息服务外包产业的高速发展。菲律宾的信息服务外包产业在连续十多年的时间里,创造了高于 10% 的年均增幅,已经跃升为该国当前的私营就业龙头,在外汇来源行业排名中,仅次于外劳汇款。世界银行等机构的估算结果显示,预计到 2020 年,菲律宾的离岸信息服务外包,产业产值将扩大到 550 亿美元,全球市场占有量可能达到 19%[2]。

工业:2017 年,菲律宾工业总产值为 954.97 亿美元,同比增幅达到 1.6%。具体而言,矿业产值为 26.69 亿美元,GDP 占比为 0.85%;制造业产值为 609.99 亿美元,GDP 占比为 19.45%;建筑业产值为 96.81 亿美元,GDP 占比 7.06%;电力能源产业产值为 96.81 亿美元,GDP 占比 3.09%。

农林渔业:2017 年,菲律宾农林渔业产值总量达到 302.89 亿美元,GDP 占比 9.66%。相关出口产品主要包括香蕉、菠萝和菠萝汁、烟草原料、天然橡胶、糖及糖制品、椰子油、椰丝、椰子粕、鱼虾和海藻。森林总量为 157 900 平方千米,国土覆盖率过半。名贵树种有乌木、檀木等。水产资源广博,鱼类资源超过 2 400 种,其中金枪鱼资源量在世界范围内名列前茅。现有渔场 2 080 平方千米,包括海水和淡水两类。

服务业:2016 年,菲律宾服务业产值约 7.85 万亿比索,GDP 占比 59.1%,较之 2015 年,同比上涨 8.1%。作为国际劳务输出大国,菲律宾在外劳工总量超过 1 000 万。2016 年,菲律宾外劳汇款总量达到 269 亿美元,GDP 占比 7.3%,同比涨幅 5%。

旅游业:旅游业为菲律宾实现外汇创收的主要领域之一。重点旅游资源包括百胜滩、蓝色港湾、碧瑶市、伊富高省原始梯田、马荣火山等。

3. **对华贸易**　菲律宾的国际贸易关系国已经达到 150 个。2018 年,菲律宾共创造 1 764.16 亿美元的对外贸易总额,同比涨幅 7.0%。其中出口交易额为 674.88 亿美元,同比下降 1.8%;进口交易额为 1 089.28 亿美元,同比涨幅 13.4%。最近几年,菲律宾政府通过出口产品多样化与外贸市场多元化措施推动对外贸易积极发展,并不断调整进出口商品结构。与矿产、原材料等传统出口商品相比,成衣、家具、工艺品、化肥、电子产品等非传统出口商品的交易额已实现明显赶超。

2017 年,中菲两国双边贸易成交额达到 512.8 亿美元,同比涨幅 8.5%。中方出口总值为 320.4 亿美元,涨幅 7.4%,进口总值 192.3 亿美元,涨幅 10.5%,对菲投资直接金额达到 5 384 亿美元,同比涨幅 67.2%。菲方对华投资总额 500 万美元,同比下降93.6%。截至2017年末,中方对菲投资总额累计7.7亿美元,在菲承包工程合同总额累计213.3亿美元,创造营业额共计150.4亿美元,菲方对华投资总额累计33.1亿美元[3](表6-1、图6-1)。

表6-1 2008—2018年中菲贸易数据(单位：亿美元)[3]

年份项目	2008	2009	2010	2011	2012	2013	2014	2015	2016	2017	2018
总额	286.27	205.39	277.62	322.47	363.75	380.5	444.58	456.36	472.39	513.05	556.69
出口	91.32	85.90	115.40	142.55	167.31	198.68	234.74	266.71	298.43	320.4	350.62
进口	195.05	119.48	162.22	179.92	196.44	181.82	209.84	189.66	173.96	192.3	206.07

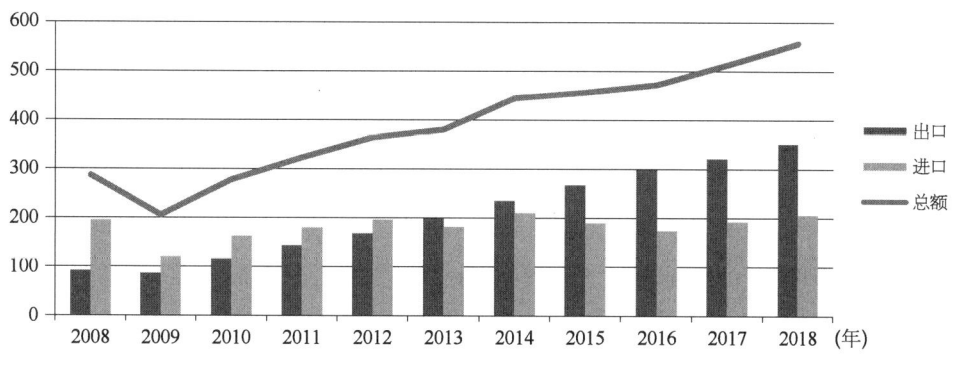

图6-1 2008—2018年中菲贸易数据

二、医疗健康保障体系现状

(一) 基本情况

对于菲律宾穷人而言,政府补贴与国家医疗保险计划均无法完全规避金融风险,因此所能享受的优质门诊或住院服务有限;菲律宾可能不履行发展目标的承诺,尤其是那些与孕产妇儿童健康相关的目标。

阿奎诺医疗议程表：为全体菲律宾人提供全民医疗保健。此项医疗改革具有全面性和先进性,关键目的是:其一,为获得卫生保健架设桥梁并减少阻碍;其二,消除社会排斥,实现全面覆盖。

基于此背景,菲律宾低收入水平群体只能将就医选择局限在基层医疗卫生站或诊所,并主要以传统医疗作为主要治疗方式。如信仰治疗、土法(菲律宾传统按摩)以及菲律宾民间医士(albularyo)等。虽然基层医疗卫生站受当地政府部门或卫生署(DOH)领导,但政府支持资金短缺、卫生站医护人员不足、医疗水平有限、设施陈旧、药用品质量差,因此菲律宾拥有东南亚最高的产妇与新生儿死亡率,结核病、登革热、疟疾等传染病多发。

菲律宾政府卫生部门虽曾出台国家医疗保险计划(NHIP),要求政府和地方财政以专项救助资金的形式保障民众医疗,但在解决医疗不公平问题上收效甚微,并未建立可持续性的优质医疗保障体系。

近年来,菲律宾医疗保险公司取得一定发展成效,覆盖率由38%涨至54%,会员注册量约2 000万人,年均医保发放量达到90余万人次。其中,首都区和北吕宋地区是主要会员聚集地,会员占比为43%,南吕宋岛和米沙鄢群岛地区紧随其后,会员占比35%。

菲律宾医疗保险公司(Phil Health)的医疗机构认证量近2 000家,公立医院占比37%,民营医院占比60%,获得认证的医务人员总量约为28 444人,其中包括16 617名全科医生,11 286名医学专家,184名牙科医生和357名助产士。

(二) 医疗管理机构

菲律宾医疗保障管理主体为医疗保健委员会(GISS)与医疗保险局。前者成员主要来自政府各部委,面向政府人员,后者主要承担企业职工保险责任,但现阶段的职工投保量仅为0.3%[4]。

卫生部、省、市卫生管理委员会为政府组织。街道属于卫生志愿者提供服务的非政府组织。中央政府主要进行政策和规划的制定,地方政府负责落实日常工作。换言之,地方政府负责管理运行公立医院和诊所。国家卫生部下属机构包括菲律宾医疗保险总公司、食品与药品管理局等[5]。

(三) 医疗机构

1. 公立医疗机构　菲律宾卫生服务供应体系内的医疗机构分为两种:公立和私

立。其中私立医疗机构占主体,尤其是在城市范围内,但公立医疗机构在农村地区占比较高。公立医院的收入主要为政府预算以及政府允许范围内的服务收入。医生的服务收入由医院统一管理,平均分配,不因工作量差别而不同。较之私立医疗机构,公立医院医疗服务收费水平普遍较低。菲律宾总医院是最具代表意义的公立医疗机构[6]。

菲律宾医院总量约为1 800家,公立医院(Government Hospital)721家,占比40%,包括卫生署直属公立医院(the Department of Health Hospitals,简称DOH Hospitals)72家;私立医院(Private Hospital)或医疗机构占比60%;人均病床拥有量为千分之一。

2. 私立医疗机构　除了盈利性医院,慈善医疗机构也是私立医疗机构的主要构成。此类机构面向贫困人口提供免费医疗服务或由患者自愿付费。菲律宾华人社团创办了大量慈善医疗机构,开展贫困医疗救助服务。

(四)医疗社会保障情况

1. 国民社会医疗保险　菲律宾国家医疗保险补偿标准全国统一,包括三个等级。补偿内容包括住院和门诊两类。相对复杂程度低于20点级的初级手术、化疗、放疗、透析、急诊、1~2级正常生产、肺结核治疗以及预防保健服务等内容属于门诊补偿范围。药品、诊断及化验、医生服务费(诊疗和手术)以及计划生育手术等属于住院补偿范围。

2. 商业保险　Phil Health成立15年以来,凭借持续性、可支付及进步性的社会医疗保险服务,为全体菲律宾人提供优质医疗保健服务保障。Phil Health发挥资金媒介作用,将始终坚持可持续性国家医疗保险计划(NHIP)的发展[7]。

三、传统医药的法律与政策环境

在菲律宾,中医不享受挂牌行医的合法权利,但是并未遭官方驱逐。受价格影响,菲律宾民众对中医表现出一定的认可和欢迎。但菲律宾中医推广的资金不充分,无法实现在大学设立中医专业、进行中医人才培养等目标。另外菲律宾立法程序相对复杂,对于短期内实现菲律宾境内中医合法化问题,部分医学界人士态度并不乐观,认为此项工作任重道远。

菲律宾的法律对西医从事中医诊疗持鼓励态度,对中医行医却明令禁止。由于中医无法在菲律宾取得合法经营权,使得中医的推广和发展遭到了严重限制。

为实现对菲律宾传统医学的保护和发展,菲律宾于1997年签署了《传统与替代医学法案》。

(一) 医师执业

菲律宾的医疗服务人员大部分需要通过 Phil Health 的认证,截至目前,Phil Health 认证的医疗机构数量已近 2 000 家,从业人员数量已超过 2 万。下一步,Phil Health 试图将农村卫生单位(RHUs)、结核病治疗(TB DOTS)中心、孕妇护理门诊和独立透析门诊等纳入服务范围,以便充分落实医疗保险服务。

(二) 药品准入

菲律宾政府于1971年对中医药适用范围进行限制,规定只有华侨能够购买中药。获取中药店营业许可的必要条件是通过菲律宾政府举办的药剂师考试。

近年来,菲律宾中医药学术组织在著名中医师的帮助下取得了一定的发展成效。现阶段,中华药商会会员在马尼拉共开设药店26家,中药饮片和中成药等品类完备,常用饮片通常不少于 500 种,中成药品种近百,主要进口渠道包括中国、韩国、新加坡、日本。进口自中国的中成药主要有安宫牛黄丸、牛黄清心丸、乌鸡白凤丸、千金止带丸、人参鹿茸丸、人参健脾丸、舒肝丸、健步虎潜丸、至宝三鞭丸、石斛夜光丸、朱砂安神丸、六神丸、木瓜丸、银翘解毒片、藏香正气片、大活络丹、天王补心丹、天麻丸、紫雪散、大小狗皮膏、脑立清、七厘散、燕窝秋梨膏、苓贝秋梨膏、虎骨酒、人参精、人参蛤蚧精、川贝精片、当归片、龟龄集、砂仁山楂汁、清凉油、片仔癀、万应茶等几十种。另外"101""851""同仁堂"等传统成药市场紧俏。

(三) 传统医药教育

中医药专业未能进入菲律宾高等学府,短期培训与师承教育是传统医疗的主要教育形式。

西医是菲律宾的主导医疗形式,但菲律宾注册中医及针灸师学会会长郑启明实现新的创举：在菲律宾高等学府开设中医基础理论和中医针灸术两门课程。郑启明致力于利用高等教育逐步加强中华传统医学理论与实践在菲律宾的推广和发展，以期传统中医获得菲律宾替代医学领域的法律认可。

菲律宾还建立了专门的中医药学术组织，例如"中国医药研究社""马尼拉中医药研究所"等，为促进中医药学术交流，深化中医药人才培养，这些组织进行了多方积极尝试。在国际"中医热"潮流影响下，菲律宾政府于1982年给予中医药疗法一定认可，明确将针灸术的施行资格授予正规西医师。

现阶段，菲律宾境内的中医药从业医师数量接近100人。菲律宾卫生部门专职官员Alfonso T博士是传统医学管理的主要责任人。他曾进行3个月的针灸学习，在其主持下，为期2周至1个月的中医针灸培训曾多次召开。每期学员约50人，但因为西医是菲律宾医学领域的主流，培训完成后仅有1/3的人能够投身中医针灸行业，而且主要形式是个体经营。菲律宾针灸医师组建了专门的针灸学会和针灸管理研究中心，会员量已超过80人。菲律宾针灸研讨会每两年一届，会后有相关文集出版。

（四）保险覆盖

菲律宾医疗保险仍处于基本层面。补偿水平较低，定额补偿种类较多。此类设计能够提升保险基金支出控制水平，但是不符合实际医疗费用支出，因此在减轻患者实际医疗负担方面作用有限。

（五）医药投资

目前菲律宾没有允许中医诊所独自开业行医的法律，但是有部分中资的中药店与中医诊所由当地政府特批开业，如同仁堂马尼拉旗舰药店，其消费者已不仅限于华侨，店内经营药材、保健品、药酒、中成药等母公司的所有产品，并提供中医坐诊、艾灸、针灸等医疗服务。由于菲律宾中医药法律的不完备，医药投资者得到合法的经营许可困难重重。目前菲律宾的中医药教育处于发展阶段，中医药教育的投资相对容易。

四、中医药服务贸易双边合作现状

(一) 传统医药交流历程

自中菲商贸交流和华人移民开始,中国中医药便不断流入菲律宾。中华崇仁医院就是由马尼拉华侨于1789年创办。随着近代西医传入菲律宾,中医行医逐渐受到约束。1917年,菲律宾政府在最初的中医药相关法律中明确规定,中医行医不得超出华人范围。20世纪60年代初期,菲律宾中医教育曾一度呈现良好发展态势,但20世纪60年代后期再次减少,自1969年菲政府相关政策公布以来,中医师数量连续下降。经过十多年中医师的不懈努力,1983年菲律宾华佗中医药治疗研究中心创办,中国政府曾为其学习班开办提供医师支持,中国技术人员也应邀抵达菲律宾。例如应邀赴菲的上海肿瘤医院医师高令山,利用中医疗法治疗吕希复兄弟的心脏衰竭与癌症,效果较西医更为显著,曾震惊一众西医权威。

(二) 境外消费

中国南京中医药大学与菲律宾思恩中医诊疗所共同在菲律宾合办中医学院,设有硕士、博士学位,包括汉语班、中文会话班、中医草药与针灸班。其中基础课程在菲律宾进行,进阶课程在南京中医药大学进行。2018年10月菲律宾保和省省长埃德加·查托一行到江西中医药大学岐黄国医外国政要体验中心,接受中医诊疗,体验中医药文化,并表示愿意为中医药作国际"代言"。

(三) 跨境交付

目前主要的形式是中国的跨境医疗平台,如第一家走向海外市场的中国移动医疗公司"杏树林"已进入菲律宾,其中医药云端数据库可供菲律宾中医师随时查阅,并且为医生提供了电子化和数据化病历夹,弥补了当地医疗缺乏数据化的不足。

(四) 商业存在

菲律宾境内的中医诊疗场所多以西医医院和中药店为主,也有华人投建的中医诊疗医院,如位于菲律宾首都马尼拉市的中华崇仁医院。当前,该医院已经实现综合性现代化发展,医院共设病房50间,分为普通、高干、豪华三种类型。普通病房每个床位定价350比索,高干病房定价2000比索,豪华病房无定价。医院每月创造600万比索收益。目前中国—菲律宾中医中心正在建设中,该中心由菲律宾中医及针灸诊疗中心与福建中医药大学共同合作建设,开展中医药宣传、教育、医疗、科研工作。

(五) 自然人流动

目前主要形式为中国中医教育者前往菲律宾执教与中国中医师、中医理疗师前往菲律宾提供医疗服务。如马尼拉同仁堂的中医师、中医理疗师就来自中国;马尼拉圣功中医药研究中心也聘请了来自中国的专家作技术支持。

(六) 大事记

中菲服务贸易大事记见表6-2。

表6-2 中菲服务贸易大事记

时间	事件	意义
1975年6月	双方签署《中菲贸易协定》	双方对双边贸易持积极态度
1984年1月	双方签署关于经济贸易方面的谅解备忘录	挽救1982年以来双边贸易额下降的局面
2000年5月	双方签署《关于21世纪双边合作框架的联合声明》	双方将致力于发展中菲长期稳定的友好合作关系
2016年10月	菲律宾总统罗德里戈·杜特尔特访华,出席中菲经贸合作论坛	2011年以来菲律宾总统对中国首次国事访问,是两国关系改善的重要转折点
2017年4月	中国成为菲律宾第一大贸易伙伴	中菲关系不断改善,经贸合作不断推进
2017年5月	菲律宾总统罗德里戈·杜特尔特赴北京出席"一带一路"国际合作高峰论坛	践行"一带一路"倡议,深化双边贸易往来
2018年11月	中菲关系升级为"全面战略合作关系"	标志着中菲两国友好关系的全面升级,中国将增加对东盟东部增长区的投入

五、市场机遇与潜力

（一）中医药医疗服务在菲律宾有较大市场空缺

由于历史发展原因，菲律宾现阶段中医主要受众为华人以及华侨。在当地本土民众中中医的发展依旧十分有限。由于缺乏资金宣传，当地人对中医及其疗效的认识依旧不足。中医在当地依旧存在着相当大的市场潜力。

（二）菲律宾中医科室及中药种类齐全

菲律宾的华裔以及华侨对中医的需求量很大，因此菲律宾中医较成体系，涉及内、外、妇、儿各科，覆盖各种常见病症。医师开药多为草药和中成药，主要从中国、日本、韩国、新加坡进口中药，菲律宾中医对中医中药的运用有一定的实践基础。

六、风 险 提 示

（一）菲律宾中医人才培养系统薄弱

在菲律宾医学教育界西医占主导地位，目前大学没有专门的中医学院以及专业，只存在一些短期的针灸培训班以及高校开设的中医基础理论和中国针灸技术课程等。其余中医师的教育主要依靠师承。由于缺乏成熟的培训体系，菲律宾难以产生大量的高质量的中医师，中医的人才传承受到了一定的影响。

(二)菲律宾中医立法存在障碍

菲律宾虽然存在不少中医诊所,但官方不允许中医挂牌行医,中医在菲律宾一直处于被默许的状态。1982年菲律宾政府在世界性的中医热的影响下才作出规定,只有西医医师才能实行针灸术。由于菲律宾经济较为落后,缺乏资金推广中医,并且菲律宾立法程序繁琐,所以短期内中医立法存在障碍。

(三)中菲中医药学术交流缺乏

菲律宾有自身的中医药学会,如"马尼拉中医药研究所""中国医药研究社"均为中医药的学术交流作出了积极的贡献。但由于菲律宾大学中缺乏中医药相关专业和研究机构,仅靠民间机构进行中医药学术交流,力量有限。官方学术交流活动大多以义诊为主,缺乏科研活动。菲律宾中医与中国的连接也不够紧密,交流非常缺乏。

七、案 例 分 析

(一)李医生中国针灸诊所

【所在地区】 菲律宾,Paranaque,BF Homes Aguirre街58号Dexcon大楼2楼。

【案例定义】 外籍人士在菲律宾开办的针灸诊所。

【案例概况】 李医生中国针灸诊所是由韩籍人士开办的中小规模中医诊所,提供针灸保健疗法服务。诊所的经营者曾在中国学习中国传统医学长达11年,诊所除传统针灸以外,还提供韩式电针疗法服务,治疗的疾病包括身体疼痛、高血压和生殖问题。

【案例总结】 案例为当地较为成功的外籍人士开设的中小型中医诊所,该诊所的创办者拥有长时间的中医药求学经历和扎实的中医功底以及先进医疗设备,而针灸属于菲律宾法律允许进行的中医项目,这些条件都保障了诊所的良好运行。

(二)思恩中医学院

【所在地区】 菲律宾,马尼拉。

【案例定义】 华侨开办的菲律宾中医学校。

【案例概况】 思恩中医学院是菲律宾当地的中医教育培训机构,教学以英语授课,包括课堂教学、临床带教。该学校得到了南京中医药大学的协助,拥有正规良好的师资,把正规的中医药教育模式带入了菲律宾。

【案例总结】 该学院作为在菲律宾华侨举办的中医教育机构非常成功,教学内容做到理论与临床并重,并且与中国著名中医药院校南京中医药大学开展了教学和学术上的合作,确保了中医知识的准确性和教学质量。该院已经在与菲律宾的大学商议开展合作,这为在菲律宾中医教育学院化做出了积极的贡献。

八、结论与建议

经济方面,菲律宾本土经济处于上升期,中菲贸易亦有上升趋势,但会受中菲关系影响而波动。传统医药方面,菲律宾当地华人对中医接受度很高,但在当地民众中的传播依然有限。国家传统医药法律仍不完善,发展停留在针灸上。两国的医疗服务贸易存在较大的市场空白。积极倡导中医立法、推进中医普及可使中菲都有积极影响,具体建议如下。

(一)积极开展义诊以及宣传活动,提升中医在当地的影响力

菲律宾地理位置与中国不接壤,历史上中医仅在华人圈内有限地传播,而占人口97%~98%的本土人口对中医了解不多,并且很长一段时间内中医师不允许服务当地人。所以当地人是菲律宾的主体市场,在当地人中进行的L3L2医义诊,均在当地民众中取得了良好的效果。所以用义诊来打开市场是一个较好的方法。

(二) 发展中医药教育，培养相关人才

在打开当地的中医药市场后，就需要中医药相关的人才提供服务。现在菲律宾中医药教育仍停留在学校短期培训和民间机构培训上。民间中医教育者和机构正在推动中医教育进入高等教育，让中医教育进入高等学府专业的好处不仅可以培养更多中医药的正规人才进入中医药市场，还可以推动科研，使中医药更加规范化，为立法提供依据。

(三) 推动中医药立法

有了中医药市场和中医药行业从业者，就必须要有相关法律支持和约束。东盟国家国情相似，菲律宾的中医立法可以参考越南、马来西亚等中医历史较为悠久、中医立法较为完善的国家。中医立法可以保障中医师的地位，并且能避免中医药市场中不合规范的商家出现。

（万嘉瑶）

参考文献

[1] 中华人民共和国驻菲律宾共和国大使馆.基本情况[EB/OL].https://www.mfa.gov.cn/ce/ceph/chn/flbgk/jbqk/.

[2] 丁波涛.中国—东盟信息化合作现状与发展前景[J].东南亚纵横,2017(4):57-62.

[3] 中华人民共和国国家统计局.国家数据[EB/OL].http://data.stats.gov.cn/easyquery.htm?cn=C01.

[4] 国家卫生部赴菲律宾考察组.菲律宾的医疗保障制度[J].中国卫生经济,1995(09):50-51.

[5] 2019—2020年菲律宾制药和医疗保健行业研究报告 https://xueqiu.com/1533701086/120191422.

[6] 马进,张重华,方修仁,等.菲律宾卫生系统对我国弱势人群医疗救助的启示[J].中国卫生经济,2006(1):75-77.

[7] Madeleine R.Valera.菲律宾的医疗保险经验[J].中国执业药师,2009,6(3):46-47.

第七章 斯里兰卡民主社会主义共和国

一、基本国情

(一) 国家概况

斯里兰卡民主社会主义共和国(the Democratic Socialist Republic of Srilanka,以下简称斯里兰卡),1972年改称斯里兰卡共和国,后又于1978年更名为斯里兰卡民主社会主义共和国。目前人口约2 144万[1]。斯里兰卡在南亚次大陆南端,与印度半岛在西北部隔保克海峡相望,国土面积65 610平方千米,首都科伦坡,人口约为75.3万[2]。该国分为9个省和25个县。斯里兰卡的主要民族是僧伽罗族,占74.9%,其他还有泰米尔族、摩尔族等。官方和全国语言是僧伽罗语、泰米尔语,上层社会通用英语,大部分人也将英语作为第二外语。有70.2%的斯里兰卡人口信仰佛教,12.6%的人信奉印度教,其余还有人信奉伊斯兰教、天主教和基督教[2]。

(二) 政治环境

1. **政治制度** 斯里兰卡于1978年颁布新宪法,改实行总统制。总统由选民直接选举产生,有权力任命总理和内阁其他成员,兼具国家元首及武装部队总司令的身份。斯里兰卡议会为最高立法机构,行使制定法律的权力,为一院制议会,由225名议员组成,任期6年。议员由选民直接选举产生,实行比例代表制①。2015年9月,现任议长为统一国民党党员卡鲁·贾亚苏里亚。司法机构由三部分组成:法院、司法部和司法委员会。最高法院首席法官纳林·佩雷拉,2018年10月上任。

2015年1月,斯里兰卡自由党的迈特里帕拉·西里塞纳当选总统。总理拉尼尔·维克拉马辛哈2015年8月21日就任,他领导的统一国民党获得225个议席中的106个。2018年10月西里塞纳总统任命拉贾帕克萨为总理,免去维克拉马辛哈总理职务。12月,拉贾帕克萨辞去总理职务,维克拉马辛哈再次就任总理。新一届内阁在

---

① 该制度按照各政党所获选票数在总票数中所占比例分配议员席位。

2018年12月组建,共30人。斯里兰卡是多党制国家,主要有四个政党:斯里兰卡自由党、统一国民党、泰米尔全国联盟和人民解放阵线等。

2. **外交特点** 斯里兰卡已经与140多个国家建立外交关系。主张和平共处五项原则,在外交政策上长期坚持独立和不结盟,并且反对大国霸权主义、种族主义等,坚决维护领土完整,反对外国干涉内政和外交问题。斯里兰卡在国际社会上积极寻求解决国内民族问题的理解和支持。斯里兰卡参与并推动南亚区域合作,为南亚区域合作联盟成员国。2007年7月,斯里兰卡成为东盟地区论坛(ARF)第二十七个成员国。斯里兰卡为上海合作组织对话伙伴国。

在外交关系上,美国是斯里兰卡主要援助国之一。美国支持斯里兰卡通过政治解决民族问题,认同其进行经济改革、推行民主进程。印度与斯里兰卡历史交往悠久,地缘、政治联系紧密,是其开展外交和经济合作的重点国家。

3. **中斯关系** 中斯两国友好往来历史悠久。当斯里兰卡政府还称"锡兰"时,便于1950年承认中华人民共和国,两国于1957年2月7日建交。斯里兰卡政府一直对中国奉行友好的政策,与中国长期友好交往,在宗教文化上认同度较高,与中国是战略合作伙伴关系。

2005年到2014年,中方向斯投资逐步超过70亿,成为斯里兰卡的第二大投资国。然而,总统西里塞纳在2015年1月上台后试图再次拉近与印度的关系,突然叫停中方科伦坡港口城项目。约1年后,由于红茶和橡胶产品出口情况低迷、贸易收支情况不容乐观,斯里兰卡政府最终批准重启该项目。

(三) 经济环境

1. **经济概况** 斯里兰卡属于发展中国家,实行的是资本主义制度。其流通货币为卢比,对美元汇率为152.46∶1(2017年平均值)。近年来,斯里兰卡经济保持持续快速增长的趋势。2016年,斯里兰卡GDP总额约为889亿美元,总量位居世界第六十六位,较上一年度增长3.2%。人均GDP为4 102美元[3]。据世界银行最新统计数据显示,斯里兰卡GDP、人口总数与居民预期寿命等指标持续上升,2017年斯里兰卡人均国民收入3 660美元。2016年,美国为斯里兰卡最大出口国,中国占其出口总额的1.9%,是第十大出口目的地。斯里兰卡自中国进口占进口总额的21.7%,中国成为斯里兰卡最大进口国,第二、第三位分别是印度和阿联酋[4]。斯里兰卡统计局发布2017年GDP为9.315万亿卢比(1美元约合150卢比)。国际货币基金组织(IMF)

预测,斯里兰卡经济在2018年将触底回升,预计可增长4.4%。

2. **主要产业** 斯里兰卡是农业国家,以种植园经济为主。农业经济收入的三大支柱是茶叶、橡胶和椰子,并且拥有渔业、林业和水力资源。农业产值在GDP中的占比一直呈下降趋势。斯里兰卡资源缺乏,工业基础相对薄弱,需要从国外进口大量工业原材料。

在斯里兰卡,服务业主导国民经济,特别是通讯业和旅游业发展迅速、前景良好,已成为斯里兰卡经济增长的主力军。2016年GDP中,斯里兰卡服务业产值占比高达56.5%,增速达到4.2%[4],2017年占到56.8%。2018年服务业的产值继续增长。

3. **对华贸易** 自两国建交以来,双边贸易额逐年增长,在平等互利的基础上发展顺利。特别是近年来,两国在各领域互利合作不断扩大,双边贸易保持较快增长势头。截至2018年2月,斯里兰卡第二大进口来源地及第八大出口市场是中国。据斯里兰卡海关统计,2018年第一季度中斯双边货物进出口额增长11.8%,达到10.8亿美元。

同时,中国也是斯里兰卡最重要的投资国之一。据中国海关统计,2018年,中斯双边贸易总额为45.8亿美元,增长4.1%(表7-1、图7-1)。中国自斯里兰卡进口3.2亿美元,出口商品主要类别包括针织物及钩编织物、电气及电子产品、机械器具及零件等;从斯里兰卡进口产品主要有服装、散茶、珠宝、贵金属及制品等。

表7-1 2008—2018年中斯双边贸易数据(单位:亿美元)

年份 项目	2008	2009	2010	2011	2012	2013	2014	2015	2016	2017	2018
总额	16.83	16.40	20.97	31.42	31.68	36.20	40.42	45.64	45.60	46.1	45.8
出口	16.23	15.69	19.95	29.89	30.07	34.38	37.93	43.05	42.90	42.9	42.6
进口	0.59	0.70	1.03	1.53	1.62	1.83	2.49	2.59	2.70	2.7	3.2

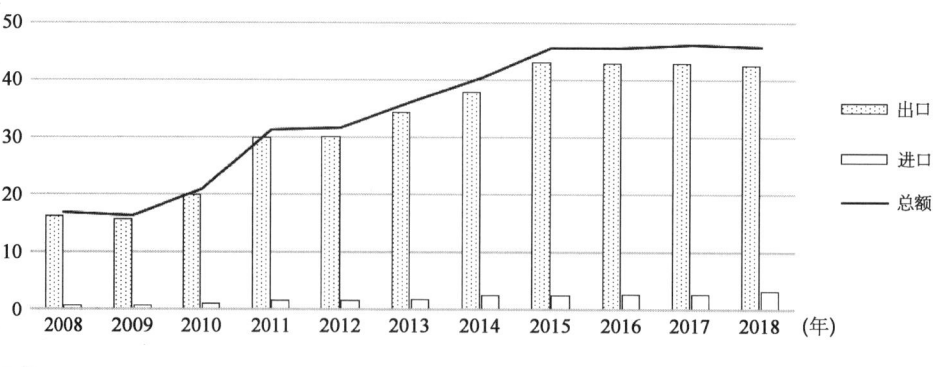

图7-1 2008—2018年中斯贸易数据(单位:亿美元)

注:以上图表根据"海关信息网"和"中华人民共和国商务部网站"数据整理制作

二、医疗健康保障体系现状

(一) 基本情况

斯里兰卡的卫生部下设卫生局和兰医局(负责管理斯里兰卡传统医学),建立了全国有较为完善的卫生保健网,实行全民免费医疗。所有外国人(包括游客),均能享受斯里兰卡公立医院的免费医疗。

斯里兰卡医疗保健体系中,传统医药是重要组成部分。阿育吠陀医药在斯里兰卡广泛应用。在基础医疗中,60%~70%的贫困人口都依赖传统与天然医药[5]。2014年据斯里兰卡央行年报统计,当年斯里兰卡全国医疗卫生政府总支出占GDP的1.4%,达到1 384亿卢比。平均每月斯里兰卡家庭用于医疗卫生的支出占4.6%,约为每月1 441卢比。2014年,斯里兰卡平均每万人拥有9名医生、20名护理和助产人员、1名牙医、10名阿育吠陀医师;平均每万人拥有37张医院床位。2016年,斯里兰卡公共卫生开支占GDP的1.5%,预期寿命为75岁[2]。

(二) 医疗管理机构

20世纪80年代初,斯里兰卡政府专门设立了一个独立的国家级卫生管理部门——传统医药部(Ministry of Indigenous Medicine),推进了传统医疗的医院和诊所成立,为国民提供免费治疗。传统医药内阁部(Cabinet Ministry for Indigenous Medicine)在1994年成立。其阿育吠陀(Ayurveda)管理局和班达拉奈克阿育吠陀(Bandaranaike Ayurvedic)研究院、班达拉奈克阿育吠陀纪念研究所(Bandaranaike Memorial Ayurvedic Research Institute)是代表传统医药研究与开发的国家级部门。

斯里兰卡设立了卫生部下属的传统医学委员会。斯里兰卡政府通过斯里兰卡卫生部阿育吠陀司和地方传统医药委员会,对传统医药分中央和地方二级管理。传统医药的管理由中央医药部来负责。为了让传统医药进入主流健康保健体系并促进机构发展,其通过医院、诊所、阿育吠陀管理局、研究院和阿育吠陀药品公司等机构承办各种各样的活动。对药用植物进行保护和可持续利用,是省级阿育吠陀委员会与非政府机构的责任。

(三) 医疗机构

1. **公立医疗机构** 斯里兰卡已经实行50多年的免费医疗,仅限于在政府医院就医免费。患者的门诊、医药、膳食、住院、手术、输血等,都在免费范围内。公立医院的收费较为便宜,但条件一般且人满为患。斯里兰卡传统医学治疗手段与中医相似,在治疗蛇咬伤、骨折、风湿病及皮肤病等方面有独到之处。传统医药治病费用低廉,颇受广大民众欢迎。据斯里兰卡卫生部统计,截至2016年6月1日,全国共有公立医疗机构1085所,床位76781张[6]。

2. **私立医疗机构** 斯里兰卡私立医院和诊所很多,费用较贵。目前斯里兰卡私立医院数据不全。由于免费医疗覆盖面广,斯里兰卡国内私立医疗机构的业务以保健、康复为主,主要服务旅游业,在医疗和一般服务两者之间,官方定义不全。

(四) 医疗社会保障情况

1. **国民社会医疗保险** 由于经济和科技水平发展较为落后,虽然斯里兰卡为民众提供免费医疗,但是斯里兰卡医疗水平和普及程度都处于低位。建设医疗保健体系是斯里兰卡政府的主要目标,将预防保健账户落实到绝大多数住院患者和所有公民。疟疾、麻风、先天性梅毒和流行性乙型脑炎等传染性疾病经过这一举措基本得到控制。然而非传染性疾病仍然呈上升趋势,约占全国死亡人数的70%[7],尤其是心血管疾病、癌症、糖尿病和慢性呼吸系统疾病。

2. **商业保险** 据斯里兰卡保险局统计,目前共有27家保险公司在斯里兰卡注册,其中开展长期保险的14家,一般保险的13家。AIG保险有限公司正在从斯里兰卡退出。外国的健康保险被禁止售卖(详见本章附二)。

三、传统医药的法律与政策环境

中医药发展中,斯里兰卡目前无专门针对中医药的法律法规。但政府于1941年颁布并实施《本土医药条例》(Indigenous Medicine Ordinance)和1961年制定印度草医学/传统医药法《阿育吠陀法令第31号》(Ayurveda Act 31 of 1961),奠定了斯里兰卡传统医学的地位。

(一)医师执业

斯里兰卡有两所传统医学研究所,可颁发阿育吠陀文凭的学校有好几所,还有配备受过阿育吠陀医学体系培训专业人员的41家医院和100家诊所。医学生从医学院校毕业后,需要在医疗机构实习满两年,通过执业资格考试,包括操作考和笔试。根据规定,想要获得阿育吠陀医师、药剂师或护士注册资格,需由通过负责注册的官员向理事会提交注册申请,并且需要满足以下条件:斯里兰卡本国公民;获得阿育吠陀医药理事会承认的证书(早于阿育吠陀医药理事会条例指定日期),或土著医药理事会颁发的文凭,或阿育吠陀医学院以及医院管理委员会颁发的文凭,或在卫生部申报被承认批准的其他机构的文凭;掌握充分的知识、经验和技能。

(二)药品准入

斯里兰卡传统草药司负责为中药原料、成药以及印度的传统药品签发进口许可证。斯里兰卡进口药品的70%~80%来自印度,2014年起随着药品进口协议的签署,孟加拉国成为斯里兰卡新的可靠进口来源。同年政府着手对进口药品进行价格管制,以防进口商牺牲贫民利益换取巨额利润,进口商在提价前必须取得消费者事务管理局的同意。

(三)传统医药教育

早在3万年前,斯里兰卡的本土医学体系就已存在。斯里兰卡本土医学——兰医受到印度佛教和传统医学的影响。历史上在属于佛教寺庙的学校中进行斯里兰卡本土医学和印度医学的教育,但在殖民统治时期,传统医学的教育被长期忽视,只能以家庭形式传承。

1993年,在WHO的赞助下,国家传统医学研究所在斯里兰卡成立,旨在为医生和与公共卫生相关的人员提高技能。斯里兰卡政府重视兰医教育,虽然其国土面积不足6.5万平方千米,但是开设了两所兰医学院。其中科伦坡大学兰医学院是兰医的最高学府,成立于1929年,学制为6年(前5年在校学习,后1年临床实习),附属机构有兰医医院和兰医研究所。通过考试后学生便可获得兰医医生资格。

(四)保险覆盖

斯里兰卡实行公立医院公费医疗,但由于斯里兰卡大多数公立医院还未曾设立中医部门,所以中医诊疗不在医保范围之内。目前中医药已引入斯里兰卡,兰医引进了中国针灸和草药,但未见纳入医保信息。科伦坡设有"中国传统医学医疗中心",有针灸、推拿、正骨医师,但没有正式的中医师从业资格相关规定。目前,中药未曾准入斯里兰卡市场,多以食品补充剂的名义进入。斯里兰卡医疗行业允许外资进入,在得到斯里兰卡卫生部和投资局审批后,中药可以在斯里兰卡建厂生产,但投资额不得低于5万美元。

(五)医药投资

斯里兰卡除个别领域不允许外资进入外,大多领域对外资开放,医疗行业不在禁止的领域内。斯里兰卡政府没有对外国投资方式实行任何限制。

四、中医药服务贸易双边合作现状

(一)传统医药交流历程

斯里兰卡传统医药由两部分组成,斯里兰卡传统医药与印度传统医药。兰医起源于印度,大约在1 000年前印度移民来到斯里兰卡,也带来了印度的文化和传统医学。印度的传统医学与当地民族的医疗、草药传统相融合,逐步形成了兰医。

中斯两国在公元1世纪就开始有经济往来,双方的传统医药也有交流。兰医没有理论,主要依靠世代积累的经验治疗疾病。因此在其历史发展过程中,仅引进中医的针灸和草药,学习中医的诊疗经验,却对中医的系统理论没有采用。中医和西医在斯里兰卡都称为"洋医"。

(二) 境外消费

斯里兰卡留学生来中国学习中医药,学成归国后将所学知识在临床中进行应用,促进了中医、中药的传播。2016年第九届全球健康促进大会期间,斯里兰卡外国官员和教授也纷纷体验中医诊疗,期待双方有更多合作。

(三) 跨境交付

2014年我国将斯里兰卡作为"一带一路"倡议的重要支点,鼓励传统制造和商贸流通企业利用跨境电商平台开拓国际市场,以货物贸易拉动服务贸易。2017年1月,斯里兰卡政府称,阿里巴巴集团有兴趣在斯里兰卡投资建立一个电商平台,为双边贸易带来更多可能。

(四) 商业存在

中国长久以来都坚定支持并积极助推斯里兰卡经济社会发展,向斯里兰卡提供各种力所能及的援助。截至2013年,在首都科伦坡,中国人通过各种不同方式开设的中医诊所约有10余家[8],中国东方医院(China Eastern Hospital)有中国医生,能诊疗一般疾病。

(五) 自然人流动

自然人流动方面资料较少。

(六) 大事记

中斯服务贸易大事记见表7-2。

表7-2 中斯服务贸易大事记

时间	事件	意义
2013年8月 2014年3月	中斯自贸区联合可行性研究启动 中斯自贸区联合可行性研究结束	筹备第一个中斯合作自由贸易交流区
2014年9月16日	中斯签署《关于启动中国—斯里兰卡自由贸易协定谈判的谅解备忘录》	中斯自贸协定是一个覆盖服务贸易、货物贸易、投资和经济技术合作等内容的全面协定
2017年1月13日	《亚太贸易协定》第四届部长级理事会举行,中国、印度、韩国、斯里兰卡、孟加拉国、老挝和蒙古国共同签署《亚太贸易协定第二修正案》	宣布启动《亚太贸易协定》项下贸易便利化、投资和服务贸易领域实质性谈判,并力争于年内启动第五轮关税减让谈判
2017年1月16日—19日	中国—斯里兰卡自贸区第五轮谈判举行	中斯双方就货物贸易、服务贸易、投资、经济技术合作、贸易便利化、技术性贸易壁垒和卫生与植物卫生措施等议题充分交换意见
2017年2月7日	中国与斯里兰卡庆祝建交60周年	两国关系以建交60周年为契机迈上新台阶
2017年5月16日	习近平主席会见斯里兰卡总理维克拉马辛哈	斯里兰卡总理来华出席"一带一路"国际合作高峰论坛
2017年9月28日—29日	《亚太贸易协定》第五十一次常委会在斯里兰卡科伦坡举行	开展贸易便利化、投资、服务贸易三个领域实质性谈判
2018年5月11日	斯里兰卡总统西里塞纳会见中国驻斯里兰卡大使程学源	斯里兰卡坚定支持"一带一路"倡议,希望吸引中国投资

注:此表根据网络新闻整理制作

五、市场机遇与潜力

(一) 宗教文化认同感强,重走海上"丝绸之路"

"丝绸之路"是一项具有亲和力、感召力和影响力的文化符号。中国21世纪海上丝绸之路的蓝图正在铺展,中斯在宗教文化上的认同无疑是两国携手并肩的基石,也是中医药进入斯里兰卡的先决条件。在中斯交往中,有研究表明,佛教在中斯交往中发挥了至关重要的作用,直接增进了两国的友谊,强化了相互间深层交流的信任[9]。中国与斯里兰卡由宗教文化牵引,政治交往、社会交融逐渐增强,为中医药走出去铺平道路。

(二)借力自由贸易协定谈判,互利共赢

在2014年访问斯里兰卡期间,习近平主席与斯里兰卡领导人签署了《关于启动中国—斯里兰卡自由贸易协定谈判的谅解备忘录》,由此正式拉开了双边自由贸易区谈判的序幕。2017年1月,在斯里兰卡首都科伦坡举行了中国—斯里兰卡自由贸易区第五轮谈判[10],取得了积极进展,服务贸易也是协商的内容之一。投资、人员往来、产业合作等都将因中斯自由贸易区的成立而获益,并且在南亚具有合作示范效应,同时也可为中医药与兰医学携手合作提供政策支持。

自由贸易区的建立绝非易事,早在2003年,印度总理就提出过建立中印自由贸易区的概念,但是15年过去了,中印自由贸易区始终未能建立。而斯里兰卡和中国有着长期友好合作关系,使得中斯自由贸易区的建立容易得多。另外,斯里兰卡和印度是自由贸易区,如果中国和斯里兰卡成功签署自由贸易协定,中印两国也就顺势实现了间接"自由贸易",中国海外市场也能进一步开拓。

(三)投资合作有保障,经济特区待遇优厚

为创造良好的双向投资环境,并保护投资者利益,中斯早在1986年就签署了《中华人民共和国政府和斯里兰卡民主社会主义共和国政府关于相互促进和保护投资协定》。2006年开始执行中斯避免双重征税的协议。

斯里兰卡积极营造良好的政策环境,鼓励外国投资。斯里兰卡政府为了鼓励更多中国企业前来发展,2008年为中国投资者建立了一个占地1.5平方千米的经济特区,其位于斯里兰卡的最大城市与商业中心科伦坡附近。经济特区为中国企业提供了许多优惠,如税收减免15年、投资25万美元以上获得当地居住身份,到斯里兰卡免签证等[11]。2011年7月1日,斯里兰卡央行批准使用人民币进行跨境银行交易,不仅方便中斯双方结算,也进一步为中医药服务贸易走入斯里兰卡提供了便利。

（四）斯里兰卡旅游业前景广阔

服务业是斯里兰卡国民经济的主导产业,特别是旅游业和通讯业发展势头迅猛、增长迅速,已成为斯里兰卡经济增长的领头羊。2016年斯里兰卡GDP中,服务业产值占高达56.5%,增速达到4.2%[12]。截至2016年1月,斯里兰卡游客与上一年同期相比上升24.3%,达到19.428万人。其中来自中国的游客2.6083万人,上升122%。2018年的资料显示,中国赴斯里兰卡的人数为265 965人次,尽管较2017年略有下滑。斯里兰卡入境游的第二大客源国是中国[13]。目前,斯里兰卡在中国设立的直飞科伦坡的航班有20多个,包括北京、上海、广州、香港、昆明、重庆等城市。通过增加中文导游、中文频道等举措,斯里兰卡希望吸引更多中国游客。斯里兰卡旅游业的目标是到2026年,旅游占GDP的比重提高到10.5%[14]。斯里兰卡旅游业的蓬勃发展为以中医、兰医为特色的医疗旅游提供了良好的平台。

（五）兰医医院的诊疗手段比较局限

兰医医院治疗的疾病主要以外感、哮喘、皮肤病、类风湿、中风后遗症等慢性病为主。由于医疗资源有限,不仅没有医技科室,也不设急诊室和手术室,所以无法收治急危重症患者。传统兰医在调剂前不炮制草药,药剂人员会按照处方在一捆捆的草药中选取、称量、配齐,然后用砍刀砍、锤子砸等方法将草药碾碎为末后装袋,让患者带回去服用。兰医医院目前存在的局限性为中医服务贸易的引入提供了机会,通过中医和兰医结合、中医特色疗法都将助推斯里兰卡整体医疗水平更上一层楼。

六、风险提示

（一）地缘政治考虑和安全忧虑

斯里兰卡经济的快速发展离不开中国和印度的直接投资与援助,斯里兰卡长期受到印度的影响,所以地区内不同国家的地缘政治考虑和安全忧虑等值得重视[15]。在 2015 年初大选和政府换届之后,斯里兰卡临时叫停了中国已经投入巨资的科伦坡港口城项目[16]。斯里兰卡和印度之间历史和地理联系紧密,而斯里兰卡外交政策的重点是同印度保持友好关系。印度长期把斯里兰卡归为其势力范围,将中国在斯里兰卡的建设和投资看作对其利益的挑战。发展中医药服务贸易是否会引起印度的"警惕",仍值得进一步考量。

(二)"安保钻石"构想带来不确定因素

对日本来说,斯里兰卡靠近印度洋的航道十分重要,日本从中东进口的 80% 的原油和天然气需要经过马六甲海峡。而中国在斯里兰卡的影响力逐渐增加,2009 年开始,中国超越日本成为斯里兰卡的主要援助国。为进一步扩大在南亚的影响力,日本把斯里兰卡纳入其战略议程,以推进"安保钻石"构想。斯里兰卡和日本发展亲密关系,有利于缓解美国政府施加的压力。由此看来,中国提出的"21 世纪海上丝绸之路"难免与日本推进的"安保钻石"构想冲突,日本是否会进一步在医疗卫生领域提供对斯里兰卡的帮助,将为中医药服务贸易的开展带来很大变数。

(三)缺少行业规范

服务贸易囊括了第三产业的各种服务形态,也是提高产品市场价值的必要方式。但是斯里兰卡除了旅游业较为发达之外,其他服务贸易领域还处于初级阶段,甚至尚未萌芽,相关法律法规还不健全,缺少行业规范,不利于中国企业在双边的经贸合作中进行市场评估和风险防范。总体来说,中斯中医药服务贸易机遇和挑战并存,机遇大于挑战。

(四)印度传统医学的影响先入为主,不接受中医理论

兰医不仅是医学,还代表了文化传统和民族习惯。由于印度和斯里兰卡的历史和地理紧密相连,印度传统医药在斯里兰卡有很高的影响力和认可程度。但是未见中医药在斯里兰卡系统发展轨迹。贫困地区 60%~70% 的人口依靠本土阿育吠陀医药。

兰医主要依靠世代积累的经验治疗疾病,虽然汲取了中医的诊疗经验并引进了中国的针灸和草药,但其自身没有理论系统,无法与中医药进一步深入合作交流。同时斯里兰卡实行公立医院公费医疗,而中医诊疗不在医保范围之内,这也为中医药的普及带来了重重困难。

七、案例分析

目前中方在斯里兰卡开展业务或设有代表处的主要中资企事业单位中,没有和医疗相关的企业。斯里兰卡中医药服务贸易仍处于起步期。因此斯里兰卡传统医药商机较大。

八、结论与建议

斯里兰卡缓慢而持续的人口增长以及快速的人均GDP增长率将会扩大国内市场规模,增加市场机会。目前中国仍是斯里兰卡最大的对外贸易国,两国自由贸易协定洽谈亦于2017年起步,服务贸易前景向好。传统医药方面,斯里兰卡人民对传统医药接受率高,国家传统医药法规仍不完善。中斯在中医药标准化、医疗服务贸易方面存在较大市场空白,自由贸易合作对双方经济都有积极影响。具体实施建议如下。

(一) 抓住自由贸易区谈判和援建机遇,推进中医药准入

2017年1月和9月,中斯自贸区第五轮谈判和《亚太贸易协定》第五十一次常委会分别举行,开展贸易便利化、投资、服务贸易这三个领域是重点。若在中斯贸易协定的双边谈判中纳入中医药服务贸易内容,推进中医药地位与兰医并重,承认中西医

结合的治疗手段,着重发展中医药的特色健康服务业,有助于在双边合作中提升中医药健康服务的角色地位。对中医药服务的管理,首先保障公共健康,其次考虑中医药与兰医的差异,避免因为中斯政策的阻碍使得中医药在自贸协定国中的发展受阻,在谈判协商中将不必要的政策限制消除以深化提高承诺水平、渐进式推进中医药在未来的贸易自由化。2017年4月中国援建的斯里兰卡国家医院门诊楼项目在科伦坡奠基,有利于加深两国人民的友谊。除了硬件上的支援,在斯里兰卡医院内纳入中医诊疗,也可以造福当地民众。

(二)传播途径因地制宜,中医中心携手孔子学院

斯里兰卡网络和手机的普及率偏低,广播和报纸依然受众广泛。目前斯里兰卡可收听约70个频道的广播节目,全国发行的日报、周报约27种[17]。在斯里兰卡推广中医药最为便捷的方法是利用受众面广的广播、报纸进行传播推广。两国学术交流平台、中医中心携手孔子学院可以进一步加强两国在文化、教育、医疗、商业等领域互惠互利。

目前斯里兰卡没有合作建立的中医中心。中国企业与政府参与合作建设可以提高建设效率、缩短建设成本,把握在斯里兰卡中医中心建设中的主动权。中国一方面可向斯里兰卡输送中医药研究技术人员,拓宽服务贸易范围;另一方面,以中心为依托,易于突破中医师执业认证、药品准入等政策瓶颈,进行高层次研究发展,推动更多中医药产品走向世界。

(三)填补当地医疗的空白

由于经济发展和科技水平的制约,斯里兰卡的医疗水平较低。为解决这种矛盾,斯里兰卡政府为所有公民和绝大多数住院患者建立预防保健账户,更多地将目标放置于医疗保健体系建设上。虽然这一措施基本上控制住了传染性疾病,但是像癌症、糖尿病、慢性呼吸系统和心血管疾病这样的非传染性疾病发病率仍在上升,约占全国死亡人数的70%[18]。此外,医疗水平在城乡之间、地区之间差异明显。中医药对于上述非传染性疾病都有不错的疗效,可以瞄准斯里兰卡当地常见病、多发病,派遣医疗队到斯里兰卡进行服务,与兰医"错位竞争",填补疾病治疗空白与城乡不均衡的医疗条件。

(四)探讨中、斯、印三方合作可能,医旅结合

中国和印度都是斯里兰卡长期友好交往的国家,也是周边外交的重点。中印都有历史悠久的传统医学,而印度传统医药在斯里兰卡的影响和认知度很高,所以中医药在打开斯里兰卡市场的同时需要考虑兰医与印度传统医学的关系,积极探讨三方可能的合作领域和可行途径,促进三方关系形成良性互动、互利共赢,既保障三方利益,也保持地区的和平、稳定与共同繁荣。例如,佛教旅游和传统医学资源在三国均有分布,可以考虑合作开辟医疗旅游路线。

斯里兰卡最重要的创汇部门是旅游业,其直接影响着斯里兰卡的经济增长速度和质量。目前中医在斯里兰卡的地位高于兰医,若在斯里兰卡旅游业中融入针对外国游客定制的高端中医药服务,与兰医形成错位竞争的格局,可以帮助斯里兰卡旅游业找到新的亮点,更能大力助推中医药服务贸易的发展,使两国人民增进了解、密切联系。

(黄祎晨)

附

斯里兰卡与传统医药相关应用法规

阿育吠陀法案(1961 年第 31 号)目录
Sri Lanka Consolidated Acts
Ayurveda Act (No. 31 of 1961)

TABLE OF PROVISIONS(Long Title)

1. Short title and date of operation.

2. A Department of Ayurveda to be established.

3. Appointment of the Commissioner for Ayurveda and other officers.

4. Delegation of the Commissioner's powers and duties.

5. Minister's power to authorize any officer to exercise or perform any power or duty of a Deputy Commissioner or an Assistant Commissioner for Ayurveda.

6. Commissioner to be subject to directions of Minister.

7. Objects of the Department.

8. Establishment and maintenance of ayurvedic hospitals, &c. by the Commissioner.

9. Financial assistance by the Commissioner.

10. Ayurvedic hospitals, pharmacies, dispensaries and stores to be registered.

11. Constitution of the Ayurvedic Medical Council.

12. Term of office of members of the Council.

13. Vacation of office by members of Council.

14. Filling up of vacancies.

15. The President and the Vice-President of the Council.

16. Quorum.

17. Regulation of procedure of the Council.

18. The Council to be the authority responsible for the registration of ayurvedic practitioners, ayurvedic pharmacists and ayurvedic nurses and the regulation and control of their professional conduct.

19. Registrar and other officers and servants of the Council.

20. The Council to be a body corporate.

21. Funds of the Council.

22. The Ayurvedic College and Hospital Board.

23. Term of office of members of the Board.

24. Vacation of office by members of the Board.

25. Filling up of vacancies.

26. Chairman of the Board.

27. Quorum.

28. Regulation of proceedings of the Board.

29. Delegation of powers, functions or duties of the Board to committees.

30. Powers of the Board.

31. Registrar of the College.

32. Expenditure of the Board.

33. Constitution of the Ayurvedic Research Committee.

34. Tenure of office of members of the Committee.

35. Vacation of office by members of the Committee.

36. Filling up of vacancies.

37. Chairman of the Committee.

38. Quorum.

39. Regulation of proceedings of the Committee.

40. Expenditure of the Committee.

41. Duties of the Committee.

42. Definition of the expression "Body" for the purposes of this Part.

43. A Body to be subject to general and special directions of the Minister.

44. Proceedings of any Body.

45. Remuneration for attendance at a meeting of a Body.

46. Protection for action taken under this Act or on the direction of a Body.

47. No writ to issue against person or property of a member of a Body.

48. A Body deemed to be a scheduled institution within the meaning of the Bribery Act. Cap. 26.

49. Power of a Body to make rules.

50. Definition of certain expressions for the purposes of this Part.

51. Registers.

52. Applications for registration as ayurvedic practitioners.

53. Applications for registration as ayurvedic pharmacists and ayurvedic nurses.

54. Applications for registration by persons whose registration has been previously cancelled.

55. Qualifications for registration as an ayurvedic practitioner.

56. Qualifications for registration as an ayurvedic pharmacist or ayurvedic nurse.

57. Grounds on which registration may be refused, cancelled or suspended.

58. Service of copies of orders made by the Council.

59. Effect of orders made by the Council and duty of Registrar to give effect to such orders.

60. Registration fee.

61. Certificate of registration.

62. Insertion of additional qualifications in the registers.

63. Appeals.

64. Use of the title "Vaidyacarya".

65. Meaning of "legally or duly qualified practitioner of ayurveda".

66. Meaning of "legally or duly qualified ayurvedic pharmacist".

67. Privileges of registered ayurvedic practitioners.

68. Disabilities of unregistered ayurvedic practitioners.

69. Pretence to be a registered ayurvedic practitioner, or practising for gain as an ayurvedic practitioner when not registered to be an offence.

70. Registered ayurvedic pharmacists and registered ayurvedic nurses entitled to practise.

71. Pretence to be a registered ayurvedic pharmacist or a registered ayurvedic nurse to be an offence.

72. Practising for gain as an ayurvedic pharmacist or ayurvedic nurse when not registered to be an offence.

73. Certain persons deemed to be registered as ayurvedic practitioners under this Act.

74. Continuation in employment of members of the Department of Indigenous Medicine.

75. Amendment of other written laws, & c., consequent on the change of designation of the Commissioner of Indigenous Medicine, and savings for contracts, & c.

76. Change of name of the College of Indigenous Medicine and the Hospital of Indigenous Medicine and consequential provisions.

77. Ayurvedic Code.

78. Contravention of regulations an offence.

79. Offences in relation to registered ayurvedic hospitals, pharmacies, dispensaries and stores.

80. Punishment for offences under this Act.

81. Duty of Registrar-General to notify the deaths of registered ayurvedic practitioners, registered ayurvedic pharmacists and registered ayurvedic nurses. Cap. 110.

82. Regulations.

83. Chapter 105 not to apply to the practice of medicine, surgery, pharmacy or nursing according to ayurveda.

84. Repeal of section 40 of Chapter 105.

85. Amendment of Chapter 216.

86. Modification of Chapter 218.

87. Repeal of Chapters 106 and 279.

88. Transfer of property of Board of Indigenous Medicine to the Crown.

89. Interpretation.

参考文献

[1] 世界银行.斯里兰卡[EB/OL].https：//data.worldbank.org.cn/country/srilanka.

[2] 中华人民共和国外交部.斯里兰卡国家概况[EB/OL].http：//www.fmprc.gov.cn/web/gjhdq_676201/gj_676203/yz_676205/1206_676884/1206x0_676886/.

[3] 斯里兰卡中央银行2016年度报告.

[4] 中华人民共和国驻斯里兰卡民主社会主义共和国大使馆经济商务参赞处.斯外贸表现情况[EB/OL].http：//lk.mofcom.gov.cn/article/ddgk/201709/20170902645117.shtml.

[5] 鄢良,孔丹妹,陈姝婷,等.亚太地区传统医药概述(I)[J].亚太传统医药,2007,3(7)：14-52+76-79.

[6] 斯里兰卡卫生、营养和医药部.健康的生活方式[EB/OL].http：//www.health.gov.lk/moh_final/english/others.php?pid=92.

[7] 世界卫生组织.国家间的协作[EB/OL].http：//www.who.int/countryfocus/cooperation—strategy/ccsbrieflka_en.pdf.

[8] 马定科.亚洲传统医药文化的地区特点[J].亚太传统医药,2013,9(6)：4-5.

[9] 司聘.21世纪海上丝绸之路战略构架下深化中国—斯里兰卡经济合作研究[J].兰州财经大学学报,2016(2)：9-14.

[10] 中国自由贸易区服务网.中国-斯里兰卡自贸区谈判举行,取得积极进展[EB/OL].[2017-01-24].http：//fta.mofcom.gov.cn/article/chinasri/chinasrigfguandian/201701/34108_1.html.

[11] 宋志辉,马春燕.斯里兰卡的经济发展与中印在斯的竞争[J].南亚研究季刊,2011(4)：36-39+201.

[12] 中华人民共和国驻斯里兰卡民主社会主义共和国大使馆经济商务参赞处.斯外贸表现情况[EB/OL].[2017-09-10].http：//lk.mofcom.gov.cn/article/ddgk/201709/20170902645117.shtml.

[13] 北京商报.中斯两国2017年进出口贸易额达42亿元[EB/OL].[2018-05-31].http：//epaper.bjbusiness.com.cn/site1/bjsb/html/2018-05/31/content_399949.htm?div=-1.

[14] 斯里兰卡中国赴斯里兰卡旅游市场持续火爆[J].中国会展,2016(24)：21.

[15] 赵干城.印度洋：中国海洋战略再定义的动因[J].南亚研究,2013(1)：24-35.

[16] 楼春豪.21世纪海上丝绸之路的风险与挑战[J].印度洋经济体研究,2014(5)：4-15.

[17] 杨刚,朱珠.斯里兰卡汉语快速传播：小国经验的大启示[J].印度洋经济体研究,2015(3)：129-140+144.

[18] 世界卫生组织.2012年统计数据[EB/OL].http：//www.who.int/countryfocus/cooperation—strategy/ccsbrief_lka_en.pdf.

第八章 哈萨克斯坦共和国

一、基本国情

(一) 国家概况

哈萨克斯坦共和国(Republic of Kazakhstan,以下简称哈萨克斯坦),是一个位于中亚的内陆国家,是世界上国土面积最大的内陆国。1990年10月25日,哈萨克斯坦最高苏维埃宣布国家独立,1991年12月10日更改国家名称为哈萨克斯坦共和国,同年12月16日通过《哈萨克斯坦国家独立法》,正式宣布独立。该国目前人口为1 815.73万。哈萨克斯坦位于亚洲中部,东面与我国相接壤,是我国的重要邻邦,国土面积272.49万平方千米,是世界第九大国。哈萨克斯坦全国划分为14个州、2个直辖市,直辖市其一是首都阿斯塔纳,人口约87.3万,另一直辖市为阿拉木图,人口170.3万。哈萨克斯坦是多民族国家,有多达120多个民族,主要民族为哈萨克斯坦族和俄罗斯族,这两者约占总人口的90%之多,其他的少数民族还有乌兹别克族、乌克兰族、维吾尔族等民族。哈萨克斯坦的国家语言是哈萨克语,属于突厥语族,哈萨克语和俄语同为官方语言。主体民族哈萨克族信仰伊斯兰教,属逊尼派,约占人口总数的69%,因此该教为哈萨克斯坦第一大教派。东正教是该国第二大宗教,信徒约占总人口数的30%,主要为俄罗斯族。哈萨克斯坦实行世俗化的治国方针,奉行政教分离的政策。

(二) 政治环境

1. **政治制度** 哈萨克斯坦的政体是总统制共和国。2007年6月中旬,宪法修正案在哈萨克斯坦议会获得通过,根据宪法,国家政权被分为立法、司法和行政相互独立又互相制衡的三部分。从此哈萨克斯坦政体由总统制逐渐向总统—议会负责制转变,总统和议会分享国家权力,总统为国家元首,任期5年。努尔苏丹·阿比舍维奇·纳扎尔巴耶夫于1991年当选哈萨克斯坦独立后首任总统,1995年4月又通过全民公投再次当选。后来在2005年和2015年的选举中均获得连任。议会是国家最高立法机构,由上、下两院组成。议会议员由选民以直接投票的方式选举产生。国家最高行政机关实行总理负责制,其活动对总统负责。2019年3月,纳扎尔巴耶夫总统宣布辞职。6月,原议会上院议长托卡耶夫在选举中获胜,正式就任新总统。哈萨克斯坦是多党制国家,"祖国之光"人民民主党是执政党,是哈萨克斯坦最大政党。

2. **外交特点** 哈萨克斯坦的外交以实现"有实力的重要地区大国"为目的,奉行"全方位务实平衡"外交原则[1],同周边的俄罗斯与中国、世界重要政治势力美国和欧盟以及各个中亚国家都保持着友好外交关系。其中独联体国家是该国外交的优先方向,哈萨克斯坦还积极发展与欧洲国家的交流和合作,在沟通东亚和西欧的过程中扮演着重要的桥梁作用。哈萨克斯坦还与伊斯兰世界国家保持活跃的外交联系,在推动伊斯兰世界和西方世界互信了解的进程中扮演着积极角色。综上,该国为我国"一带一路"倡议的重要沿线国家,是实现亚欧互联互通的重要地区国家。

3. **中哈关系** 1992年中哈建交。近年来两国互动频繁,合作良好,2005年中哈两国合作进一步加深,升级为战略伙伴关系。2011年两国又宣布发展成为全面战略合作伙伴关系。近年来,两国高层交往频繁,政治互信不断提升。哈萨克斯坦在联合国、上海合作组织等框架内同中国合作良好。2013年9月,习近平主席对该国进行国事访问,中哈成功签署《中哈关于进一步深化全面战略伙伴关系的联合宣言》,并且习近平在纳扎尔巴耶夫大学演讲时倡导两国共建"丝绸之路经济带",为两国未来更紧密的合作构建了蓝图。2018年6月,习近平主席与来华访问的哈总统纳扎尔巴耶夫举行会晤,两国元首一致同意继续加强政治互信和互利合作,加深两国人民了解和友谊,促进地区和世界和平与可持续发展,在构建人类命题共同体上更进一步。

自"9·11"恐怖袭击发生以后,中亚很快成为全球关注的重点地区,这一事件使得包括哈萨克斯坦在内的中亚地区在全球的战略地位迅速凸显,美欧日等域外大国对哈萨克斯坦的重要性有了重新认识,大国势力开始在该地区相互角逐。美国政府的势力逐渐进入这里,试图谋求在中亚地区的主导权,中俄则通过上合组织加紧外交和安全领域的合作,抵制美国谋求中亚安全保障和政治发展主导权的政策意图[2]。

(三) 经济环境

1. **经济概况** 哈萨克斯坦是中亚地区经济发展最快、政治局势比较稳定、社会秩序相对良好的国家。世界银行《2018年经商环境报告》显示,哈萨克斯坦在世界各国中排名第三十六位,较上年大幅提升。哈萨克斯坦近年经济基本保持每年增长的态势,2014年增长率达到4.3%,2015年为1.2%,2017年为4.0%。2017年哈萨克斯坦第一、第二、第三产业增加值占GDP的比重分别为4.4%、26.5%和57%。2017年GDP总值1 581.8亿美元(519 668坚戈),人均GDP 12 933美元。

2017年度该国财政收入为361.49亿美元,同比增长24.3%,已执行年度预算的105.6%;财政支出为390.17亿美元,同比增长32.3%,占预算的99.8%;赤字28.68亿美元,占GDP的3%;通货膨胀达到7.1%,食品类商品上涨10.9%,非食品类商品上涨8.9%,有偿服务上涨5.9%。2015年哈萨克斯坦失业率为4.9%,截至12月底在就业机构登记的失业人数为3.46万,占经济活跃人口的0.4%;人口超过1 760万;内债有43 193亿坚戈(194.8亿美元),外债1 535亿美元,同比下降2.5%,主权外债有128.6亿美元,占比8.4%,占当年国内生产总值的7%,非主权外债1 406亿美元。其中,企业外债818.4亿美元,占比53.3%,短期外债64.5亿美元,长期外债1 470亿美元。外债主要来源国为荷兰、英国、中国和美国。哈萨克斯坦外债水平低,不受国际货币基金组织限制。

2. **主要产业** 采矿业是哈萨克斯坦国民经济的支柱产业。其他的重要产业还有加工制造业和服务业。2017年该国采矿业总值达360.67亿美元,占所有工业总产值的51.9%,是名副其实的支柱产业。其中,最主要的采矿业是石油天然气开采业,2017年开采原油达7 293.2万吨、液态天然气1 326.9万吨、气态天然气529.3亿立方;出口各类矿产品225.8亿美元,同比下降45%。哈萨克斯坦加工工业与其丰富的矿产资源密切相关,主要是以石油为基础的石化工业,以及在石化工业获得一定程度的发展后,在其基础上扩展起来的轻纺工业、建筑耗材业、黑色、有色金属材料加工和生产等。该国汽车工业在苏联时期有一定的基础规模,现也有一定的发展;近几年加工工业发展迅速,工业产值从2001年的68亿美元上升到2017年的280.9亿美元;2017年产值比上年增长5.1%,在工业总产值中占比约为40.4%。哈萨克斯坦服务业产值在GDP中占比高于商品生产。2017年,哈萨克斯坦服务业总额约918.3亿美元,占哈萨克斯坦GDP总值的57.9%。

3. **对华贸易** 据中国海关统计,2017年中哈贸易额为180亿美元,同比增加37.4%,其中中方出口116.43亿美元,同比上升40.4%,进口63.57亿美元,同比上升32.3%。中国在2017年位居该国第二大出口国和第二大进口国,占比分别为14.6%和11.5%(表8-1)。哈萨克斯坦国民经济部统计委员会统计资料显示,截至2018年5月1日,中资在哈萨克斯坦总共注册的公司多达3 084家,在所有外资企业总数中排名第三。中资企业在哈萨克斯坦投资的领域主要包括石油勘探开发、石油公司股权并购、加油站、电力、农产品加工、电信业、皮革加工、食宿餐饮和贸易等。

表8-1 2008—2017年中哈双边贸易统计(单位:亿美元)

年 份	进出口额	中方出口	中方进口	差 额
2008	175.5	98.2	77.3	+20.9
2009	140.1	77.5	62.6	+14.9
2010	203.1	92.8	110.3	-17.5
2011	249.6	95.7	153.9	-58.2
2012	256.8	110.0	146.8	-36.8
2013	285.0	125.0	160.0	-35.0
2014	224.2	127.1	97.1	30.0
2015	143	84.4	58.6	25.8
2016	130.93	82.89	48.04	34.85
2017	180	116.43	63.57	53.86

数据来源:中华人民共和国商务部《对外投资国别(地区)指南》哈萨克斯坦2018年版

二、医疗健康保障体系现状

(一) 基本情况

哈萨克斯坦的医疗卫生体制比较薄弱,公立医院的基础设施较落后、医疗设备陈旧老化、医生水平较低、行业管理不规范。由于对公共医疗的投入不足,公立医院的医疗设备得不到更新、老化严重,远不能满足患者就医的需要。截至2017年12月,该国共有877家医疗机构,综合医务人员7.46万人,中等医务人员17.08万人,床位10万个,儿童床位1.84万个。2017年哈萨克斯坦人均寿命为65.24岁。虽然在哈萨克斯坦,除个别从事按摩、针灸的个体华人行医者外、设有中国政府派出的援外医疗队,但由于两国地理位置接近,近年来掀起了一股"到中国看病"的热潮。

(二) 医疗管理机构

哈萨克斯坦医疗法律由国家议会制定,总统签署后执行。卫生事业的具体管理机构是国家卫生与社会发展部(Ministry of Health and Social Development),该机构成立于2014年8月,其主要职责是制定本国的医疗卫生管理政策,同时协同其他国家级有关行政部门,以健全国家卫生服务制度、完善公共财政在医疗领域的预算支持。但是该国没有独立的传统医学管理机构[3]。其医疗管理机构模式见图8-1。

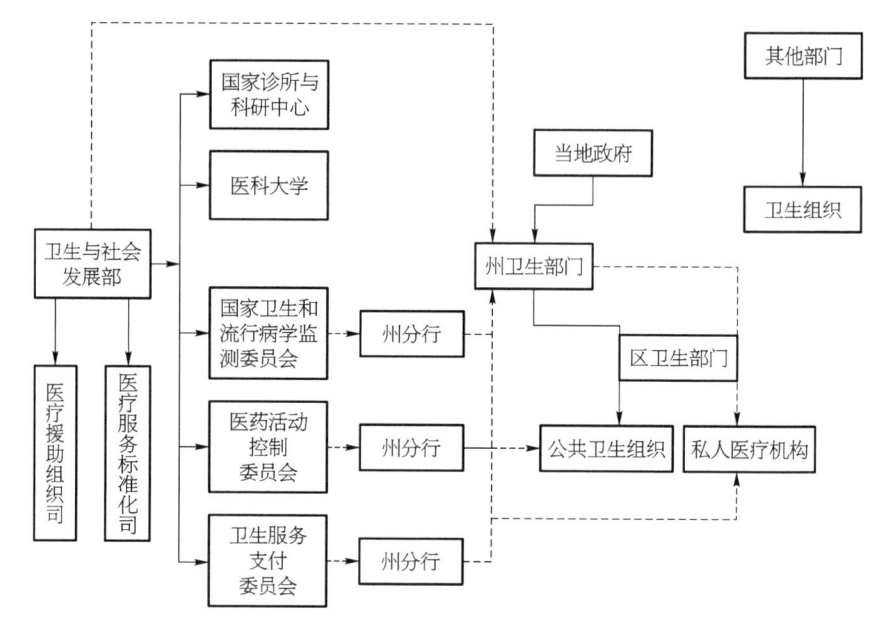

图 8-1 哈萨克斯坦卫生系统框架

(三) 医疗机构

1. **公立医疗机构** 哈萨克斯坦拥有五级分级的医疗机构,第一级是国家级医疗服务机构,第二级是各大城市地区大医院及各州州总医院,第三级是区域级别的相对较小的地区性中心医院,第四级是各类乡镇医疗服务机构,最低级别的是各类初级保障性的医生工作站(医士和助产士),其划分等级基本上和行政划分相一致[4]。全国共有6161家初级医生工作站为公民提供最基本的医疗保障。但是自苏联解体,哈萨克斯坦独立以来,由于卫生财政支持不足等原因导致原本就不富裕的基层医疗服务资源更加短缺,基本的医疗网络因此受到破坏,目前正在艰难重建中。

2. 私立医疗机构　近年来在原有的公立医疗服务网络之外,哈萨克斯坦政府逐渐开始进行医疗市场化改革。因此有一些私人的医疗机构被允许建立,这些私立的医疗机构与原有的公立医疗机构相比有着不同的运作机制,其医疗服务的支付者有两个来源:一是国家医保支持的医疗支付中心,另一个渠道是私营的医疗卫生保险公司。这些私立医疗机构独立提供医疗服务,有助于缓解医疗资源分布不均的现状,也从医疗服务的等级和内容方面增加了医疗服务的丰富性和多样性。除此之外哈萨克斯坦还有一些较小的私人医疗服务机构也是有别于公立医院的,这些机构一般规模非常小,以小诊所、小药店、小养老院的形式存在着,它们补充了该国医疗卫生覆盖的完整性,也使得医疗服务更加便捷。

(四) 医疗社会保障情况

1. 国民社会医疗保险　哈萨克斯坦的全民基本医疗保险最初是在 1996—1998 年实行的强制医疗保险计划下的保障性福利项目,这个项目是一个全民强制覆盖的基本医疗保障,但最终在 1998 年因种种原因被迫取消。现行的类似于基本医疗保障的医疗保险项目是自愿医疗保障项目,但 2009 年的覆盖率只有总人口的 1.2%,因此这个项目不能算严格意义上成功的基本医疗保障。

2. 商业保险　自 1998 年后,哈萨克斯坦的医疗保险由强制保险逐渐改革为民众自主决定是否要参加以及参加哪种类型的自愿医疗保险。这种自愿医疗保险资金不归国家运营,而是完全划归于商业保险公司来独立运营,以商业经济的方式自负盈亏。因此参加商业保险的民众既可以在公共医疗服务机构选择付费的医疗服务,也可以在私人医疗服务机构选择付费医疗服务项目,其付费都由商业保险公司作为支付者来提供[2]。

三、传统医药的法律与政策环境

哈萨克斯坦有自己的传统医学哈医学,其治疗方法包括顺势疗法、水疗法、手工治疗、反射疗法、植物疗法和自然治疗。没有专门针对中医药的法律法规。

(一) 医师执业

在《哈萨克斯坦共和国人民卫生体系条例》中,哈萨克斯坦传统医学被纳入了施行医疗援助的选择范围。2012年7月10日公布的《哈萨克斯坦共和国法律修订第36-V号》规定允许哈医开展规范的教育和正确的医疗服务。但未提及中医师的相关执业规范。

(二) 药品准入

2006年,哈萨克斯坦成为欧洲药典正式观察员,并从2008年起成为该组织正式成员;从2008年起,哈萨克斯坦成为WHO药品不良反应监测计划正式成员;从2010年起,哈萨克斯坦成为美国药典委员会正式成员,并具有投票权。此外,哈萨克斯坦目前有3家符合良好流通规范(GDP)的公司。

(三) 传统医药教育

哈萨克斯坦在独立之初就开始支持本国的传统医学发展,至今在传统医学教育方面也取得了一定的成就,建有一所哈医的高等教育机构——哈萨克斯坦民族医科大学。哈萨克斯坦的医科大学办有一个东方医疗系,包括中医、蒙医、藏医、维吾尔医,还有日本、韩国的传统医疗知识都在此被广泛教学。

(四) 保险覆盖

哈萨克斯坦在保险中包括了哈萨克斯坦本国传统医疗(哈医),未含中医。哈医在哈萨克斯坦被当作一种重要的替代医疗,为无力承担昂贵的医疗费用的人群降低医疗支出,发挥治疗作用。

(五) 医药投资

哈萨克斯坦政府鼓励国内外企业参与医疗卫生领域内的投资。2003年颁布的

《哈萨克斯坦吸引外国直接投资的优先经济领域清单》鼓励外资企业投资该国优先发展的产业,2005 年通过的《哈萨克斯坦政府第 633 号决议》将卫生和社会服务领域也列入享受优惠政策的优先发展领域。所以在该国投资医疗卫生领域的企业可以享受 10 年内免缴财产税、土地税、企业所得税及增值税等税收优惠政策。这对有意于在该国进行医药行业投资的企业来说是一重大利好(图 8-2)。

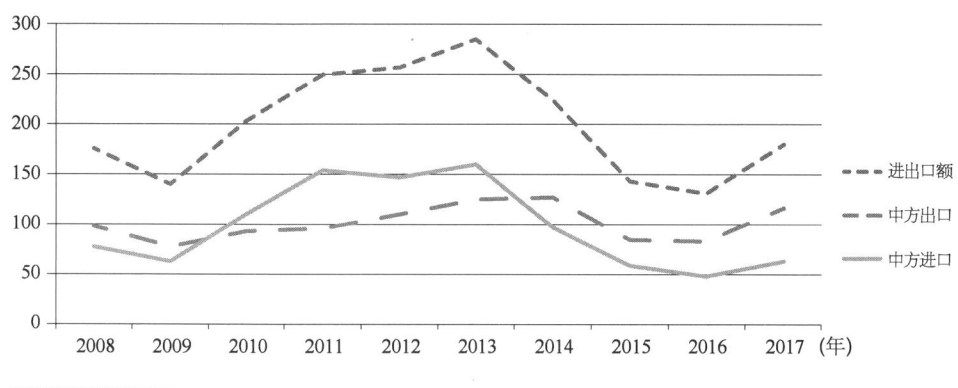

图 8-2 中国企业对哈萨克斯坦经济合作发展图(单位:亿美元)

四、中医药服务贸易双边合作现状

(一)传统医药交流历程

中国同中亚传统医学交流有悠久的历史。在古代中医史和世界医学史文献记载中可以发现早在唐代开始,中医学著作就开始大量外传到中亚地区。中药中以大黄的对外贸易最为重要。大黄西运最早大概可追溯到汉代。公元 10 世纪以后,它成为中国与中亚贸易上的重要商品,并持续到公元 15 世纪。

据史料载,约公元 10 世纪(北宋年间),针灸就已经通过民间交流传入中亚国家。苏联地区的针灸热开始于 20 世纪 50 年代,《中苏友好同盟互助条约》签订之后。自此包括哈萨克斯坦在内的诸多苏联地区开始应用和研究针灸,掀起了一波针灸热。具体项目有:苏联卫生部 1957 年成立针灸疗法生理研究所,该所负责领导与推广中医包括针灸;在此基础上,1976年在莫斯科组建了反射疗法(针灸)中央科学研究所,苏联(包括哈萨克斯坦)均建立分支机构,由此中医和针灸的新技术和新疗法在苏联境内得到了推广和应用;到了20世纪80年代,苏联有7个正规的反射疗法教学中心,哈萨克斯坦的阿拉木图也有针灸教学机构。

苏联解体后,由于缺乏长期发展计划和资金投入,哈萨克斯坦医药卫生事业的发展陷入了停滞甚至倒退。中哈传统医药交流最近可追溯到1999年,哈萨克斯坦"尼卡"公司与中方合作在该国开设东方医疗中心,提供针灸、美容、中医培训等传统医学服务。目前,哈萨克斯坦掀起了一股中医热,2002年该国和中国的中医药医疗机构联系密切,接受了越来越多的中医药疗养服务。如海南三亚市中医院已接待了多批哈萨克斯坦疗养团,包括哈萨克斯坦总统的旅行疗养团,总共约6 200人来三亚市中医院接受中医药医疗和疗养服务。

(二) 境外消费

在哈萨克斯坦,除了个别从事按摩、针灸的个体华人医生之外虽然没有中国政府派出的医疗队,但由于两国地理位置较近,加之该国作为新兴市场国家,国民经济持续增长,近年来掀起了到中国看病的热潮。

除了良好的主流医疗和服务外,维吾尔医、中医药也吸引了海外患者。新疆维吾尔医学院在2016年已经治疗了1 000多名海外患者,主要为皮肤科、骨科和妇科。维吾尔医学具有特殊的治疗方式,受到中亚人民的高度信赖,随着"一带一路"倡议的发展,新疆与海外医院的合作将会加强。与此同时,中国其他地区的中医药医疗机构也凭借特色的诊疗技术吸引着来自哈萨克斯坦的人民前来体验治疗。2016年10月19日,第四届中国—中亚合作论坛在四川成都举行,四川省中医药管理局负责人田兴军与哈萨克斯坦阿拉木图州卫生管理局主席巴杜瓦里耶夫签署了合作备忘录,为双方全面开展中医药领域合作构建了蓝图。另外海南地区以其独特的热带气候环境和中医药特色诊疗,吸引了大批医疗旅游人群[5]。

(三) 跨境交付

2015年,《国家卫生计生委关于推进"一带一路"卫生交流合作三年实施方案(2015—2017)》指出建设国际医疗合作重点项目,其中便包括面向中亚地区,包括哈萨克斯坦在内的跨境交付基地规划,在乌鲁木齐高铁新区新建乌鲁木齐国际医院。新疆以信息通道的互联互通为突破口,实现便捷高效的国际医疗服务合作,力争与周边国家医疗市场形成跨境远程医疗服务网络,实现医疗信息共享,最终建成丝绸之路经济带核心区医疗服务中心[6]。依托新疆地区的优质西医资源和包括中医、维吾尔医、哈医在内的传统医学资源,新疆持续吸引中亚哈萨克斯坦等国民众前来就医,依靠远程医疗和跨境快捷支付等方式,给周边国家患者带来了更加便捷的就医体验。

相较该国,中国拥有更好的医疗水平和先进的远程医疗服务。西北地区的新疆维吾尔自治区成为受中亚国家患者欢迎的目的地。新疆毗邻八个国家,也是古丝绸之路的重要一环,近几年来一直加强与邻近国家医疗行业的合作,据统计新疆5个重点医院现在提供500张病床在为海外患者服务。2016年,他们治疗了来自其他国家的7 000多名患者。这些医院的工作人员会说俄语和哈萨克语等语言,极具竞争力和吸引力。此外,新疆已经建成远程医疗平台,可以连接到海外或中国其他地区的医院,以便远程治疗患者。目前,新疆远程医疗平台已连接11家中国重点医院、17家吉尔吉斯斯坦医院、2家格鲁吉亚医院、5家哈萨克斯坦医院。近5年来,医院对邻近的1万多名海外患者进行了治疗。对于海外患者,医院也提供一站式医疗服务,帮助他们在整个治疗期间获得更好的体验。医院还与哈萨克斯坦、塔吉克斯坦和吉尔吉斯斯坦的50多家医院建立了合作和知识或数据交换机制。

(四)商业存在

中医针灸推拿等医疗服务诊所在哈萨克斯坦都有私人开办。该国有4万~5万常住华人从事商品贸易,这些华人是中医药治疗最初的带入者和示范者,随着两国经贸的交流,政府的推动,两国的商业中医药服务机构也逐渐开办起来,虽然没有国家层面的中医中心在该国设立,但是中国著名的中医药龙头企业同仁堂在哈萨克斯坦境内开业标志着中医药在该国良好的发展又更进一步。如北京同仁堂与哈萨克斯坦政府医院合作成立"中医健康中心",从事医疗与医药产品的双重服务。

(五)自然人流动

由于哈萨克斯坦和我国地理位置接近,两国的传统医学交流便源远流长,更由于两国传统医药的优秀从业者的积极交流和促进,中医凭借其特殊而卓越的疗效越来越受到哈萨克斯坦人民的欢迎。近年来随着"一带一路"倡议在哈萨克斯坦的全面展开,中医在哈萨克斯坦的发展也迎来了难得的机遇,我国培养的中医药卫生人才积极赴哈萨克斯坦展开传统医学服务。魏雅君医师就是其中的杰出代表。魏雅君和哈萨克斯坦的渊源始于2005年。当时,哈萨克斯坦通过外交渠道表达了希望与我国进行中医药交流,邀请著名中医学家赴哈萨克斯坦指导临床、讲学的愿望。2005年春,魏雅君与时任北京中医药大学副校长王庆国等作为公派特邀专家,飞赴该国阿拉木图,他们用中医药的理论方法给哈萨克斯坦的官员、科学家等治病、会诊,不论是胃病、糖尿病、高脂血症、乳腺增生还是肿瘤,中医药的疗效都让哈萨克斯坦的患者喜出望外。"哈萨克斯坦人民很热情好客,但对自己的身体不是很了解。"魏雅君说,每次在哈萨克斯坦出诊询问患者血脂、血压等情况时,大多数人都不清楚。此外,由于爱吃马肉,因此哈萨克斯坦心脑血管疾病、子宫肌瘤、肿瘤等疾病较为多发,却没有特别好的预防治疗手段,因此很多人一旦生病往往跑到欧洲寻求手术治疗。中医药的方法和手段打开了哈萨克斯坦患者的一扇全新窗户:生精丸让70多岁的老者成功有了一个孩子;用中医传统的膏方调养月经不调;通过针灸手段让腰椎、颈椎疾病得到很好的缓解……哈萨克斯坦人民对中医的信任,就是这样从中医确切疗效的点滴中建立起来的。"通过我在哈萨克斯坦10年来的交流,证明中医药在'一带一路'上很受欢迎,在新的政策推动下,中医药肯定能更好地'走出去'。"魏雅君可谓中哈两国中医药交流道路的开拓者之一,对于未来她更是充满期望。可以想象未来像魏雅君一样的优秀的中医事业在哈萨克斯坦的传播者肯定会随着一带一路的展开更加多起来。

(六) 大事记

中哈经贸合作大事记见表8-2。

表8-2 中哈经贸合作大事记

时间	事件	意义
2017年6月7日	同仁堂与哈萨克斯坦总统事务局医学管理中心医院签署合作协议:成立"同仁堂中医健康中心"	中国与哈萨克斯坦合作成立的第一家中医中心,是中医诊疗机构在哈国落地壮大的标志
2018年9月4日	中药医企业无限极获哈萨克斯坦政府批准在哈萨克斯坦成立分支机构	中草药健康产品开发与销售工作第一次获准进入哈萨克斯坦,标志着中医药及相关产品进一步得到哈萨克斯坦的认可

(续表)

时间	事件	意义
2018年3月22日	新疆维吾尔自治区中医医院将在阿拉木图建设中医康复诊疗中心	中医医疗机构在哈萨克斯坦设立分支医疗机构
2018年2月	三亚市中医院阿拉木图中医中心成立	中国公立中医院在哈萨克斯坦的分支机构
2014年8月	哈萨克斯坦总理访问负责医疗保障的湖北中医药大学医疗专家组	"中医外交"服务两国交往的一次生动实例

五、市场机遇与潜力

（一）哈萨克斯坦国内投资环境良好

2015年12月，哈萨克斯坦成为世界贸易组织第一百六十二个正式成员国。哈萨克斯坦的法律规定所批准的国际协议优先于国家法律，2009年国家总统发表讲话阐明了一贯坚持的投资开放政策，鼓励外国投资者增加投资，并拓宽投资领域，促进哈萨克斯坦多元化发展。同时政府也会采取措施提高本国公司经营透明度，完善法制，完善公司审计与管理，以努力提高本国企业对外资的吸引力。哈萨克斯坦也鼓励外国投资者面向医疗领域投资以缓解医疗资源不足，从而提高本国医疗服务水平。

在良好的投资环境下，外国投资者对哈萨克斯坦的投资越来越多。《世界经济论坛2015—2016年全球竞争力报告》显示哈萨克斯坦在全球最具竞争力的140个国家和地区中排名第四十二位，世界银行《2016年经商环境报告》显示哈萨克斯坦在189个经济体中排名第四十一位，较上年大幅提升。

医疗行业作为特殊的服务业，在哈萨克斯坦历史医疗体制先天不完善、医疗设备不完全的背景下尤显其投资潜力，特别是中医药医疗服务具有先天的简便验廉的特色，在哈萨克斯坦具有一定的投资价值，能够为当地人民带来切实疗效的医疗服务。

（二）"一带一路"对接"光明之路"

最近几年中哈两国经济合作发展火热。随着中国"一带一路"倡议和哈萨克斯坦国家发展计划"光明之路"的深度融合,中哈两国的经贸合作借着这股东风发展态势强劲,在《"一带一路"大数据报告》中,哈萨克斯坦的"一带一路"国别合作度指数高居第二。中哈两国的经贸合作从采矿业及石油天然气运输、加工等传统优势领域,逐渐进一步向加工制造业、轻工业、金融服务、医疗服务业等多领域扩展。在两国的经贸深化合作过程中,中医药服务贸易具有医疗和文化沟通、民心互通的双重价值,因此随着中国国内中医药立法的完成,中国文化与经济实力在"一带一路"沿线国家的溢出,中医药服务贸易是少有的得到中国政府和民间经济力量双重认可的投资宝藏。加之该国境内存在医疗体制不全、医保覆盖面窄、医疗服务质量差、药品价格贵等短板,该国政府正在积极地推进医疗改革,这给中医药服务贸易带来无限美好的发展前景。

六、风险提示

(一) 经济风险

哈萨克斯坦经济倚重原材料部门,出现"荷兰病"迹象。早在苏联的计划经济体制时期,由于具有丰富的矿产资源,该国的油气工业就得到了较早的发展并形成一定的规模,在经济比例中占据比较重要的成分,而且"资源陷阱"等原因导致该国的其他工业一直没有发展到一定的规模。从2013年国际货币基金组织的报告里可以看到对哈萨克斯坦的各种投资中有高达30%的资金被投入矿产资源生产及加工工业中,反观投入制造业的资金只有12%,两者差距较大。该国经济已初步显露过分依靠自然资源,制造业和服务业发展乏力,出现荷兰病迹象。如果经济结构不能尽快调整,放任"石油美元"推高经济增长,一旦哈萨克斯坦国民经济增长严重依赖资源拉动而其他部门继续疲软,经济发展后续乏力,在医疗尤其是中医药行业的投入可能无法收回,因此要考虑一定的投资风险。

(二) 警惕恐怖主义蔓延

哈萨克斯坦西部靠近高加索地区及费尔干纳地区,该地区文化宗教复杂,是恐怖事件高发区。外部由于伊斯兰恐怖组织极端教义的渗透和文化影响,内部由于国内贫富差距逐渐拉大,形势非常严峻。该国国内恐怖主义事件多有发生,恐怖组织势力有抬头趋势。此外,自然资源的分布导致各地区之间发展不平衡和国内政治不透明、法制不健全导致的贪污腐败及权力寻租等都是该国国内的不稳定因素。

七、案例分析

(一) 新疆乌鲁木齐国际医院

【所在地区】 中国,新疆乌鲁木齐。

【案例定义】 中国—中亚国际医疗服务基地。

【案例概况】 新疆维吾尔自治区资源丰富,属边远地区,不被广泛视为中国国内医疗旅游目的地,但对于来自中亚的民众来说,这是一个不同的故事。从哈萨克斯坦的阿斯塔纳飞往新疆首都乌鲁木齐2小时后,卢博夫·杜诺感到有点不适。当她看到熟悉的机场和她的翻译在外面等候时,似乎膝盖的痛苦已经得到了很大的缓解。62岁的杜诺说:"我喜欢中国医生提供的治疗方案,这是一个不错的医院,医生很友好,每次安排我吃最喜欢的食物。"经过健康检查及小组咨询后,医生提供了解决方案:针灸、按摩、药物治疗和体重控制。1周内,杜诺的痛苦缓解了,她已经开始减肥了。

新疆医疗行业已经成为中国2013年提出的大型贸易和基础设施计划的"一带一路"的很有前途的部分。作为区域首府,乌鲁木齐拥有数十家医疗机构和多元化传统医疗资源,其中包括中医药、维吾尔医药、蒙医药等。新疆医院可以提供技术精湛的医师、先进的医疗器械、免费的机场医院接送和翻译等,为中亚人民服务。据乌鲁木齐市卫生和计划生育委员会(今为乌鲁木齐市卫生健康委员会)报告,2016年乌鲁木齐市主要医院治疗了8 654例外来患者,同比增长了16%。不仅如此,新疆地区依托与中国内地的频繁交流,远程医疗等互联网医疗形式也取得了长足的进步,同时积累了先进的技术和丰富的经验。新疆因此可以依靠互联网技术的优势打造与周边各国互联互通的医疗网络,提供网上诊疗服务和医疗知识咨询,形成丝绸之路经济带核心区域医疗服务中心。据新疆医科大学附属第二医院副主任栾新平介绍,远程咨询是免费的,治疗费用与来院诊治是相同的。

在充满训练器材和五颜六色玩具的房间里,5岁的阿吉拉和她的双胞胎姐妹正在康复训练中。这对哈萨克斯坦的双胞胎为先天性脑瘫患者,无法行走甚至坐着。她们的母亲,一位前建筑师,2018年冬天将她们送到新疆医科大学第六附属医院治疗1个月。当姐妹俩离开时,她们已可以在母亲的帮助下走路。2019年4月份家人又来到新疆,中国医生李永霞说:"我们将现代康复技术与传统的中国按摩治疗相结合,并根据每周的状况评估调整治疗方案,未来她们能独立生活的机会很大。"新疆医科大学附属第六医院2016年10月份成立了国际部。据韩荣院长介绍,前3个月,共接待了来自俄罗斯、哈萨克斯坦、吉尔吉斯斯坦的多名患者,90%的床位被使用。新疆计划在未来几年为外国患者增加至少500张病床。该地区也试图通过在线医院网络吸引外国医疗游客。新疆十几家医院,邻国20多家医院加入了远程咨询、在线手术指导和医生远程培训平台。韩荣说:"我们的服务令人印象深刻,许多外国患者回国后,将亲戚朋友介绍给我们医院。其中,61岁的刘博夫·阿利菲仁多年来受到跟腱炎的伤害,从阿拉木图到乌鲁木齐寻求治疗,并在今年年初恢复,她向医生赠送了一条红丝绸横幅,挂在医院的墙上,内容为哈语'我很欣赏中国医护人员的善良和奉献精神'。"

以上生动形象的案例说明,在新疆地区发展面向中亚国家哈萨克斯坦的医疗旅游,具有独到的优势。首先这两个地区距离较近,就医方便;二是新疆作为中国的边疆地区得到内地长期的医疗教育和基础设施、医疗资源、医务人才等各方面的大力支持,相较哈萨克斯坦医疗服务水平高,设备先进;三是新疆地区有独特的中医药、维吾尔医药、蒙医药医疗资源,疗效明确,得到了哈萨克斯坦人民的认可和喜爱;四是新疆地区汉族和维吾尔族等各民族混居,新疆也有一定数量的哈萨克族人口,从语言交流来说,新疆面对该国患者更具优势。因此新疆越来越成为深受哈萨克斯坦民众欢迎的医疗旅游胜地。

【案例总结】 案例为医疗服务提供机构,依托中医、维吾尔医治疗价格优势和显著特色疗效以及区域便利优势开展域内医疗旅游,效果颇佳。

(二)同仁堂在哈萨克斯坦建立中医中心

【所在地区】 哈萨克斯坦,阿斯塔纳。

【案例定义】 中医药海外服贸旗舰店。

【案例概况】 2017年6月7日,北京同仁堂欧洲控股有限责任公司和哈萨克斯坦共和国总统事务管理医疗中心医院联合签署战略合作协议。中国北京同仁堂(集团)股份有限公司副总经理丁永玲,哈萨克斯坦共和国总统医疗中心医院主任出席了此次签约仪式。根据签署的协议,以"密切合作,分享竞争优势和共同发展"这三项原则为基础,双方同意利用北京同仁堂品牌深厚的专业能力和中医药专业精神,设立北京同仁堂哈萨克斯坦分店,推广中医药文化,为该地区提供充足的中医药产品和服务,并在国际市场上培育同仁堂品牌。

【案例总结】 同仁堂模式得到两国政府高层支持,是综合中药贸易和中医医疗服务为一体的中医药海外推广模式。这种模式充分考虑了海外中医药立法的不足,充分发挥了同仁堂的品牌号召力,是一种具有竞争力的海外中医药推广联合体。同时这种模式不仅能带来经济收益,还具有文化交流及在海外传播中医药文化的双重作用。

八、结论与建议

中医药服务贸易在哈萨克斯坦的开展总体来说有利环境大于不利环境。其有利因素在于:一是中医药作为医疗服务,正好是哈萨克斯坦国内的短板,该国医疗服务水平不高,但是民众对有效医疗服务的需求却日益增加,这为中医药服务贸易的发展提供了极其难得的内部条件;二是借力"一带一路"倡议和国家大力提倡中医药国际化发展的契机,政府的力量为中医药服贸的向外发展创造了有利的外部环境,减轻了企业的海外市场拓展宣传成本和一定的准入风险;三是哈萨克斯坦当地民众对中医的信任逐渐建立,中医药医疗服务逐渐成为潮流,有精湛技艺的中医医生是宝贵的健康资源。

中医药服贸在该国的发展也存在着一些不利因素:一是哈萨克斯坦政府对中医药在本国的医疗行为未作出明确的法律许可和安全保证,是一块若明若暗的灰色地带,中医药服务的合法化需要进一步明确;二是该国有一定的经济结构矛盾,其经济发展前景总体是好的,但也存在着投资的风险;三是该国的社会环境中有一定的恐怖活动,社会的不稳定可能会对中医药服务贸易的投资者带来生命威胁和财产损失。

综合以上分析,在哈萨克斯坦投资中医药服务贸易时,建议在一些治安环境好的城市和街区开展医疗服务,也要关注该国的经济发展态势以决定投资的规模和地域;其次可以着力吸引该国游客来中国体验中医药医疗旅游,以达到开展中医药服务贸易、规避海外投资风险的目的。

(姚晓兵)

附

《哈萨克斯坦共和国人民卫生体系条例》
（传统医学部分节选）

Халық денсаулығы және денсаулық сақтау жүйесі туралы
Қазақстан РеспубликасыныН 2009 жылғы 18
қыркүйектегі N 193 - IV Кодексі
（人民卫生体系　哈萨克斯坦共和国条例
2009 年 9 月 18 日 N 193 - IV）

34) дәстүрлі медицина — аурулардың алдын алу мен оларды емдеудің қоғамда жинақталған әдістері мен құралдарына негізделген, медициналық практиканың көпғасырлық дәстүрлерімен орныққан медицина саласы және медицина қызметкерлерінің қызметі;

34-1) дезинсекция — адамды, жануарларды, үй-жайлар мен аумақты жәндіктер мен бунақ аяқтылардан қорғау мақсатында оларды жою жөніндегі профилактикалық және қырып-жою іс-шаралар кешені;

34-2) дезинфекция — сыртқы ортада инфекциялық және паразиттік аурулардың қоздырғыштарын жоюға бағытталған арнайы іс-шаралар кешені;

35) тамақ өнімдерін өндіру объектілеріне есептік нөмірлер беру және олардың тізілімін жүргізу тәртібін айқындау;

(34) 传统医学——社会疾病预防与治疗基于数百年的医学实践传统,基于方法和工具的医疗保健和医疗服务。

34-1) 灭虫——人类、动物、场所、领地昆虫和覆盖物预防与预防措施,防止严重结果。

34-2) 消毒——旨在消除环境感染和寄生虫病的一系列特别措施。

35)（对传统医学）发放食品及其登记册的登记号码并确定行为秩序。

44 - бап. Медициналық көмекті ұсыну нысандары

Медициналық көмек：

1）амбулаториялық-емханалық көмек： алғашқы медициналық-санитариялық көмек；консультациялық-диагностикалық көмек；

2）көмек；стационарлық；

3）көмек；стационарды алмастыратын；

4）медициналық көмек；жедел；

5）санитариялық авиация；

6）төтенше жағдайлар кезіндегі；медициналық көмек；

7）емі және медициналық оңалту；қалпына келтіру；

8）және мейірбике күтімі；паллиативтік көмек；

9）дәстүрлі медицина，халық медицинасы（емшілік）нысандарында ұсынылуы мүмкін．

第四十四条 医疗形式

医疗保健：

1）门诊护理：初级保健；咨询和诊断援助。

2）辅助；静止。

3）协助；医院更换。

4）医疗援助。

5）卫生航空。

6）紧急医疗。

7）治疗和医疗康复；恢复。

8）护理；姑息治疗。

9）传统医学，民间医学(愈合)。

54 - бап. Дәстүрлі медицина, халық медицинасы（емшілік）

1. Дәстүрлі медицина әдістеріне гомеопатия，гирудотерапия，мануальдық терапия，рефлекс-терапия，фитотерапия және табиғаттан алынатын құралдармен емдеу жатады．

2. Медициналық білімі бар，тиісті лицензия алған адамдардың дәстүрлі медицина саласындағы қызметке құқығы бар．

3. Халық медицинасы（емшілік）- халық жинақтаған емшілік құралдар туралы，сондай-ақ емдеу．

және гигиена тәсілдері мен дағдылары және оларды денсаулықты сақтау, аурулардың алдын алу мен оларды емдеу үшін практикада қолдану туралы эмпирикалық мәліметтердің жиынтығы.

4. Алып тасталды - ҚР 2012.07.10 N 36 - V （алғашқы ресми жарияланғанынан кейін күнтізбелік он күн өткен соң қолданысқа енгізіледі）Заңымен.

5. Жаппай емшілік сеанстарын, оның ішінде бұқаралық ақпарат құралдарын пайдалана отырып өткізуге тыйым салынады.

Ескерту. 54 - бапқа өзгеріс енгізілді - ҚР 2012.07.10 N 36 - V （алғашқы ресми жарияланғанынан кейін күнтізбелік он күн өткен соң қолданысқа енгізіледі）Заңымен.

第五十四条　　传统医学,民间医学(替代)

1. 传统医学方法包括顺势疗法,水蛭疗法,手动治疗,反射疗法,植物疗法和自然治疗。

2. 接受过传统医学领域相应执照的医学教育服务。

3. 民族医学,关于疾病治疗和预防的医学,收集实践中行之有效的医疗经验。

4. 根据哈萨克斯坦共和国的法律2012年7月10日第36-V号(第一次官方公布后的历年)。

5. 大规模治疗行为,包括大众媒体传播被禁止。

注：第五十四条,经哈萨克斯坦共和国法律修订,日期为2012年7月10日。第36-V号(第一次正式出版后十个日历日止)。

参考文献

[1] 中国驻哈萨克斯坦大使馆经济商务参赞处.哈萨克斯坦共和国的贸易与投资环境[J].全球化,2013(8):106-115.

[2] 咸正芳.论中国与中亚区域合作中的制约因素及解决思路[D].西安:陕西师范大学,2012.

[3] 王笑笑,高非,张红丽,等.哈萨克斯坦医疗卫生体制改革综述[J].中国卫生经济,2016,35(4):94-96.

[4] 刘术,蒋铭敏.哈萨克斯坦医疗卫生制度改革[J].国外医学·卫生经济分册,2005,22(2):60-63.

[5] 杨勇,高虹.老外青睐三亚中医游[N].海南日报,2004-11-06.

[6] 《国家卫生计生委关于推进"一带一路"卫生交流合作三年实施方案(2015—2017)》.

第九章 吉尔吉斯共和国

一、基本国情

(一) 国家概况

吉尔吉斯共和国(Kyrgyz Republic,简称吉尔吉斯斯坦)。1991年正式独立。首都为比什凯克。

吉尔吉斯斯坦位于欧亚大陆的腹心地带,不仅是连接欧亚大陆和中东的要冲,还是大国势力东进西出、南下北上的必经之地;面积为19.99万平方千米,是位于中亚东北部的内陆国,东南和东面与中国相接,北与哈萨克斯坦相连,西界乌兹别克斯坦,南同塔吉克斯坦接壤。我国是吉尔吉斯斯坦第一大投资来源国。吉尔吉斯斯坦划分为7州2市:楚河州、塔拉斯州、奥什州、贾拉拉巴德州、纳伦州、伊塞克湖州、巴特肯州和比什凯克市、奥什市。州、市下设区,区行政公署为基层政府机构。

截至2018年10月,吉尔吉斯斯坦常住人口登记数量为636.2万人,男性占比49.5%。有80多个民族,其中吉尔吉斯族占72.8%,乌兹别克族占14.5%,俄罗斯族占6.2%,东干族占1.1%,维吾尔族占0.9%,塔吉克族占0.9%,土耳其族占0.7%,哈萨克族占0.6%,其他为鞑靼、阿塞拜疆、朝鲜、乌克兰等民族;70%以上居民信仰伊斯兰教,多数属逊尼派。吉尔吉斯语为国语,俄语为官方语言[1]。

(二) 政治环境

1. **政治制度** 吉尔吉斯斯坦属政教分离的世俗国家,政治上推行民主改革并实行多党制。1993年5月5日,吉尔吉斯斯坦议会通过独立后第一部宪法,规定吉尔吉斯斯坦是建立在法制、世俗国家基础上的主权、单一制民主共和国,实行立法、司法、行政三权分立,总统为国家元首。此后,宪法几经修改。2010年"4·7"革命后,吉尔吉斯斯坦成立临时政府,5月临时政府公布宪法草案,6月27日举行全民公投通过了新宪法。根据新宪法,吉尔吉斯斯坦政体由总统制过渡到议会制。2016年12月11日,吉尔吉斯斯坦举行修宪公投,将总统部分职权移交至政府。

吉尔吉斯斯坦现任国家总统索隆拜·沙里波维奇·热恩别科夫于2017年11月24日宣誓就职,任期6年;现总理穆哈梅特卡雷·久舍科耶维奇·阿布尔加济耶夫,2018年4月任职。

截至2014年,在吉尔吉斯斯坦司法部正式登记注册并开展活动的政党有140余个。其中,共和国-故乡党、社会民主党、尊严党、吉尔吉斯斯坦党和祖国党等为吉尔吉斯斯坦主要政党。

2. **外交特点** 外交是国之要务,对吉尔吉斯斯坦这样具有战略性区位特点、处在大国利益纷争漩涡之中的国家来说,外交成败直接影响国家的稳定和发展。吉尔吉斯斯坦独立20多年来,一方面,社会、经济和政治发展总体上取得了较好成效,特别是获得了大量外援,这与外交工作的努力密不可分;另一方面,政治局势难以持久保持稳定,美俄实力交替左右国家发展大局,对外交工作影响深远。

吉尔吉斯斯坦独立后始终奉行大国平衡、全方位的务实外交政策。吉尔吉斯斯坦主张同世界各国友好相处,积极发展对外联系与合作,其外交政策特点逐步成形,主要表现为:一是和平中立外交。其外交政策建立在人民爱好和平传统的基础上,宗旨是和平共处与国际安全。二是发展全方位而又有重点的外交。为赢得国际社会的认可和支持,吉尔吉斯斯坦政府愿同世界各国建立、发展富有成效的双边和多边联系与合作。在全面联系的基础上,从历史传统、经济联系等方面考虑,将对外关系的重点放在维护俄罗斯联邦关系上,其次是中亚近邻和独联体其他成员国。三是强调经济外交。为克服严重的经济困难,努力通过外交引进外资,争取外援,坚持外交工作为发展国内经济服务[2]。

3. **中吉关系** 1991年12月27日,中国承认吉尔吉斯斯坦独立。1992年1月5日吉尔吉斯斯坦与中国建立大使级外交关系。1996年4月26日,中国、俄罗斯联邦、哈萨克斯坦、吉尔吉斯斯坦、塔吉克斯坦五国元首在上海举行首次会晤。从此,"上海五国"会晤机制(上海合作组织前身)正式建立。2013年习近平主席访问吉尔吉斯斯坦并出席上海合作组织峰会,双方建立战略伙伴关系。2018年6月,吉尔吉斯斯坦总统索隆拜·沙里波维奇·热恩别科夫结合来华出席上海合作组织青岛峰会对中国进行首次国事访问。

(三)经济环境

1. **经济概况及主要产业** 吉尔吉斯斯坦的国民经济以多种所有制为基础,其中农牧业和采矿业为主,工业基础薄弱,主要生产原材料。自然资源主要有黄金、锑、钨、锡、汞、铀和稀有金属等。其中锑产量居世界第三位、独联体第一位,锡产量和汞产量居独联体第二位,水电资源在独联体国家中居第三位。

21世纪初,吉尔吉斯斯坦调整经济改革方针,稳步渐进地向市场经济转轨,推行以私有化和非国有化改造为中心的经济体制改革,经济保持了低增长态势,工业生产恢复性增长,物价相对稳定,通膨水平也降至独立以来最低水平。针对该国国情,在制定2000—2010年发展战略时,吉尔吉斯斯坦将发展旅游业和扶持中小企业列为经济工作的重点方向。2007、2008年吉尔吉斯斯坦国民经济发展取得较快发展。

根据吉尔吉斯斯坦国家统计委员会公布的数据,按生产法计算,2017年全年GDP为4 933.22亿索姆(约合71.63亿美元,2017年全年平均汇率为1美元兑换68.87索姆),同比增长4.5%。人均GDP为1 042.24美元,世界排名第一百五十七位。2017年吉尔吉斯斯坦经济增长主要依靠的是工业、农业、建筑业、服务行业等发展的拉动。若不计"库姆托尔金矿"产值,吉尔吉斯斯坦GDP为4 453.961亿索姆(约合64.67亿美元),同比增长4.5%。

2017年,吉尔吉斯斯坦GDP主要行业结构及发展状况如表9-1。

表9-1 吉尔吉斯斯坦2017年GDP主要行业结构及发展状况

行 业	行业产值	行业涨幅	行业带动的GDP增长率	行业产值在GDP中占比
1. 农业	637.481亿索姆	↑2.2%	↑0.3%	12.9%
2. 工业	907.589亿索姆	↑11.8%	↑2%	18.5%
3. 建筑业	426.254亿索姆	↑7.1%	↑0.6%	8.6%
4. 服务业	2 406.382亿索姆	↑2.1%	↑1.1%	48.7%
5. 产品净税收	555.514亿索姆	↑4.5%	↑0.5%	11.3%
吉尔吉斯斯坦GDP	4 933.22亿索姆(约合71.63亿美元)	↑4.5%		100%

2018年1—5月,吉尔吉斯斯坦国内生产总值为1 710亿索姆(按平均汇率1美元兑换68.3索姆计算,约合25.04亿美元),同比增长0.7%;若不计"库姆托尔金矿"产值,则吉尔吉斯斯坦国内生产总值为1 530亿索姆(约合22.4亿美元),同比增长2.5%。2018年1至6月,吉尔吉斯斯坦采矿业总产值为56.87亿索姆(平均汇率为1美元兑换68.5索姆计算,约合8 301万美元)。其中开采冶金矿石,产值28.11亿索

姆;原油和天然气,产值18.71亿索姆;石煤和褐煤,产值6.71亿索姆;其他有色金属矿石,产值3.34亿索姆。

据吉尔吉斯斯坦塔扎别克网站消息:2019年1月8日《全球经济展望》杂志上世界银行报告中预测,吉尔吉斯斯坦2019年国内生产总值的增幅将为3.4%,2020年吉尔吉斯斯坦GDP增幅预期为3.9%,2021年为4%。吉尔吉斯斯坦财政部预估2019年GDP增幅将达到4%。

2. **对华贸易** 21世纪初,中吉两国经贸合作取得了较快发展。继2003年、2004年双边贸易额分别突破3亿美元和6亿美元大关后,2005年双边贸易继续保持快速增长势头,全年贸易额达9.72亿美元,创历史新高。2013年两国的贸易额达到51.37亿美元,2014年双边贸易再开始恢复增长,贸易额达52.98亿美元。根据中方的数据统计,吉尔吉斯斯坦的贸易逆差逐年增大,2002年吉方逆差为0.90亿美元,是中国与吉尔吉斯斯坦贸易总额的4.48倍,2006年吉尔吉斯斯坦的逆差为20.00亿美元,占中吉贸易总额的比重接近90%,在2013年吉方贸易逆差已达到50.13亿美元[3](表9-2)。

表9-2 1992—2014年中国与吉尔吉斯斯坦贸易情况(单位:亿美元)

年份	金额				同比增减(%)		
	进出口	出口	进口	差额	进出口	出口	进口
1992	0.36	0.19	0.17	0.02	—	—	—
1993	1.03	0.37	0.66	-0.29	188.6	93.3	295.8
1994	1.05	0.30	0.75	-0.45	2.7	-18.1	14.3
1995	2.31	1.07	1.24	-0.17	119.2	259.2	63.7
1996	1.06	0.69	0.37	0.32	-54.3	-36.1	-70.2
1997	1.07	0.71	0.36	0.35	1.0	2.8	-2.1
1998	1.98	1.72	0.26	1.46	85.5	144.2	-28.7
1999	1.35	1.03	0.32	0.71	-31.9	-40.3	24.4
2000	1.77	1.10	0.67	0.43	31.7	7.1	110.9
2001	1.19	0.77	0.42	0.35	-33.1	-30.4	-37.4
2002	2.02	1.46	0.56	0.90	69.8	90.7	32.0
2003	3.14	2.45	0.69	1.76	55.7	67.7	24.1
2004	6.03	4.93	1.10	3.83	91.6	101.0	58.4
2005	9.72	8.67	1.05	7.62	61.4	76.0	-4.1

(续表)

年份	金额				同比增减(%)		
	进出口	出口	进口	差额	进出口	出口	进口
2006	22.26	21.13	1.13	20.00	128.9	143.6	7.5
2007	37.8	36.66	11.37	25.29	70	73.5	26.4
2008	93.3	92.12	12.13	79.87	146.8	151.3	6.7
2009	52.76	52.27	4.84	47.43	-43.4	-43.2	60.1
2010	42	41.3	0.7	40.6	-20.4	-21	-85.5
2011	49.76	48.78	0.98	47.8	18.5	2.8	40
2012	51.62	50.73	0.89	49.84	3.73	4	-9.2
2013	51.37	50.75	0.62	50.13	-0.4	0.03	-30.3
2014	52.98	52.43	0.55	51.88	3.13	3.31	-11.2

资料来源:中国海关统计与商务部网站

根据吉尔吉斯斯坦海关统计数据,2017年1至7月,中吉贸易额54.48亿美元,同比下降4%。其中向中国出口总值为9 750万美元,同比增长21.7%;从中国进口总值为15.001亿美元,同比增长2.2%。中国为吉尔吉斯斯坦第一大贸易伙伴国(占吉尔吉斯斯坦外贸总额的25.5%)和第一大进口来源国(占吉尔吉斯斯坦进口总额的33.5%)。

根据吉尔吉斯斯坦国家统计委员会公布的数据,2018年1至5月,吉尔吉斯斯坦与中国的贸易额9.1亿美元,同比增长59.2%。其中向我国出口总值为2 880万美元,同比下降29.6%;从我国进口总值为8.812亿美元,同比增长66.1%。我国是吉尔吉斯斯坦第一大贸易伙伴(占比33.5%)、第一大进口来源国(占比43.3%)。吉尔吉斯斯坦对华贸易逆差8.524亿美元。

二、医疗健康保障体系现状

(一) 医疗基本情况

独立后,吉尔吉斯斯坦医疗体系基本沿袭了苏联模式。因经济发展较慢,财政紧张,吉尔吉斯斯坦国有医院医疗设施已严重老化,需进行改造更新。2006—2013年,吉尔吉斯斯坦平均每万人拥有医生20人、护理和助产人员62人、牙医2人、药师1人;2006—2012年,吉尔吉斯斯坦平均每万人拥有医院床位48张。

在吉尔吉斯斯坦,国家卫生部负责制定国家卫生政策、设立临床标准。但由于实施了责任放权,卫生相关工作的实际实施者是地方卫生局和卫生服务提供者。全国的卫生服务系统被分成4个政府行政等级:国家级、州级、城市级和区级。许多国家项目,如免疫计划由垂直系统执行。随着欧盟诸国卫生服务私有化浪潮的推动,吉尔吉斯斯坦国内的某些卫生服务部门也逐步实行私有化。但总体看来,其卫生服务部门的私有化受到很多限制,目前的私人医疗机构主要包括门诊和药房,但规模都很小[4]。

(二)医疗社会保障情况

吉尔吉斯斯坦建立了强制性的医疗保险制度,1992年通过了医疗保险法,在一个区域实行了试点,但是直到1998年强制性的医疗保险制度才在全国范围内推开。吉尔吉斯斯坦没有单独设立医疗保险费,社会保障费(缴费率占企业工资水平的39%)2%用于医疗保险。国家一般为儿童、失业人员、残疾人、低保户及糖尿病、结核病等疾病患者提供免费的医疗保险。2012年强制医疗保险覆盖总人口的76.3%,但是强制性医疗保险基金在吉尔吉斯斯坦医疗保险基金中所占比例不大,大概占卫生总经费的4%[5]。

三、传统医药的法律与政策环境

吉尔吉斯斯坦较重视中医药的发展与应用,当地民众对中医的认可程度也较高,但目前无专门针对中医药的法律法规。但随着"一带一路"倡议的推进,吉尔吉斯斯坦与我国的中医药国际合作已逐渐走向密切。

(一)医师执业

在吉尔吉斯斯坦,因中药受药物准入制度的影响,暂时不能被合法使用。针灸专业有一套完整的考核认证系统,程序一般是先参加卫生部组织的专业培训,填写申请表,再到电脑上答题考试,以选择题为主,成绩合格方能报卫生部、教育部、劳动部和内务部审核,合格者颁发执业证书,合法行医。

(二) 相关准入标准体系

目前,随着中医药在全球范围内广泛传播的步伐,各国愈加重视中医药的规范与立法。

为落实2013年9月11日中吉双方在两国元首见证下签署的《中华人民共和国国家中医药管理局与吉尔吉斯共和国卫生部关于中医药领域合作谅解备忘录》,经国务院批准,国家中医药管理局邀请了吉尔吉斯斯坦卫生部部长萨金巴耶娃·迪娜拉等一行访问甘肃。2014年3月18日上午,国家卫生和计划生育委员会副主任、国家中医药管理局局长王国强与代表团举行了会谈,双方就下一步继续加强合作,推动两国在中医药领域的全方位合作进行了深入交流,双方一致同意将加快中医药在吉尔吉斯斯坦当地的相关准入标准体系的建立。吉尔吉斯斯坦卫生部副部长基伊兹巴耶娃·扎兹古丽·伊丽伊切芙娜在与甘肃省考察团会谈时表示,吉方将力推中医立法,使中国中药合法进入吉尔吉斯斯坦市场。她提出,甘肃将出口中药的分析数据和报告报给吉尔吉斯斯坦卫生部,该部将通过法律途径尽快推动立法工作。

此外,甘肃在向海外推广中医的同时,积极推进中医药产品注册、认证和出口,目前收获了阶段性突破。甘肃陇神药业在吉尔吉斯斯坦注册成立了中医药公司,已经完成中药产品的备案和注册材料的提交工作。甘肃省卫计委副主任杨陇军表示,甘肃中医药发展历史久远,中药材的种植产量、面积都位居中国第一,中吉在医药合作方面前景广阔。吉尔吉斯斯坦卫生部与甘肃省卫计委签署的合作协议正在不断实施,同时,正在积极交涉关于中药进入吉尔吉斯斯坦的问题。

(三) 中医药教育

随着岐黄中医学院和岐黄中医中心的建立,吉尔吉斯斯坦也越来越注重中医药人才的培养和发展。2014年11月3日,吉尔吉斯斯坦岐黄中医学院首届中医培训班正式开课,首届中医班共招收了50名学员,他们均是吉尔吉斯斯坦全国一线的临床医生,他们对学习中医药文化和技术有着浓厚的兴趣和很高的热情。部分学员还有学习中医学的经历,掌握一定的中医学技能,并在吉尔吉斯斯坦开展过中医治疗项目。甘肃中医药大学将进一步加大力度推进吉尔吉斯斯坦中医针灸培训项目的开展,加强双方技术人员互访,并选派更多优秀人员来吉尔吉斯斯坦开展工作,为中吉人民友谊和吉尔吉斯斯坦人民健康做出贡献。

吉尔吉斯斯坦的针灸教育现状比较成熟,文献提到吉尔吉斯斯坦有两家重要的针灸教育培训基地,一是卫生部直属的国立继续教育学院东方教研室,主任为卡纳耶夫·勒斯库勒别克,主要是给吉尔吉斯斯坦有医学基础的医师进行针灸继续教育培训,每年办2~3期培训班,培训100多名学员,这些医生现已经能熟练地用针灸治疗临床常见病、多发病和一些疑难杂症。第二个机构是教育部直属的国立医科大学传统医学部,有3个专职老师,是给在校大学生进行传统医学教育,主要的教学内容是中医针灸学,内容包括经络理论、刺法灸法和针灸临床。现在还有第三个培训机构,就是甘肃中医药大学比什凯克岐黄中医学院和岐黄中医中心,主要任务是在吉尔吉斯斯坦为针灸正本清源,规范针灸临床教学行业标准,培训正规实用的针灸医师,并承担着吉尔吉斯斯坦的医疗健康工作。吉尔吉斯斯坦岐黄中医学院培养中医人才的数量和质量整体在提升,广泛开展的中医文化体验活动让更多吉尔吉斯斯坦民众认识和接受中医,深入首都以外地区的系列义诊活动让欠发达地区民众体会到中医的神奇疗效。

四、中医药服务贸易双边合作现状

(一)医疗服务贸易

从国家提出"一带一路"倡议起,甘肃省便探索通过"搭平台、走出去、引进来"的方式,与吉尔吉斯斯坦开展中医药领域全方位合作,抢占"一带一路"中医药合作先机。甘肃省与吉尔吉斯斯坦持续开展中医药合作,坚持"以文带医、以医带药、以药兴商"思路,所开展的中医服务得到当地官员、医生、患者的多层面认可,主动学习中医的人不断增多,中药注册和出口也取得突破。业内人士表示,中医走向世界是中医药学发展的必然,中医药服务贸易及相关产业的发展将成为甘肃省经济发展新的增长点。但现实过程中依然存在"以医带药"推进慢、中医外语人才储备不足等多重困难,亟待国家层面支持推进。

搭平台，双方凝聚共识合办中医机构。2013年12月，国家中医药管理局局长办公会议确定，甘肃省卫计委负责具体实施国家中医药管理局与吉尔吉斯斯坦卫生部签署的《中医药领域合作谅解备忘录》有关工作。2014年3月，吉尔吉斯斯坦卫生部部长萨金巴耶娃·迪娜拉率代表团访问甘肃省，洽谈落实中医药合作事宜。经过磋商，双方在成立中医机构、中医养生旅游、中医药种植加工、中医药产品器械展销等方面达成6项合作共识。

吉尔吉斯斯坦中医中心主任秦晓光介绍，长期以来，吉尔吉斯斯坦首都比什凯克只有私人盈利为主的中医诊所，2014年甘肃省卫计委与吉尔吉斯斯坦联合建设吉尔吉斯斯坦中医中心，开展免费针灸、推拿、按摩、骨病手法复位等中医治疗。该中心开办以来，吉尔吉斯斯坦前总理、现任外交部副部长等多名官员前来中心就医，现任卫生部副部长也介绍他的亲人前来治疗。

吉尔吉斯斯坦国内的医疗条件目前仍比较落后，当地一些医生参加中医培训后，对中医的疗效非常认可。一些接触过中医的吉尔吉斯斯坦患者表示，学中医成为一种国际潮流，越来越多的人学习中医，原因是中医副作用小、疗效好，希望今后中国能派更多的中医去当地传授中国传统医术。

中医药是承载中国传统文化的重要载体，中医药走出去既输出了医疗服务，又输出了传统文化。刘维忠介绍，下一步甘肃还将在省内重点建设3~5个中医药交流合作基地，在国外建设一批高标准的中医药体验示范中心，推动中医药产品沿"一带一路"国家走出去，服务国家战略。

（二）医疗产业

中医药产业正逐渐在吉尔吉斯斯坦兴起。2017年9月17日，以"创新发展自由贸易做强口岸枢纽经济"为主题的第三届国际口岸经贸物流合作大会在成都举行。会议期间，成都国际铁路班列公司副总经理孙麟透露，未来蓉欧班列将向南延伸，连接东南亚。成都将成为连接欧洲与东南亚的又一纽带，四川的中医药产业有望走进中欧的吉尔吉斯斯坦。吉尔吉斯纳伦自由经济区总经理古尔扎特表示希望四川的产业来到自己的国家投资，特别是希望引进四川的中医产业。他们与四川省中医药发展服务中心签署了合作备忘录。

此外她还表示，吉尔吉斯斯坦还支持在新丝绸之路的构想框架下建设中国—吉尔吉斯斯坦—乌兹别克斯坦铁路。这条铁路将有助于发展中亚国家的运输基础设施,并为波斯湾和太平洋港口提供直接方便的通道。此外,这个项目完全符合"一带一路"倡议的构想,即创造新的可替代的运输走廊。如今,吉尔吉斯斯坦共有四条符合所有标准的国际高速公路是国际运输走廊的一部分。

四川华康永信生物科技有限公司董事长吴永信表示,发现吉尔吉斯斯坦有很多品质优良的中草药,比如说甘草、桑叶、贝母、黄芪等,在吉尔吉斯斯坦注册公司,建立中医药企业将有利于推广中国的传统医术。吉尔吉斯斯坦由于河流、山谷众多,和中国四川省在生态环境方面很相似,适宜中草药的生长。在吉尔吉斯斯坦建设中医药企业,除了以传统中医药造福吉尔吉斯斯坦民众外,药厂会给当地人提供就业机会。另外,药厂或许还将带动吉尔吉斯斯坦民众发展种植中药材。因为吉尔吉斯斯坦有辽阔的土地,如果形成规模化种植,将提升当地民众的收入。

五、市场机遇与潜力

(一) 中医药在吉尔吉斯斯坦市场广阔

吉尔吉斯斯坦没有传统草药学,但是当地人民对中医药十分热衷,中医药在吉尔吉斯斯坦市场很大,并且当地人华侨都在以不同的方式支持中医在吉尔吉斯斯坦发展。吉尔吉斯斯坦的社会问题严峻,如贫困人口多、贫富差距大、失业率高、毒品走私猖獗等。独联体统计委员会数据显示,2016年吉尔吉斯斯坦贫困线以下居民占比25.4%,在独联体国家贫困榜上位居第三。贫困还直接体现在卫生条件恶劣、药品短缺、社会保障不足等方面,因此中医药和其他传统医药疗法在吉尔吉斯斯坦市场广阔。

(二) 互联互通优势突出

自古以来,吉尔吉斯斯坦就是丝绸之路的重要沿线地区,与我国交流频繁。现今,中吉两国合作飞速发展,两国关系提升到全新的水平,2017年中国或为吉尔吉斯斯坦第一大投资来源国。中方对吉尔吉斯斯坦的贷款主要集中在交通和电力基础设施建设项目上。其中体现中吉合作的一个重要例子是"达特卡—克明"输变电线项目的建设,这帮助吉尔吉斯斯坦取得了实质上的能源独立。随着中吉乌铁路的建设、新亚欧大陆桥经济走廊的打通,将为入吉尔吉斯斯坦投资中医药服务贸易的企业提供更大互通优势。

(三) 中吉贸易前景广阔

中吉从1992年开始建立外交关系,之后双边经贸关系发展迅速。两国的经济和技术合作日益增多,合作项目的规模也逐渐拓宽并呈现不同的趋势。自上海合作组织成立以来,出台了一系列关于经济合作的法律文件,在不同层次上密切了成员国的经济合作。如成员国总理签署和批准的《开展区域经济合作和启动贸易投资便利化进程的备忘录》《多边经贸合作纲要》《多边经贸合作纲要措施计划》等,明确了区域经济合作的目标、任务和措施。2014年7月17日,中国—吉尔吉斯斯坦政府间经贸合作委员会第十次会议在比什凯克市举行,中吉双方就能源交通等领域经济技术合作、金融贷款合作、农业合作、地方间合作等议题充分交换意见,并就扩大贸易规模、改善投资环境、保护投资者权益、推进基础设施建设、推动吉农产品对华出口等问题达成共识。会后,双方签署会议纪要和中吉政府间经济技术合作协定。2018年6月6日至8日,吉尔吉斯斯坦总统索隆拜·沙里波维奇·热恩别科夫对我国进行国事访问。双方重申2002年6月24日签署的《中华人民共和国和吉尔吉斯共和国睦邻友好合作条约》、2013年9月11日签订的《中华人民共和国和吉尔吉斯共和国关于建立战略伙伴关系的联合宣言》和2014年5月18日签署的《中华人民共和国和吉尔吉斯共和国关于进一步深化战略伙伴关系的联合宣言》及其他双边文件为两国关系发展奠定了坚实的法律基础并推动双方合作提升到更高水平。双方一致认为,2013年9月中建立战略伙伴关系以来,双方高层交往、政治互信、互利合作均达到前所未有的高水平。一系列的贸易关系和合作战略,也为中医药服务贸易提供了机遇。

(四) 吉尔吉斯斯坦对中医药发展愿望强烈

当前,中吉两国之间政治互信不断巩固,安全、军贸、科技、文化、教育等领域合作成果丰硕,在联合国、上海合作组织等多边组织框架内密切协调配合。中方表示积极支持和推动在吉尔吉斯斯坦投资建立中医医疗机构,并落实双方中医药领域各项合作内容。

2013年6月18日,国家卫生和计划生育委员会副主任、国家中医药管理局局长王国强会见并宴请来华访问的吉尔吉斯斯坦代表团,国家中医药管理局副局长于文明主持与代表团的工作会谈。双方达成三点主要共识：一是双方同意由中国国家中医药管理局与吉尔吉斯斯坦卫生部签署政府部门间的中医药合作谅解备忘录，搭建两国在该领域的政府合作框架，推动双方今后在中医药医疗、教育、科研、文化、保健、产业等方面的交流与合作；二是双方共同成立中医药合作工作组，磋商确定具体的合作内容、合作方式和合作机构；三是由两国对应机构执行某一方面的具体合作。

2014年，甘肃中医学院（2015年更名为甘肃中医药大学）和吉尔吉斯斯坦在吉尔吉斯斯坦成立岐黄中医学院和岐黄中医科。

（五）中国—吉尔吉斯斯坦岐黄中医药中心平台

中国—吉尔吉斯斯坦岐黄中医药中心项目于2015年立项，由甘肃省卫生和计划生育委员会承担，甘肃中医药大学、甘肃中医药大学附属医院共同承建，2017年12月完成全部考核内容并通过验收。

自2015年10月正式接诊以来，中国—吉尔吉斯斯坦岐黄中医药中心（以下简称中医中心）每日接诊60~80位患者。2015年9月—2016年10月，岐黄中医中心累计完成中医针灸临床诊疗2 000人次，其中吉尔吉斯斯坦民众占接诊总患者的60%以上。当地医疗资源并不丰富，中医中心提供免费医疗服务，开展火针、电针、小针刀、拔罐、刮痧等不同形式的中医适宜技术，受到当地民众的广泛欢迎。岐黄中医药中心还与当地孔子学院合作举办中医文化讲座，并在商业区开展中医治疗体验，示范脉诊、推拿、拔罐等中医诊疗方法，吸引了众多当地人参与。

活动的成功举办，说明应充分发挥岐黄中医药中心这个平台的作用，推动中医药在吉尔吉斯斯坦的发展，把该中心建成中医药对外服务中心的示范点。

六、风险提示

（一）吉尔吉斯斯坦社会问题较严峻

吉尔吉斯斯坦的贫困人口仍大量存在，且经济发展不平稳。贫困导致一系列社会问题,如移民人数增多、犯罪率上升、腐败加剧、恐怖主义思潮泛滥、环保问题突出等。消灭贫困已成为吉尔吉斯斯坦面临的首要问题,解决不力将可能造成地区不稳定等灾难性后果。吉尔吉斯斯坦社会环境动荡为中医药服务的发展带来阻力。

(二)中医药服务在吉尔吉斯斯坦发展步履维艰

中医药走出国门形势良好,但"以医带药"推进慢、中医外语人才储备不足等问题,影响着中医体系和中医药文化的完整推广。尽管吉方非常希望尽快推动在吉尔吉斯斯坦建立中医医疗机构,推广中西医结合的治疗方式,但吉尔吉斯斯坦并没有关于中医药产品、技术、从业人员、医疗机构等准入方面的法律法规,国内中医药企业在国外注册、认证、推广等工作也面临诸多不确定风险,注册费用高,中药材难以多品种、大批量进入中医药中心。业内人士建议,应尽早通过国家层面谈判,为中医药全面"走出去"扫清障碍。

吉尔吉斯斯坦对建立中医医疗机构、推广中西医结合的治疗方式有强烈的愿望:愿意在国家法律层面,推动议会立法,确立中医药在吉尔吉斯斯坦的合法地位;努力将中医药服务纳入吉尔吉斯斯坦国家医疗保险体系;为中医医疗机构的建设提供所需土地和土木建设方面的支持,并在中方帮助下着手开展中医药技术人员的教育培训工作。但由于目前其仍然缺乏对中医药的法律支持、政策保障、教育培训、执业认可、服务标准制度等,再加上吉尔吉斯斯坦本身医疗制度和医疗保障体系的不完善,所以中医药在吉尔吉斯斯坦的发展仍然非常受限制,需要很长时间的建设。

七、案例分析

(一)中国—吉尔吉斯斯坦中医药中心

【所在地区】 吉尔吉斯斯坦,比什凯克。

【案例定义】 中医药吉尔吉斯斯坦商业存在。

【案例概况】 中国—吉尔吉斯斯坦中医药中心项目项目于2015年立项,由甘肃省卫生计生委承担,甘肃中医药大学、甘肃中医药大学附属医院共同承建,2017年12月完成全部考核内容并通过验收。自2015年10月正式接诊以来,吉尔吉斯斯坦岐黄中医药中心每日接诊60~80位患者。当地医疗资源并不丰富,中医中心提供免费医疗服务,开展火针、电针、小针刀、拔罐、刮痧等不同形式的中医适宜技术,受到当地百姓的广泛欢迎。中医药中心结合当地气候和民众生活习惯,针对呼吸系统疾病高发的流行病学特点,中心专家组成员发挥中医针灸技术优势,就地取材,制订了中药免煎颗粒口服和穴位芥末膏贴敷相结合的"冬病夏治特色三伏贴"治疗方案。吉尔吉斯斯坦岐黄中医药中心主要承担吉国人民及周边丝绸之路经济带国家民众的中医药服务工作,并开展中医药文化和中医诊疗技术的教育、培训及推广。

【案例总结】 近年来,随着健康观念和医学模式的转变,中医药在防治常见病、多发病、慢性病及重大疾病中的疗效和作用日益得到国际社会的认可和接受。立足"一带一路"沿线各国不同发展现状,针对当地医疗保健需求,中医药发挥了独特优势,积极维护当地百姓健康。应充分利用这个平台,加大对外服务复合型人才的引进、培养,在中药的使用上狠下功夫,把该中心建成为甘肃省中医药对外服务中心的示范点。

(二) 吉尔吉斯斯坦岐黄中医学院

【所在地区】 吉尔吉斯斯坦,比什凯克。

【案例定义】 中医药海外教育合作。

【案例概况】 吉尔吉斯斯坦岐黄中医学院于2014年由甘肃中医学院与吉尔吉斯斯坦医学继续教育学院联合在吉尔吉斯成立。旨在加强甘肃省与各国在中医药领域、医疗卫生人才培养、医疗技术交流、陇药产品注册推广等方面务实合作。岐黄中医学院培养中医人才的数量和质量整体在提升,广泛开展的中医文化体验活动让更多吉尔吉斯斯坦民众认识和接受中医。2019年4月,岐黄中医学院第五期中医针灸高级培训班结业典礼在国立卫生继续教育学院举行,本期培训由甘肃中医药大学的两名教师于2019年1月17日至3月15日开展,采取理论讲授和临床实践相结合的方式,为吉国60名学员进行了为期140学时的针灸实用技术讲授。秦晓光博士在代表授课教师发言时表示,甘肃中医药大学将会利用更加优质的教育资源,推动短期培训和学历教育协同发展,为吉尔吉斯斯坦中药资源开发与应用奠定人才基础。

【案例总结】 甘肃中医药大学充分发挥中医药人才和专业优势,承担中国吉尔吉斯斯坦岐黄中医学院和中医药中心项目工作,对促进中吉两国中医药交流发挥了极其重要的作用。甘肃省人民政府加大对中吉中医药学术教育和医疗交流的支持力度,着力推动中医药在吉尔吉斯斯坦更深更广地发展。当前中医走出去形势很好,已经在"一带一路"沿线多个国家"落地生根",加大中医外事人才的培训和培养,为中医药走向更多国家做好人才储备。

八、结论与建议

吉尔吉斯斯坦经济发展落后,外汇储备逐渐减少,财政赤字较高。目前中国是吉尔吉斯斯坦最大的对外贸易国,服务贸易前景较广阔。

吉尔吉斯斯坦人民对中医药接受度高,吉尔吉斯斯坦希望加快推动中医药在吉尔吉斯斯坦的发展,但其中医药法规仍不完善,在吉尔吉斯斯坦发展中医药机遇与挑战并存。我国现有中医药对外交流与合作机制还不能很好地适应形势发展的需要,中医药在国际发展中还存在良莠不齐、质量不高的现象,既需要充实完善保障措施,也需要加强管理和规范,为中医药对外交流与合作创造稳定而良好的发展环境。具体建议如下。

(一)扩大吉尔吉斯斯坦中医医疗市场

中医药市场在吉尔吉斯发展前景良好。为此应积极创新商业模式和营销方式,发挥中医药中心和海外华人的带动作用,推进双边医疗合作,制定有针对性的服务贸易投资指南,支持各类经营主体开展多种形式的国际化中医医疗活动,提供更为直接的国际市场基础。同时还要尽快确立中医药的合法地位,使中医药能够进入吉尔吉斯斯坦的医院、药房和医疗保险系统。搭建多方合作平台,拓展新的合作领域。加强中国—吉尔吉斯斯坦中医药中心的建设,展示中医药的疗效,提高潜在市场对中医药的认知度与认同度。

(二)创新中医药教育合作

吉尔吉斯斯坦与我国教育合作有一定基础,并且对汉语和汉文化的热度近年来也渐渐提升。在吉尔吉斯斯坦已经成立了4所孔子学院和1所岐黄中医学院。可借鉴孔子学院等模式将中医药纳入当地高等教育课程,并开展中医药学历教育;鼓励与沿线国家中医药民间协会合作,开展中医从业人员继续教育;加强中医药国际教材及教学质量的评估合作,推进中医药教育的国际标准建设;重点培养一批高素质的"本土化"中医药人才,使之成为中医的实践者和宣传者,为中医药在吉尔吉斯斯坦发展提供智力支持。

(三)扩展中医药服务贸易

面向吉尔吉斯斯坦的中医药发展需求,鼓励和引导中医药企业积极开拓吉尔吉斯斯坦市场,加大对吉尔吉斯斯坦的中医药投资和贸易的力度,加快中药营销与医疗、保健、教育等活动的融合,培育新优势和新兴业态,实现中药生产、经营、服务一体化;支持有实力的中药企业在吉尔吉斯斯坦建立子公司或分公司;支持在吉尔吉斯斯坦建立中药材规范化种植基地和中药生产基地,提供中药材种植、加工、储藏、生产、供应、物流、销售等全产业链服务,实现中药"本土化"的种植、生产与销售;鼓励中医药企业走国际化发展道路,例如开展中药产品海外注册,开办零售终端和设立连锁中医药馆、药店、海外营销中心,构建跨国营销网络,以扩大中医药国际贸易。利用双边和多边自由贸易区谈判,推动中医药服务贸易发展,建设一批集中医药医疗保健、教育培训、文化传播等功能于一体的中医药服务贸易示范机构。

(四)加强政策支持

据了解,吉尔吉斯斯坦卫生部将通过法律途径推动立法工作,欧盟也具备了初步意向。还有许多国家也在逐步地通过立法途径将中医中药纳入医疗保险。这些都表明了立法途径已逐步成为推动全球中医药发展的新趋势,也说明中医药与现代医学结合能够为人类健康做出重大的贡献。

目前大多数国家没有关于中医药产品、技术、从业人员、医疗机构等准入方面的法律法规;对于针灸治疗,部分国家是认可和支持的,但对中草药和免煎中药颗粒,在进口和使用上大多都不允许,这影响了中医体系的完整进入和推广。一些来中国学习中医的学员也担忧,因为缺少中药材,虽然学到了中医,但回国后恐无法运用于实践。

尽快确立中医药的合法地位,使中医药能够进入吉尔吉斯斯坦的医院、药房和医疗保险系统,为中医医疗机构在吉尔吉斯斯坦发展提供必要的支持和保障。加大政府间医药卫生领域磋商力度,自由贸易推动吉尔吉斯斯坦放宽对华产品及服务的进口限制,促进吉尔吉斯斯坦承认中医学历、中医类执业医师资格及药典。加强中医药的政策法规、药品注册、市场准入、市场监管、服务贸易、知识产权保护等信息交流,为中医药在吉尔吉斯斯坦的发展创造良好的法律和政策环境。

(何艺韵)

参考文献

[1] 中华人民共和国外交部.吉尔吉斯斯坦国家概况[EB/OL].https://www.fmprc.gov.cn/web/gjhdq_676201/gj_676203/yz_676205/1206_676548/1206x0_676550/.

[2] AIBEKOVA AIBIIKE.后苏联时期吉尔吉斯斯坦对外关系评析(1991—2017)[D].上海:上海外国语大学,2018.

[3] ZHYLDYZ KASMATOVA.中国与吉尔吉斯斯坦贸易发展研究[D].哈尔滨:东北农业大学,2016.

[4] 舒展,尤川梅,聂建刚.吉尔吉斯斯坦卫生体制改革概况[J].中国社会医学杂志,2009,26(4):222-223.

[5] 刘俊松,吉琳.公立医院"双控一补"补偿机制的优势分析[J].中国医院管理,2010,30(4):12-13.

第十章 阿拉伯联合酋长国

一、基 本 国 情

(一) 国家概况

阿拉伯联合酋长国(The United Arab Emirates,以下简称阿联酋)。自1820年沦为英国的保护国约1个半世纪后。1971年12月,阿联酋宣告正式成立。截至2018年,阿联酋人口为954.2万,国土面积为83 600平方千米,人口密度为114.1人/平方千米;外籍人口占全国总人口的88.5%,主要来自西亚、南亚、北非等国[1]。阿联酋地处于阿拉伯半岛东部,形状类似于倒置的三角形,被三国(沙特阿拉伯、阿曼苏丹国及卡塔尔)一湾(波斯湾)所环绕。

阿联酋共有七个酋长国,除建国时的阿布扎比、迪拜、沙迦、乌姆盖万、阿治曼以及富查伊拉六国外,还包括1972年2月加入的哈伊马角酋长国。自此,阿联酋"油海七珍"正式联合。七个酋长国之中,阿布扎比是阿联酋的首都,坐落于阿联酋的中西边海岸;迪拜是阿联酋国际化水平最高的城市,同时也是中东地区的经济、金融中心。

阿联酋的官方语言为阿拉伯语,通用语言为英语。阿联酋的国教是伊斯兰教,大部分居民是穆斯林,其中大多数属于逊尼派,少数居民信奉印度教、佛教以及基督教。在中东伊斯兰国家中,阿联酋的宗教政策最开放,对其他宗教人士实行信仰自由的政策。

(二) 政治环境

1. **政治制度** 阿联酋是以君主制为主体的联邦国家,也是一个政教合一的国家。本届政府于2016年2月组成,现任总统为哈利法·本·扎耶德·阿勒纳哈扬;总理为穆罕默德·本·拉希德·阿勒马克图姆,其同时兼任副总统及迪拜酋长。最高委员会由7个酋长国的酋长组成。各酋长国均实行家族世袭制的统治制度,大权集中于王室家族手中。联邦总统以及副总统由联邦最高委员会从其成员(即7个酋长国酋长)中推举,总统及副总统任期一致,皆为5年,总统同时兼任武装部队总司令一职[1]。

具有选择总统权利的联邦最高委员会是阿联酋最高权力机构,一切国家重大事务,包括但不仅限于预算审核、法律法规批准等均由该委员会讨论后方可决定。同时,联邦最高委员会还负责外交及国防事务,以保证7个酋长国内部态度一致。此外的其他事务,各个酋长国均拥有相当程度的自主权。由于各酋长国经济发展较不平衡,联邦最高委员会经费基本由阿布扎比及迪拜两个酋长国承担[2]。

联邦国民议会在阿联酋建国次年成立,其主要责任为对内阁提交的法案进行讨论及提出修改建议。国民议会成员共40名,其中一半经各酋长提名后由总统直接任命,其余一半则从选举中产生。议会成员确认后,议长及两名副议长由议会内部选举产生[1]。议长每届任期为4年,2015年11月,联邦国民议会选举阿迈勒·古拜希担任议长。

表 10-1 阿联酋七大酋长国概况

名称	面积(平方千米)	人口	领导人
阿布扎比	67 340	278万(2017)	哈利法·本·扎耶德·阿勒纳哈扬
迪拜	4 114	305万(2017)	穆罕默德·本·拉希德·阿勒马克图姆
沙迦	2 590	140万(2017)	苏尔坦·本·穆罕默德·阿尔卡西米
哈伊马角	1 683	30万(2015)	沙特·本·沙克尔·阿勒卡西米
阿治曼	260	30万(2015)	胡迈德·本·拉希德·阿勒纳伊米
富查伊拉	1 150	15万(2015)	哈马德·本·穆罕默德·阿勒沙尔基
乌姆盖万	755	8万(2015)	沙特·本·拉希德·穆阿拉

数据来源:中华人民共和国商务部、驻迪拜总领馆经商室及其他媒体

2. 外交特点　阿联酋目前已经与世界上192个国家建立了外交关系。阿联酋的外交政策为"温和、平衡、睦邻友好、不结盟",其尤为注重与海湾地区国家及世界各大国间的外交关系。在外交方面,阿联酋主张通过和平协商的方式消除争端,以此在地区和国际事务中发挥独特作用。而近年来,"东向"政策逐渐成为其外交重点,中国、日本等亚洲国家成为阿联酋的重点外交对象[1]。2013年11月,阿联酋获得了2020年世博会举办权。

3. 中国与阿联酋关系　自1984年11月中国与阿联酋正式建交以来,双方一直

保持友好往来,双边关系发展顺利。中国及阿联酋双方人员相互访问活动接连不断,各领域内的友好合作亦不断深化。2012年1月,中国国务院时任总理温家宝对阿联酋进行正式访问,中阿建立战略伙伴关系,两国友好关系进一步加深。目前阿联酋是中国在阿拉伯世界的最大出口市场以及第二大贸易伙伴,中国是阿联酋的第一大贸易伙伴[3]。

中阿两国其他领域合作也成果颇丰。2015年,双方续签本币互换协议,签署设立中阿共同投资基金、驾照互认的有关协议。2016年11月,阿方单方面宣布对持普通护照的中国公民提供免签服务。2018年7月,习近平主席访问了阿联酋。两国一致决定,建立全面战略伙伴关系。

(三) 经济环境

1. **经济概况** 阿联酋属于发展中国家,采用资本主义市场经济体制。其流通货币为迪拉姆(Dirham),汇率为1元人民币≈0.54迪拉姆;1美元≈3.67迪拉姆。2018年阿联酋GDP为3 487.44亿美元,人均GDP为3.76万美元[1]。

阿联酋前五大贸易伙伴国依次是中国、印度、美国、沙特阿拉伯和德国,主要进口来源国分别为中国、印度、沙特阿拉伯、土耳其和日本。阿联酋的粮食、肉类产品依赖进口,交通工具、化学品、纺织品也是其主要进口商品。

阿联酋一直致力于改变只依靠石油资源的经济结构。为此,阿联酋国内保持着开放、自由的市场经济政策,以期吸引更多外资的同时,回流国内外输的资金转投于国内各经济领域,最终实现国民经济的多元化。2017年阿联酋进出口总额为4 392亿美元[5],阿联酋各酋长国自由贸易区内注册公司的出口总额达613.9亿美元,比2016年增长6.6%[6]。尽管全球经济处于下行,但阿联酋外贸仍保持着相对稳定上扬的趋势[7]。

2. **主要产业** 阿联酋自1966年发现石油后,丰富的石油资源成为阿联酋享誉全球的资本所在,阿联酋的经济结构以石油化工工业为主。此外,阿联酋还有天然气液化、炼铝、塑料制品等工业。相比阿联酋的工业发展,其农业发展受到地形及气候等限制,耕地面积以及农产品种类较少。7个酋长国可耕地面积总仅为3 200平方千米,已耕地面积为2 700平方千米,农产品种类以椰枣、柠檬、玉米等为主[2]。

近年来,高科技产业逐渐成为迪拜的主要投资目标。在7个酋长国之中,迪拜和阿布扎比的经济发展更为多元化,旅游业成为其重要经济收入来源。在自身的区位优势下,迪拜已成为国际贸易的中心城市以及中东地区的转运中心[2]。

3. 对华贸易 自 2012 年 1 月,中国及阿联酋签署建立战略伙伴关系的联合声明后,两国的合作内容不断扩大,重点为贸易、基础设施建设以及民心沟通方面。如增加平台建设以深化双方贸易往来;中国在阿联酋共同参与当地的基础设施建设;强化领事保护等[7]。2017 年 2 月,中国石油集团获得阿联酋阿布扎比陆上石油区块 8% 的特许经营权益,中阿双方的油气产业合作更进一步加强[8]。

2018 年中国自阿联酋进口额达 162.3 亿美元,阿联酋自中国进口额为 296.5 亿美元,两国进出口贸易总额达 458.8 亿美元[3]。2017 年中国与阿联酋形成 134.2 亿美元的贸易顺差,中国成为阿联酋的第一进口国(表 10-2、图 10-1)。

表 10-2 2009—2018 年中阿贸易数据(单位:亿美元)

年份 项目	2009	2010	2011	2012	2013	2014	2015	2016	2017	2018
总额	171.7	197.9	217.9	597.4	563.5	738	485.5	400.6	410.3	458.8
出口	130	135.9	150	319	363.9	450	370.4	300.7	287.2	296.5
进口	41.7	62	67.9	218.4	199.6	288	115.1	99.9	123.1	162.3

数据来源:中国海关统计数据、中华人民共和国驻阿拉伯联合酋长国大使馆经济商务参赞处、世界贸易综合解决方案(WITS)

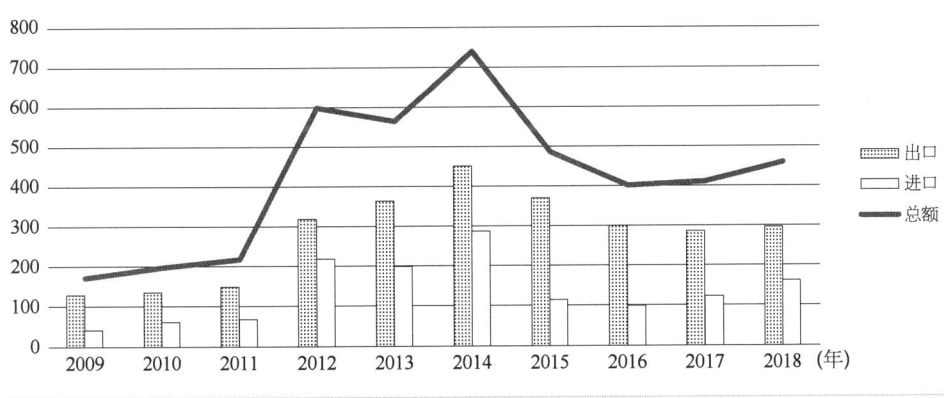

图 10-1 2009—2018 年中阿贸易数据(单位:亿美元)

注:以上图表根据中国海关统计数据、中华人民共和国驻阿拉伯联合酋长国大使馆经济商务参赞处、世界贸易综合解决方案(WITS)数据整理制作

二、医疗健康保障体系现状

(一) 基本情况

阿联酋是海湾国家中较早引进现代医学的国家,医疗体系较为完善,医院现代化水平较高,医疗卫生条件较好,没有特定流行病和传染病。目前阿联酋已根除疟疾、麻疹和脊髓灰质炎等众多传染病,产前和产后护理也与世界各发达国家保持同步技术与疗法。其国内以政府资助的公立医院、专业私人诊所和各大护理中心(私立医院)为形式,组成并完善阿联酋医疗卫生体系。目前阿联酋约有各类医疗机构1 162家。

据投资银行Alpen Bank发布的研究报告显示,阿联酋的医院床位预计到2020年将达13 800张,年增长率为3%;而全国的医疗卫生市场规模可达195亿美元,年增长率为12.7%[9]。《海湾时报》2017年11月1日报道,阿联酋财政部发布政府财报,阿联酋政府当年1—9月的具体开支为86亿美元,其中医疗服务支出7亿美元,占政府总支出的8%[10]。

(二) 医疗管理机构

阿联酋的医疗法律主要由联邦政府负责制定,下级政策由卫生部制定。2016年2月9日,第12届阿联酋联邦政府组成,并进行内阁调整,卫生部更名为卫生与社会预防部,负责管理卫生领域以及疾病预防。2016年2月28日,阿联酋副总理穆罕默德·马克图姆主持召开了新一届联邦政府首次内阁会议,成立酋长国医疗服务公司(Emirates Health Services Corporation),主要负责联邦政府医院、医疗中心和设施的运营管理,制定医疗设施的品质标准,提高政府医疗服务的竞争力,接管原卫生部的所有医疗设施。公司董事会和总经理由内阁直接任命。现公司董事会主席为阿卜杜勒·拉赫曼·本·纳赛尔·奥威斯[11]。

(三) 医疗机构

1. *公立医疗机构*　在阿联酋,除去首都阿布扎比、迪拜等地区,其他地区的公共医疗机构并不多。阿联酋现有40家公立医院,卫生与社会预防部正在进行数百万美元的计划,扩建卫生设施、医院、医疗中心和七大酋长国的创伤中心。

阿布扎比作为阿联酋首都,2007年之前,政府拥有的医疗保健设施由卫生服务总局(GAHS)管理。2007年,该机构重组为卫生局与阿布扎比卫生服务公司(SEHA),卫生局负责监管医疗行业和制定阿布扎比卫生政策;SEHA负责管理阿布扎比政府所有的医疗机构。目前,SEHA管理57个初级保健中心、13个医院、3个妇幼保健中心、3个专业牙科中心、1个自闭症中心和5个专业设施如康复、血库和草药中心[12]。

迪拜作为阿联酋最为先进的国际大都市,主要由迪拜卫生局(DHA)负责监督当地的公共和私人保健设施。DHA监管着迪拜(Dubai)、拉希德(Rashid)、巴拉哈(Al Baraha)、马克图姆(Maktoum)和瓦什(Al Wasl)医院。其中,迪拜医院是中东最佳的医疗中心。

2. *私立医疗机构*　由于阿联酋的各酋长国具有相当的自主权,故其各国私立医疗机构的监管与规定也不尽相同。以迪拜酋长国为例,其拥有不同的高标准私立医院和诊所,政府主动投资私人医疗保健机构。其中,迪拜保健城(DHCC)就是一个医疗保健自由经济区,于2002年由迪拜副总统谢赫·穆罕默德·本·拉希德·阿勒马克图姆发起,主要目的是吸引游客到迪拜进行医疗服务和治疗。DHCC拥有120家医疗设施良好的医疗机构、20多个门诊医疗中心和诊断实验室,配备4 000多名拥有执照的专业人员。

(四) 社会保障情况

1. *国民社会医疗保险*　阿联酋对本国公民实行免费医疗制,所有的城市、山区村落和沙漠村庄中都有公立的医疗设施,为所有的阿联酋公民提供免费或只收取极少费用的医疗服务[13]。

2015年6月,阿联酋政府在迪拜启动了一项新的医疗保险计划(SAADA),以支持政府资助的健康保险计划未涵盖的国民。该计划预计将在迪拜及其周边的23家私立医院和500多间医疗诊所提供医疗保健,13万人将因此而受益。迪拜卫生局

(DHA)于2016年6月宣布,所有的迪拜居民都应该受到与阿联酋居留签证的更新和发放有关的健康保险的保障[14]。

2. **商业保险** 阿联酋各大酋长国对商业保险态度不一。阿布扎比从2005年开始执行强制医疗保险,迪拜于2014年开始也进行全民强制医疗保险,在迪拜若没有医疗保险将无法获得当地签证。其余各大酋长国则尚未进行强制医疗保险。

阿布扎比酋长国规定所有在境内的雇主都必须为麾下员工购买医疗保险。在2013年11月末,迪拜酋长签署了强制医疗保险法令,表明从2014年开始进行迪拜强制健康保险计划(ISAHD)。计划以阶段性方案进行强制医疗保险的执行:首先员工超过1 000人的公司,必须在2014年底完成强制医疗保险,政府的目标是覆盖70万员工、300家公司;2015年7月,所有员工数量在100~999人的企业,完成政府要求的医疗保险的覆盖;2016年6月之前公司员工数量少于100人的企业,完成所有医疗保险的覆盖;2016年6月家政服务人员,其亲属和配偶实现医疗保险的覆盖。

三、传统医药的法律与政策环境

(一)医师执业

阿联酋国内对于传统医学持肯定态度,在当地只要获得行医执照即可合法行医。中医师在阿联酋合法执业具有严格规定。相比国内对于中医从业者所具备的西医水平的要求,阿联酋显得更为严格。获取行医执照的第一关便是参照英美医学执照考试教材为蓝本的西医业务考试;第二关则是语言关卡,英语作为阿联酋的通用语言,英语口试是获取执照的必经考验。经过两道考验后,符合要求的人员如果希望以后从事中医职业,除了要有中国中医师执照外(在中国国内,拥有学士学位和5年及以上的工作经验或拥有硕士学位和2年及以上的工作经验),也必须取得当地的补充与替代医师执照(补充与替代医学为欧美医学执照分类之一),待合格后才可获得中医行医执照[15]。

(二)药品准入

在阿联酋注册草药,必须首先在澳大利亚、比利时、巴西、加拿大、中国、丹麦等国家中的至少三个国家获得注册方可申请。但美国的FDA许可证书在阿联酋具有极大效力,在获得该证书的情况下,可以直接向政府提交产品注册申请[16]。

传统医学虽然在阿联酋具有合法地位,但阿联酋对相关草药制剂的管理并未放松。为了对草药注册进行更好的规范管理,阿联酋卫生部于1994年成立了"草药法规注册委员会"。"草药法规注册委员会"主要负责进行草药药品注册的研究与立法工作。仅在4年后,阿联酋便颁布了海湾地区国家的首部草药注册法规,并宣布该法规在同年6月即开始实施。法规对于草药药品的准入以及在当地的销售等进行了明文规定,如要求一切进入阿联酋的药品必须由当地的专业药品公司代理,且申报药品中不得含有动物药[17]。

(三)传统医学教育

海湾地区国家中第一所由政府成立的传统医学研究中心为扎耶德草药研究与传统医学中心(Zayed Complex for Herbal Research and Traditional Medicine, ZCRHTM),于1996年成立。中心负责运用各种现代科学手段对传统医学进行研究的同时,也承担国家相关草药法规的编制、制定进口标准、检测草药药效及安全性等工作。由此,扎耶德草药研究与传统医学中心已然成为国家的草药鉴定及质控中心。除此之外,中心对于传统医学教育也有所涉猎,在海湾地区的传统医学教育领域具有一定影响力。

在2000年前,阿联酋对我国中医药院校的毕业文凭并不认可,经由卫生部替代医学办公室颁布《传统医师执照申请办法》后,我国中医药院校毕业文凭得到了官方认可。《传统医师执照申请办法》中承认我国中医药院校的学士、硕士及相当学历的文凭,并准许具有文凭的医师经过阿联酋的考试和批准后在当地开设中医诊所或医院[17]。

(四)保险覆盖

虽然中国传统医学中的拔罐、针灸、推拿、中药已经出现在阿联酋的医院门诊与一些私人医院中,但是这些疗法、药物并没有明确包含在阿联酋的国家社会医疗保险中。但是也有相当一部分中医医院已经与阿联酋境内大部分的保险公司签订了医疗保险服务协议。如在迪拜协和医院就诊的保险卡持有人,可以进行医疗直付服务。对于暂未持有保险卡的患者,可咨询该医院工作人员推荐合适的保险。著名的同仁堂迪拜店也是在患者良好反馈的情况下,近两年才得到当地保险机构的认可,最终成为医保定点医院。

(五) 医疗投资门槛

阿联酋是一个低税国家,除了境外进口税收取的5%以外,境内无企业所得税和增值税、个人所得税、印花税等税种。而近年来,因为阿联酋联邦政府的资金支持,阿联酋的医疗健康产业成为值得深挖的金矿。但从整体上来说,阿联酋当地现有的中医药服务体系存在个体经营规模小、专业人才短缺、技术水准参差不齐等问题。

在阿联酋,中药产品在药品市场的占有率不足1%。但是据统计,阿联酋对中药的需求平均逐年增长12%。按照海湾合作委员会规定,成员国之间药品可相互认可,获得一国卫生部批准注册的药品,在进入其他成员国时不需要重新进行注册审批[18]。但中药进入阿联酋市场仍然经历了许多困难。以迪拜健康城为例,其使用的是WHO的标准,每一个中药饮片都要用这个标准去衡量、检测,为我国医药出口工作带来了巨大的工作量。

四、中医药服务贸易双边合作现状

(一) 传统医药交流

沙迦酋长国在1981年建立了阿联酋最早的中医诊所,自此之后,中医药在阿联酋乃至各海湾国家中的市场便逐渐形成,在当地具有一定影响[17]。其中又以中药、针灸、气功以及按摩最受当地居民欢迎。

2000年12月,阿联酋卫生部部长哈马德·马德法在会见以国家药品监督管理局副局长任德权为团长的中国中医药代表团时,强调了中国的传统医学在世界上居领先地位,并表示阿联酋愿意学习和吸收中国的经验,阿联酋卫生部门将采取进一步措施与中方在传统医学方面进行合作。

2001年3月,以殷大奎副部长为首的中国卫生部代表团再次前往阿联酋进行访问交流。随着时间推移,中阿两国之间部长级的高层互访次数逐渐增加,两国的民间交流也愈发密切,极大地推动了中阿两国中医药方面的合作与发展[19]。

在阿联酋有许多中国中医专家为国王和王室服务,2003年成立的迪拜草药治疗中心(Dubai Herbal and Treatment Centre)便隶属于国王名下,中医中药科室则聘请了许多中国中医专家坐诊。除中医中药外,中心的治疗方法还涵盖了印度草药、顺势疗法等其他国家的传统医学疗法。

(二)境外消费

目前阿联酋国民来华进行中医药诊疗未具规模,阿联酋国民在需要进行中医药诊疗服务时,主要的就诊方式仍为前往部分医院的中医门诊或者当地的中医医院。阿联酋现有的中医药服务资源(100多家中医药诊疗机构)[20],尚可满足当地居民的日常生活,且由于中国国内对于中医药跨国医疗旅游签证手续等并未放宽,来华就诊手续繁琐,当地居民整体来华进行中医药诊疗的热情不高。

(三)跨境交付

在阿联酋迪拜高等教育委员会的批准下,哈姆丹·本·穆罕默德智能大学(HBMSU)与上海中医药国际服务贸易促进中心(SICCTM)于2016年4月在迪拜签订了合作协议,将共同打造阿中中医药领域的学术及教育合作平台[21]。HBMSU是阿联酋第一所智能大学,其所具备的先进智能在线平台携手中医药,是阿联酋打开"互联网+中医药"中医药新形式服务贸易的第一步。

(四)商业存在

目前阿联酋全国100多家中医医疗中心和诊所中,多数为阿联酋国民或外籍人员经营,中国中医师仅作为被聘人员在机构内工作。在少数华人经营的中医药服务机构中,知名机构寥寥无几,仅迪拜协和医院及同仁堂迪拜店具有一定知名度。阿联酋的中医药服贸商业存在规模较小而散乱的局面。

2015年,《国家卫生计生委关于推进"一带一路"卫生交流合作三年实施方案(2015—2017)》中提出,宁夏卫生计生委与阿联酋A&A希诺投资控股集团在第三届中阿经贸论坛期间顺利签订战略合作协议,拟在阿联酋迪拜市建设中阿友好医院,计划投资10亿元人民币,投放1 000张床位,宁夏人民医院将选派高层次医疗服务人员赴阿工作,此合作协议将极大地推动中国境内医院与阿联酋医疗卫生机构的友好交流[22]。

2017年6月,"湖南中医药大学第一附属医院迪拜(中国)协和中医医疗中心"组建协议圆满完成签订。由湖南中医药大学第一附属医院、迪拜协和医院、深圳海王集团三家单位联合,以期建成以协和中医医疗中心为重点,可将中医药影响力辐射至整个中东地区的中医药项目示范工程。

(五) 自然人流动

自然人流动的主要形式为我国中医师前往阿联酋进行中医执业,鲜有阿联酋公民赴华学习中医药后回国执业者。中阿两国的自然人流动与商业存在关系密切,自然人多以中国医疗机构外派员工作为主要形式进行流动。目前"海上中医"阿联酋迪拜中心已顺利落成,以中医中心作为辐射,有望吸引更多国内的中医药从业者走进阿联酋,促进中医中药的传播。

(六) 大事记

中阿服务贸易大事记见表10-3。

表10-3 中阿服务贸易大事记[23-25]

时 间	事 件	意 义
2012年1月	温家宝总理访问阿联酋期间,两国宣布建立"战略伙伴关系",双方签署《经济、贸易和技术合作协定》《投资保护及避免双重征税协定》《关于双边劳务合作的谅解备忘录》等	中阿将双方各领域的友好合作推上了一个新的台阶,为两国提供广阔市场
2015年12月	中阿两国央行续签本币互换协议,签署了在阿联酋建立人民币清算安排的合作备忘录	是重大的战略合作项目,同意将人民币合格境外机构投资者试点地区扩大到阿联酋
2016年5月	5月18日,阿联酋经济部长苏尔坦·本·萨伊德·曼苏里率代表团出席在香港举行的"一带一路"高峰论坛开幕式,并代表阿联酋承诺全力支持"一带一路"倡议	阿联酋重视中阿双方友好合作关系,为"一带一路"倡议带来全新机遇
2017年11月	11月26日,中国驻迪拜总领事李凌冰出席海上中医(迪拜)医疗中心开幕以及"中国—阿联酋中医药中心"授牌仪式	中东地区第一所与官方合作的中医药中心建成,为中医药在中东地区的发展奠定基础

五、市场机遇与潜力

(一) 阿联酋是海湾地区的辐射中心

中医药在阿联酋的发展速度超过海湾地区其他国家。就中医药发展水平而言,阿联酋是中医药在海湾地区发展的先行者,且在中医药进入海湾地区的过程中起到助力及辐射中心的作用。以中医药产品进口为例,阿联酋中药及中成药产品进口额远高于其他海湾五国的总和(表10-4),其中又以中药产品的进口额增长为最。阿联酋现约有100家中药店、中草药店和中医诊疗机构[20],中医诊疗机构的数量直接决定了其国内中药需求量的增长;此外,海合会其余各国国内市场较为狭小,诸多包括中医药在内的中国商品需经由阿联酋中转,因此阿联酋担负了中医药在海湾地区发展的辐射中心的角色。加大与阿联酋的中医药服务贸易规模,掌握阿联酋的中医药市场,将变相开拓海合会国家中的中医药市场份额。

表 10-4 2015—2016 年海合会国家中医药进口市场统计(单位:万美元)[20]

国家	中药进口			中成药进口		
	上年进口额	进口额	进口同比	上年进口额	进口额	进口同比
阿联酋	1 169.86	3 048.67	160.6	377.95	351.02	-7.13
沙 特	393.44	733.51	86.44	26.44	0.13	-99.51
卡塔尔	196.23	341.69	74.12	37.35	60.75	62.67
科威特	105.82	233.14	120.32	29.47	80.52	173.26
阿 曼	43.83	87.28	99.14	35.08	37.61	7.2
巴 林	3.05	23.42	668.74	0.06	14.42	24 769.48

资料来源:中国医药保健品进出口商会官网,http://www.cccmhpie.org.cn/

（二）依托迪拜健康城大有可为

世界上首个自由贸易区健康城是迪拜健康城，位于阿联酋境内。迪拜健康城的建设规划目标是"世界级健康护理中心"，以期为欧洲及东亚间的20亿人口提供高质量的医疗健康管理服务[26]。迪拜健康城中汇聚了全球各地的治疗方法，医疗区功能构成中更是开辟出"替代性医疗服务"区域，将针灸、按摩等列入其中，以此满足客户日益增长的需求。此外，在度假疗养社区功能构成中的"疾病预防及疗养中心"区块，迪拜健康城以中西医结合的治疗方式作为其主要特色。

中医药依托迪拜健康城大有可为的原因在于迪拜健康城所具有的自由贸易区优惠政策。在100%外商所有权、无限制的资本、无贸易壁垒和配额、可以实现100%免税的极大优惠下，中医药可以得到最小限制的发展[26]。而除自由贸易区外，阿联酋的外商投资公司须有一个以上的本国股东且公司股份占比需在51%以上，外商无法具有100%所有权[25]。中国企业可充分利用迪拜健康城的自由贸易区优惠政策以及目前城内对于中医药的热推之势，进行跨国投资，加强与阿联酋的中医药服务贸易往来，并扩大中医药人才向阿联酋的输出规模，以迪拜健康城作为面向中医药世界的优质展窗，增加受众，以提高中医药在阿联酋的影响力。

（三）替代医学、预防医学发展前景可观

替代医学在阿联酋现已形成一定发展规模，且规模仍在不断扩大。以2003年成立的隶属于国王的迪拜草药治疗中心（DHTC）为例，中心以替代医学疗法为主。早在2005年开始，中心便与北京中医药大学合作派遣医师到迪拜坐诊[27]。但在发展初期，中医药诊疗形式相对单一，经过多年发展，迪拜草药治疗中心现推出中医药疗程组合，涵盖推拿、针刺、拔罐、中药汤剂、耳穴治疗等诸多中医药特色疗法，且由具有当地医师资格的多位在职中国中医师进行操作。除中医药外，阿育吠陀医学、瑜伽、顺势疗法、灵气疗法等其他替代医学项目也愈渐增多。替代医学在阿联酋发展可谓欣欣向荣。

在阿联酋《愿景2021国家议程》中，医疗保健行业占据了重要地位。根据规划，阿联酋将建立世界级的医疗体系，为更年轻的、更具健康意识的人群提供预防性医疗，力求为本国建立世界一流的医疗保健体系[28]。阿联酋政府正力图减少由不良生

活方式引发的疾病,由此提高了对预防医学的重视程度。据此,由官方领导发展的预防医学前景尤为可观。

六、风险提示

(一) 市场规范化问题

中国在过去的很长一段时间内对阿联酋的传统医药市场没有给予足够的重视,近年来虽加强了与阿联酋的中医药服务贸易往来,但阿联酋的传统医药市场仍方兴未艾,市场规范化亦未完善。目前阿联酋仅对执业医师许可及草药监管等进行了法律规范,但对于其他诸多问题并无法律约束。

且由于国内诸多大型企业尚未对阿联酋这一具有巨大潜力的市场投入资本,导致目前在阿联酋的中医药诊疗机构多为民间积累且自行发展起来的,绝大多数机构缺乏长期及规模化经营意识,导致压价倾销、忽视质量和疗效、恶性竞争等不规范行为频出[17]。中医药诊疗机构整体呈现"规模小、分布散、影响力低"的尴尬局面。

(二) 法律体系复杂

阿联酋由七个相对独立的酋长国组成,国情特殊,在诸多事务上各大酋长国拥有自行决定权。阿联酋的法律法规体系较为复杂,除联邦法律、各个酋长国法律外,以伊斯兰教作为国教的阿联酋同样将伊斯兰教法奉为信条。阿联酋现既有标准的国际商法内容,同时也存在维护本国经济独立以及限制外国影响的规定。

以阿联酋税收为例,其国内并无联邦税收体系,税收制度由各酋长国自行规定。目前有明确税法规定的酋长国包括阿布扎比、迪拜、沙迦等。目前阿联酋各大酋长国皆拥有各自的自由贸易区,全国境内自由贸易区及经济特区数量已超过30个,而在这些规模与独立性皆不相等的自由贸易区中,法律法规的制定也有一定出入。综合以上,阿联酋法律体系较为复杂,为中资企业入驻阿联酋带来了一定难度。此外,迪拜债务危机爆发后,为保护本国公民就业,阿联酋政府明文规定凡在当地注册的外企,必须向劳动部提交半年以上空缺岗位名单,以便安排当地人补缺,倘若私营公司聘用外籍劳工以替代当地人,则会被加以处罚。

(三)宗教习俗问题

伊斯兰教作为阿联酋国教,其诸多宗教习俗与中国的风俗习惯大相径庭,许多在中国极为平常的举动在阿联酋境内属于违法行为。如游客想要在当地饮酒必须具有个人饮酒证件,且需在具有专门执照的地方饮酒,否则即为违法。阿联酋将伊斯兰教诸多教内禁忌进行立法,即使外国人进入阿联酋,也应遵循当地法律,不得违背当地已立法的宗教习俗。目前在公开网络消息中不乏外国人因违背当地的宗教习俗而被判入狱的新闻。国内企业在进驻阿联酋过程中,应提高对当地宗教习俗禁忌的了解,对外派人员进行相关培训,入乡随俗以降低违法风险。

依照阿联酋当地的宗教习俗,女医生可为男性患者治疗,而女性患者则只能由女医生进行诊疗,由此,中医药的诊疗方式受到了极大限制。在阿联酋的同仁堂迪拜店则充分考虑了当地习俗,所有出诊医师中仅有一位为男性,在最大程度上便利了当地居民,因此在当地获得了广泛好评。

七、案例分析

(一)北京同仁堂海湾有限公司中医药综合诊疗中心

【所在地区】 阿联酋,迪拜健康城。

【案例定义】 健康服务贸易基地。

【案例概况】 2011年10月18日,阿联酋迪拜城中的同仁堂中东旗舰店正式开业,同仁堂作为国内进军阿联酋的首家中医药企业,迈出了中医药在阿联酋当地深入发展的一大步。北京同仁堂海湾有限公司的中医药诊疗中心位于阿联酋迪拜健康城内,毗邻市医院,距离WAFI商业中心城仅有5分钟车程。中心店内面积约为300平方米,除供应近百种常用饮片及注册在案的多种中成药[29]外,中医药专家还进行坐诊服务,促进"以医带药"模式发展。

【案例总结】 北京同仁堂在迪拜落户,不仅将企业发展列为工作重点,而且在为当地居民带去健康的同时,更以中医药文化的传播作为己任。如同仁堂携手阿布扎比、迪拜等地的孔子学院,大力推动中医药在阿联酋的发展[30]。不少当地居民表示通过同仁堂的诊疗及其所办的讲座解决了病痛的同时,也加深了对中医药文化的了解,还爱上了太极拳等中国传统养生方法[31]。可以说,同仁堂迪拜店兼具中医药医疗服务贸易的商业存在和中医药文化服务贸易载体的双重功能。

(二)迪拜协和医院

【所在地区】 阿联酋,迪拜国际城中国区 A12。

【案例定义】 境外医院。

【案例概况】 协和医院位于迪拜国际城中心,与迪拜龙城相邻,是迪拜第一家提供高水平医疗服务和急救的中国综合医院。医院面积共计 900 平方米,主要服务对象为当地华人及外籍患者。目前院内设有中医和针灸科等诸多科室,同时供应本地西药及各类中草药和中成药[32]。

【案例总结】 迪拜协和医院在中医药服务的影响力及口碑方面与晚期的同仁堂相比却稍有逊色。协和医院在当地主要服务对象依旧为当地华人,尚未能够真正融入当地成为当地人的日常就诊机构。此外协和医院的中医药项目相比院中的其他诊疗方式显得"小打小闹",没有将其作为医院重点发展的特色项目。医院与阿联酋境内诸多保险公司签订了医疗保险服务协议,为患者就诊提供便利。

八、结论与建议

在经济方面,阿联酋外贸正处于相对稳定上升期。中国与阿联酋双边贸易虽有微小波动,但对于中阿两国中医药服贸影响不大。目前中国仍是阿联酋最大的贸易伙伴,双方自贸协定仍在密切接洽中,服务贸易前景向好。在传统医药方面,阿联酋人民对于中医药已具有一定接受程度,当地中医药立法初具规模,近年来两国中医药交流逐渐密切。通过扩大与阿联酋的中医药服务贸易往来,可更为广泛地在当地推广与传播中医药倡导的"治未病"理念及生活方式,这与"阿联酋愿景2021国家议程"中阿联酋政府注重预防医学一举所见略同,可使阿联酋人民更好地了解中医药文化,进一步提高中国文化在当地的影响力。具体实施建议如下。

(一)以远程技术助力中医药快速发展

随着远程技术的发展与逐步成熟,医疗服务的跨境交付成本得以降低。中医药服务贸易中医疗、教育等领域的往来皆可借力远程技术进行。就中医药医疗服务贸易而言,我国远程医疗技术应用历史已有20余年,在偏远地区的远程诊疗、紧急卫生事件援救等方面皆得到了广泛运用。但目前远程医疗服务在跨国运用上仍留着较大空白。开展对阿联酋的中医药国际远程医疗服务,降低跨境交付成本,有助于扩大中医药服务贸易往来规模。

此外,中医药教育服务贸易的进行同样可以依托于远程平台的建设。目前,国外的中医药教育多以外国留学生来华学习以及国内与需求国联合办学两种形式居多,但这两种途径局限较大。若中方资本能牵头进行中医药远程教育平台的建设,其将成为助力中医药教育服务贸易的有效途径。

(二)以中医药医疗旅游刺激境外消费

中国与阿联酋之间的多种中医药服务贸易模式中,跨境消费是目前发展最为滞后的一项。迪拜作为旅游名城,其市内发展医疗旅游起步较早,当地居民对于医疗旅游的接受程度普遍较高,且当地居民具有相应的经济实力。仅以2018年人均GDP数据分析,阿联酋与中国差幅较大,人均GDP为中国的4.7倍[①],阿联酋民众具有足够财力进行跨国医疗旅游行为,因此,阿联酋是中医药医疗旅游巨大的潜在消费市场。其次,中国的自然环境对阿联酋国民极具吸引力。阿联酋境内除少量高山,绝大部分便是荒漠、洼地和盐滩,自然景观较为单一。相比之下,中国的中医药医疗旅游在诊疗之余极为注重自然环境对身心的影响,以优质的旅游环境佐以特色的传统医疗,将能够有效刺激境外消费。中医药医疗旅游投资潜力巨大。

---

① 阿联酋排名世界第二十四位,人均GDP为37 622美元,中国人均GDP为7 993美元。资料来源:联合国数据库。

(三) 加强文化科研交流,拓宽人才出口渠道

中医药服务贸易欲建立全方位、多层次的市场推进模式,医疗、科研、教育、文化、医疗旅游、商务服务等皆缺一不可。其中,加强与阿联酋的文化及科研交流,对于加强阿联酋当地的中医药发展及中国的中医药现代化进程皆有百利而无一害。与此同时,中医药及旅游、商务、教育等领域的多元化人才培养也应快马加鞭,如输出到阿联酋的中医药人才,最低限度应掌握其当地官方语言。

现在国际上自然人流动的主流模式是以民间和个人组织渠道为主,以官方组织为主的形式对于自然人流动并无便利之处。但目前中医药服务贸易的自然人流动中,中医药人才主要以三类形式输出:官方机构外派、中医院校及相关医疗机构外派、政府中医药医疗援外。由此,在中医药服务贸易的自然人流动方面,根本上应加快国内的中医药国际人才培养战略进程以满足海外对中医药国际化人才日益增长的需要。此外,国内企业应加大员工外派力度,加强中阿双方的中医药文化、科研交流,以助力自身企业的发展以及中医药发展长远计划的实施。

(四) 开设指导部门,以投资补充建设

中医药服务贸易模式项中,商业存在是衡量两国之间贸易往来规模最为直观的方式。中医药服务贸易必须以商业存在作为实体依存,才能茁壮成长。但海外投资事项若由某一个小型企业单独进行是不可能的,只有组建起专门负责中医药服务贸易的指导部门来团结各中小型企业,以涓涓细流汇成大河,才能扩大阿联酋的中医药市场规模。此外,在跨国投资过程中,应该投资补充建设。目前在阿联酋的中医药机构大多属于民营、私人诊疗机构,其诊疗环境、条件及规模虽远不如官方机构,但在数量方面却远远超过。若想从零开始进行商业存在建设,不如以跨国投资的形式,将国内大规模、具有很强实力的中医药机构中的人才外派,佐以国内管理经验以及发展资金,助力阿联酋规模小而分布零散的诊疗机构加速发展,从整体上扩大中医药境外办医规模。

(李绵绵　尹相宜)

附

附一：《医院准入政策》(摘要)

3. Policy Statement:

3.1 DHA adopts the accreditation process for hospitals in the Emirate of Dubai as a tool to promote equality and safety.

3.2 DHA continues to support the strategic objective of Dubai Strategic Plan 2015 that encourages international accreditation for hospital with the aim of improving the quality of health care services and health status of the population.

3.3 Government, semi-government, private and hospitals operating in free zone areas and licensed by DHA are required to be accredited by ISQua accredited organizations officially published on the ISQua website http://www.isqua.org/accreditation/iap-awards.The list is an example and not conclusive:

3.3.1 Joint Commission International, JCI.

3.3.2 Accreditation Canada International, ACI.

3.3.3 Australian Council for Healthcare Standards International, ACHSI.

3.4 Hospitals which fail to achieve accreditation status must cease to provide services as a hospital.

3.5 Hospitals that fail to achieve accreditation are encouraged by DHA to obtain accreditation by corresponding with the decision makers of the respective hospitals.

3.6 If the facility fails to obtain accreditation as a hospital by the accrediting bodies, there is an option of being downgraded to a Day Surgical Center or an Outpatient Center, depending on the criteria that is met.

3.7 DHA will take appropriate action in case accreditation of the hospital is not obtained after a certain time frame that is granted to the hospital to do so.

3.8 The hospital has to undergo renewal of the accreditation based on the validity of the accrediting agency.

3.9 Accreditation results are to be used to identify the various opportunities to improve Dubai's health care system and assist with evaluating the effectiveness of national quality and safety strategies.

附二：《门诊医疗设施管制》(摘要)

34　TCAM Medications and Supplies Requirements(传统药物及用品要求)：

34.1 All TCAM medications prescribed or dispensed by licensed TCAM practitioner must be prepared according to the Good Manufacturing Practice (GMP) guidelines, and specification.

34.2 TCAM medications shall be registered in the United Arab Emirates according to the applicable federal law.

34.3 TCAM professionals are not allowed to sell and/or dispense medicinal products in the facility.

34.4 Any TCAM medications that are not available in the UAE market shall not be retained in the outpatient facility nor used on patients without prior approval from MOH and/or DHA for the medication.

34.5 Compounding of medications and using open medication containers for more than one patient is not permitted.

34.6 TCAM specialities with therapeutic services in the facility may maintain a supply of certain products and massage oils which is required as part of patient treatment such as：

34.6.1 Traditional Chinese Medicine supplies including sterile disposable acupuncture needles, moxibustion and cupping supplies, all acupuncture treatments must be done with sterile disposable needles, used only once, and disposed of properly.

34.6.2 Massage oils for Ayurveda and therapeutic massage.

34.6.3 Homeopathic products not available in the UAE market (prior approval from MOH is required). All homeopathic medications shall have the original manufacturers label with all of the identifying information (e.g. lot number, expiration date, potency)5.

34.6.4 Sterile homeopathic medicinal products for injection may only be used by licensed physician with privilege in Homeopathy.

Licensed Unani practitioners are allowed to maintain cupping supplies, and massage oil.

参考文献

[1] 中华人民共和国外交部.阿拉伯联合酋长国国家概况[EB/OL].http://www.fmprc.gov.cn/web/gjhdq_676201/gj_676203/yz_676205/1206_676234/1206x0_676236/.

[2] 中国网·观点中国."一带一路"投资政治风险研究之阿联酋[EB/OL].[2015-06-01].http://opinion.china.com.cn/opinion_98_130898.html.

[3] 中华人民共和国外交部.中国同阿联酋的关系[EB/OL].http://www.fmprc.gov.cn/web/gjhdq_676201/gj_676203/yz_676205/1206_676234/sbgx_676238/.

[4] 中华人民共和国商务部.阿联酋人均GDP达6.86万美元[EB/OL].[2018-05-31].http://dubai.mofcom.gov.cn/article/jmxw/201805/20180502750599.shtml.

[5] 阿联酋2017年外贸总额4 392亿美元[EB/OL].http://dubai.mofcom.gov.cn/article/jmxw/201804/20180402734413.shtml.

[6] 阿联酋自由区2017年出口增长6.6%[EB/OL].http://www.mofcom.gov.cn/article/i/jyjl/k/201804/20180402729342.shtml.

[7] 王猛.论"一带一路"倡议在中东的实施[J].现代国际关系,2017(3):16-22,36.

[8] 中华人民共和国外交部.驻阿联酋大使倪坚出席阿布扎比陆上石油区块特许权项目签约仪[EB/OL].[2017-02-20].http://www.mfa.gov.cn/web/zwbd_673032/gzhd_673042/t1439710.shtml.

[9] 中华人民共和国驻阿拉伯联合酋长国大使馆经济商务参赞处.2020年阿联酋医疗卫生市场规模将达195亿美元[EB/OL].[2016-02-21].http://ae.mofcom.gov.cn/article/jmxw/201602/20160201259262.shtml.

[10] 中华人民共和国驻迪拜总领事馆经济商务室.阿联酋联邦政府1—9月花费86亿美元[EB/OL].[2017-11-02].http://dubai.mofcom.gov.cn/article/jmxw/201711/20171102664509.shtml.

[11] 中华人民共和国驻阿拉伯联合酋长国大使馆经济商务参赞处.阿联酋内阁新机构简介[EB/OL].[2016-03-03].http://ae.mofcom.gov.cn/article/jmxw/201603/20160301267698.shtml.

[12] UAE healthcare system[EB/OL].https://en.wikipedia.org/wiki/Healthcare_in_the_United_Arab_Emirates#Health_care_systems.

[13] 2016年阿联酋医保制度改革新政,阿联酋医保制度整合报销比例[EB/OL].http://www.depeat.com/SheBaoZhengCe/139979.html.

[14] United Arab Emirates-Healthcare Services[EB/OL].[2019-07-08]https://www.export.gov/article?id=United-Arab-Emirates-Healthcare-Services.

[15] 王尚勇,孔丹妹.中医药在世界各国和地区的现状(上)[J].亚太传统医药,2006(8):5-23.

[16] 吴作.阿联酋的传统医药[N].中国中医药报,2001-11-28(04).

[17] 刘新民,邹建强,王慧燕.中医药在阿联酋的现状[J].中草药,2004(4):118-120.

[18] 世界中医药科技信息专题服务.阿联酋[EB/OL].http://210.76.97.27/zyy/ContentDetail?id=1312&father=1.

[19] 中医药进入海湾医药市场的机遇和挑战[J].中国对外贸易,2001(7):27-29.

[20] 宋欣阳,李绵绵.中医药参与海合会国家卫生治理述论[J].阿拉伯世界研究,2017(5):58-73,119.

[21] 国家卫生计生委关于推进"一带一路"卫生交流合作三年实施方案(2015—2017)[EB/OL].http://www.ailaoweb.com/html/news/policies/902.html.

[22] 中国国际贸易促进委员会驻海湾代表处.阿中合作,打造迪拜中医药医疗健康服务新天地[EB/OL].[2016-04-19].http://www.ccpit.org/Contents/Channel_3920/2016/0419/633347/content_633347.htm.

[23] 新华网.中国和阿联酋携手"一带一路"深化经贸务实合作[EB/OL].[2017-09-06].http://news.xinhuanet.com/2017-09-06/c_1121618193.htm.

[24] 中国国际贸易促进委员会驻海湾代表处.阿联酋承诺全力支持"一带一路"倡议[EB/OL].[2016-05-19].http://www.ccpit.org/Contents/Channel_4054/2016/0519/646700/content_646700.htm.

［25］阿联酋：转型中的海湾土豪［EB/OL］.http：//www.drc.sz.gov.cn/ylyd/201709/t20170922_8808377.htm.

［26］陈德福，车春鹏.国际健康服务业集群发展经验及启示［J］.现代经济信息，2014（22）：425-426.

［27］黄建银.中医药在阿联酋发展潜力大［N］.中国中医药报，2013-05-10(003).

［28］中华人民共和国商务部.阿联酋医疗市场规模2021年将达280亿美元［EB/OL］.［2017-03-30］.http：//www.mofcom.gov.cn/article/i/jyjl/k/201703/20170302543774.shtml.

［29］联商网.同仁堂阿联酋迪拜开店，百年老店走向海外［EB/OL］.［2011-10-27］.http：//www.linkshop.com.cn/web/archives/2011/182535.shtml.

［30］中国质量新闻网.北京同仁堂：老字号的海外之路［EB/OL］.［2014-05-30］.http：//www.cqn.com.cn/news/zgzlb/diba/904449.html.

［31］网易新闻.同仁堂药香飘海外［EB/OL］.［2015-12-14］.http：//news.163.com/15/1214/02/BAOV9NJL00014AED.html.

［32］迪拜协和医院官网［EB/OL］.http：//www.xiehecentre.com/traditional-chinese-medicine/.